Evangelos Konstantinou (Hrsg.)
Leben und Werk der byzantinischen Slavenapostel Methodios und Kyrillos

Leben und Werk der byzantinischen Slavenapostel Methodios und Kyrillos

Beiträge eines Symposions
der Griechisch-deutschen Initiative Würzburg
im Wasserschloß Mitwitz vom 25.–27. Juli 1985
zum Gedenken an den 1100. Todestag des hl. Methodios

Herausgegeben von Evangelos Konstantinou

Die Deutsche Bibliothek – CIP-Einheitsaufnahme

Leben und Werk der byzantinischen Slavenapostel Methodios und Kyrillos : Beiträge eines Symposiums der Griechisch-Deutschen Initiative Würzburg im Wasserschloß Mitwitz vom 25.–27. Juli 1985 zum Gedenken an den 1100. Todestag des Hl. Methodios / hrsg. von Evangelos Konstantinou. – Münsterschwarzach : Vier-Türme-Verl., 1991

ISBN 3-87868-437-1
NE: Konstantinou, Evangelos [Hrsg.]; Internationales Zentrum für Wissenschaftliche, Ökumenische und Kulturelle Zusammenarbeit / Griechisch-Deutsche Initiative; Symposium zum Gedenken an den 1100. Todestag des Hl. Methodios <1985, Mitwitz>

Gesamtherstellung: Vier-Türme-Verlag, Münsterschwarzach
© by Vier-Türme-Verlag, Münsterschwarzach
ISBN 3-87868-437-1

Inhalt

Vorwort

Die Griechisch-deutsche Initiative, die seit 1979 einen wichtigen Beitrag zur Intensivierung der deutsch-griechischen und gesamteuropäischen wissenschaftlichen, ökumenischen und kulturellen Beziehungen leistet, beteiligte sich an den Feierlichkeiten des Jahres 1985 anläßlich des 1100. Todestages des Slavenapostels Methodios (gest. 19.4.885) mit einem Symposion, das vom 25. bis 28. Juli 1985 im Wasserschloß Mitwitz stattfand.

Das Brüderpaar aus Thessaloniki, Methodios und Kyrillos, steht mit seinem Leben und Werk nicht nur als hervorragendes Beispiel christlicher Mission bei den slavischen Völkern Mährens, der Slowakei und Pannoniens in der 2. Hälfte des 9. Jahrhunderts, sondern es hat auch wesentlich zur kulturellen Entwicklung des damaligen Europa beigetragen.

Als Vertreter des byzantinischen Humanismus, der in dieser Zeit durch das Wirken des Photios, des großen Gelehrten und zweimaligen Patriarchen (858-867 und 877-886) einen Höhepunkt erreicht hatte, sind sie Vorboten der späteren europäischen Renaissance.

Das Prinzip ihrer Evangelisation war die Achtung des einzelnen Menschen und Volkes in den eigenen Lebensformen. Die Entfaltung des christlichen Glaubens wird dadurch nicht beeinträchtigt, sondern gefördert. Im Sinne dieser Ökumene plädierten sie für die Bewahrung der kirchlichen Einheit zwischen dem Osten und Westen und die Schaffung eines gemeinsamen Europa auf den Grundlagen des griechischen christlichen Humanismus.

Ihr Beispiel ist für die heutige Diskussion über die europäische Einigung vor allem in kultureller Hinsicht sehr aktuell. Daher verdienen die beiden Slavenapostel zurecht die ehrenvolle Bezeichnung „Patrone und Apostel Europas". Mit unserem Symposion wollten wir ihr vielfältiges Werk würdigen. Es ist uns ein Anliegen, an dieser Stelle den Referenten aus dem In- und Ausland herzlich zu danken, daß sie mit ihren Beiträgen verschiedene Seiten des wissenschaftlichen, ökumenischen und kulturellen Oeuvre der Slavenapostel erhellt haben.

Es ist uns gelungen, das Spektrum der kyrillo-methodianischen Forschung zu den in Mitwitz gehaltenen Vorträgen durch weitere sieben Aufsätze zu erweitern. So enthält der vorliegende Band 14 Beiträge, die nach thematischen Gesichtspunkten angeordnet werden.

Sein verspätetes Erscheinen hat viele Gründe. Zum einen wurden Manuskripte zu spät eingesandt, zum anderen hat die Beschaffung der erwähnten neuen Beiträge viel Zeit in Anspruch genommen. Das Register und die redaktionelle Bearbeitung der zum Teil sehr schwierigen Texte der ausländischen Kollegen haben ebenfalls Zeit gekostet. Für diese diffizile Arbeit konnte ich meinen Freund und Kollegen Heinz Miklas gewinnen, der mit seinen guten Fachkenntnissen dabei Enormes geleistet hat. Mein Dank gilt auch Herrn Kollegen E. Weiher, der sich ebenfalls in dieser Richtung verdient gemacht hat. Danken möchte ich auch meinen Kollegen und Freunden aus Deutschland, Griechenland und Bulgarien für ihre neuen Beiträge. Es ist mir ein Anliegen, dem griechischen Außenministerium für seine großartige finanzielle Förderung dieses Symposions herzlich zu danken.

Besondere Verdienste hat sich der Vier-Türme-Verlag Münsterschwarzach bei der Drucklegung dieses Bandes in so sorgfältiger Form erworben.

Im November 1990   Evangelos Konstantinou

Geleitwort

zum Symposion „Leben und Werk der byzantinischen Slavenapostel Methodios und Kyrillos"
anläßlich des 1100. Todestages des Slavenapostels Methodios im Wasserschloß Mitwitz
am 25. Juli 1985
(überarbeitet und ergänzt)

Das 1100-jährige Jubiläum des Todestages des Slavenapostels Methodios'[1] in diesem Jahr war der Anlaß zu zahlreichen kirchlichen Feiern und wissenschaftlichen Symposien und Kongressen nicht nur in den slavischen Ländern, sondern auch in Deutschland, Italien, Griechenland und anderenorts.

Das imponierende Missionswerk des Brüderpaares aus Thessaloniki in der slavischen Welt rückte dadurch wieder in den Mittelpunkt der Diskussion und beschäftigte in gleicher Weise Fachspezialisten wie Kirchenmänner und Politiker.

Unsere Griechisch-deutsche Initiative, deren Anliegen die engere Zusammenarbeit zwischen Deutschland und Griechenland auf dem Gebiet der Wissenschaft, der Ökumene und der Kultur ist, ergreift den Anlaß, das wissenschaftliche, ökumenische und kulturelle Oeuvre der genannten Heiligen zu würdigen und damit das vielstimmige Echo, welches das Werk dieser Heiligen in unseren Tagen gefunden hat, zu bereichern. Unsere heutige Veranstaltung bezeugt zugleich die Intention unseres Vereins, auch mit anderen europäischen Ländern eine vielfältige Zusammenarbeit zu realisieren.

Die Gebrüder von Thessaloniki, die Papst Johannes Paul II. bereits im Jahre 1980 zu Patronen Europas erhoben hat, und deren Tradition er in einer diesjährigen Verlautbarung als ein „Instrument des wechselseitigen Bewußtseins zwischen den Völkern Ost- und Westeuropas" bezeichnet hat, sind die besten Wegweiser für die Arbeit unserer Initiative, zumal sie Söhne Griechenlands waren.

Aber wer waren Methodios und Kyrillos und worin besteht ihre immense Leistung, die bis heute nichts an Aktualität eingebüßt hat?

Beide wurden in Thessaloniki als Söhne einer angesehenen byzantinischen Familie geboren. Ihr Vater Leon war Drungarios, das bedeutet eine hohe militärische Würde, unter dem Befehl des Gouverneurs (Strategen) der damaligen Verwaltungseinheit Thessaloniki. Ob sie adliger Abstammung waren, wie einige Forscher behaupten, bleibt dahingestellt. Methodios und Kyrillos sind ihre geistlichen Namen, die sie nach der üblichen Praxis der orthodoxen Kirche bei der Ablegung des Klostergelübdes erhielten. Methodios, der ältere Bruder, hieß mit seinem profanen Namen Michael, Kyrillos, das jüngste Kind der Familie, Konstantin. Das genaue Datum von Methodios' Geburt ist nicht bekannt. Man nimmt an, daß er um das Jahr 815 und Kyrillos 826/27 geboren wurde.

Methodios schlug zunächst eine weltliche Laufbahn ein. Er studierte Jurisprudenz und wurde vom Kaiser Theophilos mit der Verwaltung einer slavischen Provinz an der bulgarischen Grenze betraut. Der jüngste Bruder war spekulativ veranlagt und suchte die Erfüllung seines Lebens in dem Besitz der christlichen und profanen Weisheit. Seine Berufung dazu wird in seiner slavischen Vita (Kap. 3) mit einem Traum veranschaulicht, den er im Alter von sieben Jahren hatte. Seine große Begabung und sein außergewöhnlicher Fleiß beim Studium brachten ihm seitens seiner Mitschüler den Beinamen Philosophos ein, der ihm haften blieb.

Durch die Unterstützung des Logotheten Theoktistos, welcher der Familie freundlich gesonnen war, kam Konstantin sehr früh nach Konstantinopel (um das Jahr 843) und konnte an der dortigen berühmten Universität im Magnaurapalast seine Lieblingsfächer studieren. Damals wurde die kaiserliche Universität dank der Bemühungen Theoktistos', der mit der Kaiserinwitwe Theodora die Regierungsgeschäfte führte, reorganisiert. Hier wirkten u.a. die berühmten Gelehrten Leon der Mathematiker, ehemaliger Metropolit von Thessaloniki, und Photios, der spätere Patriarch.

Konstantin genoß eine ausgezeichnete Bildung. Nach seinem Studium erhielt er selbst eine Professur an der Philosophischen Fakultät. Gleichzeitig fungierte er als Berater des kaiserlichen Hofes in Fragen, welche die Juden und Mohammedaner betrafen.

Darüberhinaus war Konstantin aufgrund seiner hohen theologischen Bildung der geeignete Verfechter und Verteidiger der Bilderverehrung gegen die letzten Widersacher des Ikonenkultes und vor allem gegen den Patriarchen Johannes Grammatikos VII. (837-843).

Nach der Änderung der kirchenpolitischen Konstellation in der Hauptstadt legte Konstantin seine Professur nieder und ging auf den Mönchsberg Olympos in Bithynien, wo sein Bruder schon zuvor das Mönchsgewand angenommen hatte. Hier widmete er sich dem Gebet und dem Studium (Vita, Kap. 7). Seine großen missionarischen und diplomatischen Fähigkeiten konnte Konstantin auf Missionen nach Bagdad und ins Land der Chazaren beweisen. Daher nahm Konstantin auch seinen Bruder Methodios als Begleiter mit. In der Stadt Cherson auf der Halbinsel Krim, wo diese Gesandtschaft Station machte, nutzte Konstantin die kostbare Gelegenheit, Hebräisch zu lernen. Dadurch konnte er viele Einwohner von Samara, die dem Judentum zuneigten, für den christlichen Glauben gewinnen. Grossen Erfolg hatte Konstantin auch in seinen Disputen mit den Mohammedanern.

Der Aufenthalt in Cherson gewann für beide Brüder außerordentliche Bedeutung bei ihrer späteren Mission in Mähren, denn hier entdeckten und bargen sie die Reliquien des heiligen Papstes Clemens, der in Cherson um das Jahr 101 den Märtyrertod erlitten hatte. Durch die Übertragung dieser Reliquien nach Rom konnten unsere Slavenlehrer später die Gunst des Papstes Hadrian II. (867-872) für ihr Missionswerk in Mähren und Pannonien gewinnen.

Die Bedeutung des Brüderpaares erwies sich in ihrem vollem Umfang bei ihrem Missionswerk unter den slavischen Völkern. Durch ihre missionarischen und diplomatischen Erfolge hatten sie einen großen Namen erworben. Durch ihre Herkunft aus Thessaloniki war ihnen ein slavischer Dialekt vertraut, der von den dort angesiedelten Slaven gesprochen wurde.

Als der Fürst Großmährens Rastislav im Jahre 862 eine Gesandtschaft nach Konstantinopel schickte und Kaiser Michael III. (842-867) um die Entsendung von byzantinischen Missionaren bat, waren sowohl der Kaiser als auch Patriarch Photios der Meinung, daß niemand für diese Aufgabe so geeignet wäre wie die Brüder von Thessaloniki. Zu Konstantin-Kyrillos soll der Kaiser gesagt haben: „Philosoph, ich weiß, daß Du müde bist, aber Du mußt dorthin gehen, denn diese Aufgabe kann kein anderer sonst ausführen als Du".[2]

Ihr Wirken in Mähren fällt in die Zeit einer sehr kritischen Wende der kirchlichen und politischen Beziehungen zwischen Ost und West. Die universale byzantinische Reichsidee war durch den ikonoklastischen Streit geschwächt. Dies hatte zu Emanzipationsbestrebungen im Westen geführt, die ihren Höhepunkt in der Kaiserkrönung Karls des Großen fanden. Der Universalismus der Römischen Kirche wiederum fand in der Person des mächtigen Patriarchen Photios einen ebenbürtigen Gegner. In dieser Zeit, als die politische und kirchliche Entfremdung zwischen Osten und Westen beginnt, kamen Methodios und Konstantin-Kyrillos als Boten einer ungetrennten Kirche und als Träger einer großen byzantinischen Kulturexpansion, welche die Fundamente einer eigenständigen Kulturtradition legen sollte, nach Osteuropa. Darüberhinaus kamen sie als Boten des Friedens.

In der gespannten politischen und kirchlichen Atmosphäre nach der Ermordung ihres Gönners Theoktistos und der Übernahme der Regierungsgeschäfte durch Cäsar Bardas wie auch durch die Beseitigung des Patriarchen Ignatios durch Photios bewahrten beide Slavenapostel eine rühmenswerte objektive Haltung.

Sie ergriffen für niemanden Partei und beteten um den Frieden in der Kirche.[3] Sie wollten mit allen Kräften eine feste Brücke zwischen der Ost- und Westkirche bauen. Ihre Beziehungen zu Rom zeigen deutlich, mit welcher Intensität sie diesen Standpunkt vertraten. Trotz großer Behinderungen seitens der damaligen bayerischen Kirche, die bis zur Verurteilung und Einkerkerung Methodios', höchstwahrscheinlich in der Abtei Reichenau,[4] führten, hielt er an seiner Überzeugung von einer ungetrennten Kirche fest.

Das beste Zeugnis von der ökumenischen Gesinnung des Brüderpaares liefert das neue Prinzip, das sie bei der Verkündigung der christlichen Botschaft bei den Slaven anwandten – zugleich ein Beweis für den byzantinischen, ökumenischen Geist: Sie glaubten an die Würde des Menschen, die in seiner Ebenbildlichkeit mit Gott besteht. Jeder Mensch ist vor Gott gleich und hat Anspruch darauf, die frohe Botschaft Christi in seiner eigenen Sprache zu empfangen und Gott in seiner eigenen Sprache zu lobpreisen. Dieses Prinzip wird im 16. Kapitel der Vita Konstantins mit Hilfe vieler Bibelzitate begründet.

Vor dem Beginn ihrer Mission vollbrachten die Brüder von Thessaloniki die geniale Leistung, erstmals eine slavische Sprache mit Hilfe eines eigens nach griechischem Vorbild geschaffenen Alphabets zu verschriften. Als Grundlage dazu diente ihnen die slavische Mundart der Umgebung ihrer Heimat. Dabei stießen sie auf große Schwierigkeiten, da die slavische Sprache viele Laute enthält, die von den griechischen verschieden sind. Das glagolitische Alphabet, das bei der Entwicklung der kyrillischen Schrift Pate gestanden hatte, und die slavische Schriftsprache waren für die Schaffung einer einheimischen slavischen Kultur von ausschlaggebender Bedeutung.

Vor dem Beginn ihrer Mission in Mähren hatten sie in Konstantinopel mit Hilfe anderer gleichgesinnter Mitarbeiter die griechische Liturgie und das liturgische Buch, das die Evangelien-Perikopen für die Sonntage und kirchlichen Feste enthält, ins Slavische übersetzt. Diese Übersetzungstätigkeit setzten sie in Mähren fort. Die biblischen Texte in slavischer Sprache dienten ihnen gleichzeitig als Grundlage bei ihrem Unterricht, den sie den mährischen Schülern erteilten. Diese neue Missionsmethode rief heftigen Widerstand bei dem bayerischen und fränkischen Klerus, der sich fest an die damalige Dreisprachentheorie hielt, hervor. Sie besagte, daß man die Liturgie nur in griechischer, lateinischer und hebräischer Sprache feiern dürfe.

Trotz der enormen Schwierigkeiten hatten unsere Slavenapostel großen Erfolg bei ihrer Mission in Mähren und konnten sogar den damaligen Papst von der Wichtigkeit ihres Anliegens überzeugen.

Diese byzantinischen Missionare haben also vor elf Jahrhunderten nationale Volkssprachen für die Liturgie verwendet, was von der katholischen Kirche erst im Zweiten Vatikanischen Konzil sanktioniert wurde.

Große Verdienste haben sich Methodios und Kyrillos auch auf den Gebieten der Wissenschaft und Kultur erworben. Kyrillos war, wie wir erwähnten, Professor an der damaligen Kaiseruniversität der byzantinischen Hauptstadt. Er genoß den Ruf eines großen Gelehrten auf dem Gebiet der Philosophie und Theologie. Zu seinen Füßen saßen nach seiner Vita nicht nur einheimische, sondern auch ausländische Studenten. Während seines kurzen Aufenthaltes in Rom hat er, wie wir hören, viele Wißbegierige in die Geheimnisse der mystischen Theologie des Pseudo-Dionysios Areopagites eingeweiht. Die Übersetzungen der biblischen Texte in die slavische Spache sind zugleich der Anfang der einheimischen slavischen Literatur. Auf ihrer schwierigen Mission in Mähren folgten ihnen byzantinische Architekten und Künstler, die hier in Osteuropa die byzantinische Kultur verbreiteten. Wir wissen, daß sich Methodios mit besonderer Vorliebe der byzantinischen liturgischen Musik widmete, und man kann wohl annehmen, daß er auch in dieser Richtung die mährischen und pannonischen Schüler angeleitet hat. Die byzantinische Kultur hat nicht nur das kulturelle Leben der slavischen Völker geprägt, sondern auch Westeuropa entscheidende kulturelle Impulse gegeben.

Methodios konnte als Erzbischof von Sirmium vor seinem Tod (885) eine reiche Ernte seines Missionswerkes erleben, während sein Bruder Kyrillos schon sehr früh in Rom verstorben war (869). Er hatte 50 Tage vor seinem Tod ebenfalls das Mönchsgewand angenommen.

Methodios und Kyrillos haben für eine gemeinsame Kirche und für ein gemeinsames Europa gekämpft.[5]

Trotz der ständigen Qualen, Widerstände und Verfolgungen nicht nur seitens der Ungläubigen, sondern auch durch ihre fränkischen und bayerischen Amtsbrüder blieben sie unbeirrt ihrer Überzeugung treu, die Evangelisation bei den slavischen Völkern in ihrer eigenen Muttersprache zu führen nach dem Vorbild der Apostel.

Daher konnte Methodios als Erzbischof von Sirmium die Mißhandlungen seitens des Bischofs von Passau, Hermanrich, während seines Transportes von Mähren nach Regensburg und die tiefe Erniedrigung vor der Reichsversammlung in dieser Stadt (November 870) tapfer ertragen.[6]

Als die Versammlung der Bischöfe von Salzburg, Regensburg, Freising, Passau und Säben in Gegenwart des Königs Ludwig des Deutschen ihn der unkanonischen Missionierung Nordmährens und der Verwendung der slavischen Sprache in der Liturgie beschuldigte und mit großen Strafen drohte, konnte unser Heiliger mutig entgegnen: „Ich spreche die Wahrheit vor Gott und dem König, und ich schäme mich nicht. Ihr aber tut mit mir, was Ihr wollt. Ich bin ja nicht besser als jene, die ihr Leben unter vielen Qualen für die Wahrheit hingegeben haben."[7]

Ja, Methodios und Kyrillos mußten aus ethischen und theologischen Gründen die engstirnige abendländische Dreisprachen-Theorie ablehnen, die die Frankfurter Synode von 794 zum Dogma erhoben hatte.

Ihr Missionswerk ist das beste Zeugnis vom ökumenischen Geist der byzantinischen Orthodoxie.[8]

Ihre Übersetzungen der Heiligen Schrift vom Griechischen ins Slavische bilden für die Kulturgeschichte der Menschheit, wie Nikolaj Cvetkov Kočev richtig betont, „ein solches Ereignis wie die Septuaginta, die Vulgata und die Bibelübersetzung Martin Luthers".[9]

Daher wurden sie zurecht heilig gesprochen und als „Apostelgleiche" in den griechischen und slavischen Akolouthien gefeiert. Ihre engere Heimat Thessaloniki würdigte das umfangreiche Werk ihrer Söhne mit dem Bau einer prächtigen Kirche, die im Jahre 1982 ihrem Namen geweiht wurde.

Der Hymnograph der griechisch-orthodoxen Kirche, Mönch Gerasimos, Hl. Berg Athos (Skete der Kleinen Hagia Anna), der die große byzantinische hymnographische Tradition fortsetzt, widmete ihnen das neueste Offizium (1985), in dem er das Leben und Werk des Brüderpaares aus Thessaloniki preist. Wir geben hier sein schönes Kontakion, das die große Verehrung beider Heiliger seitens der griechischen Orthodoxie am besten zum Ausdruck bringt, wieder:

„Ihr habt die Erleuchtung der Apostel empfangen und Euch den Slaven als Leuchter und Lehrer erwiesen. Allen habt Ihr das Wort der Gnade verkündet. Oh! Allerselige, Kyrillos und Methodios, rettet alle vor jeglichem Schaden und Kummer die Euch ‚Sei gegrüßt, seliges Gespann' zurufen.[10]"

Die heiligen Brüder von Thessaloniki haben bei der Grundlegung einer gemeinsamen europäischen kulturellen Tradition Enormes geleistet. Durch die Vertiefung in diese gemeinsame christliche und kulturelle Überlieferung wird Europa wieder die Kräfte zur Erneuerung und Überwindung seiner heutigen Krise finden. Die Aktivitäten unseres Vereins in Askri, Mitwitz, Würzburg und anderenorts leisten einen Beitrag zu diesem Prozeß. Die wichtigste Voraussetzung für eine erfolgreiche und völkerverbindende wissenschaftliche, ökumenische und kulturelle Zusammenarbeit ist das Erlernen der Partnersprache. Dafür haben uns Methodios und Kyrillos ein Vorbild gegeben. Die Programme unserer Ferienseminare in Askri und hier im Wasserschloß Mitwitz, dessen Schloßherrin eine berühmte Griechin, Regina Philon von Levadia, war, dienen diesem Anliegen.

Evangelos Konstantinou
Präsident der Griechisch-deutschen Initiative

ANMERKUNGEN

[1] Heute plädiert man für die Bezeichnung 'Slavenlehrer'.
Darüber siehe G. Stökl, Kyrill und Method - Slavenlehrer oder Slavenapostel? Wirklichkeit und Legende, in: Kirche im Osten 23 (1980).

[2] Altslavische Vita Konstantins, Kap. 14, nach der Übersetzung J. Bujnochs: Zwischen Rom und Byzanz, Leben und Wirken der Slavenapostel Kyrillos und Methodios nach den Pannonischen Legenden und der Klemensvita. Bericht von der Taufe Rußlands nach der Laurentiuschronik, übers., eingel. u. erkl. v. J. Bujnoch, Graz-Wien-Köln 1972, S. 93 (=Slavische Geschichtsschreiber 1).

[3] Diesbezüglich bemerkt V. Grumel folgendes: „Ils n'etaient des partisans ni de Photios, ni d'Ignace. Les légendes (Vita Constantini et Vita Methodii) les laissent en dehors de la querelle: ne les y mélons pas" (Byzance et Photios dans les légendes slavonnes de Saints Cyrille et Methode. Echos d'Orient 33 (1934) 353). Über diese Frage siehe auch Fr. Dvorník, Slaves, Byzance et Rome au IX siècle. Paris 1926, p. 132; Ders., The Photian Schism. History and Legend, Cambridge 1948, S. 33 u. 52. Ders., Les Légendes de Constantin et Méthode Vues de Byzance, Praque 1933, S. 67, 79 u. 138, und K. Bonis, Die Slavenapostel Kyrillos und Methodios und die Basilika des Hl. Demetrios von Thessalonike, Athen 1969, S. 106-108.

[4] Neueste Forschungen A. Zettlers, Cyrill und Method im Reichenauer Verbrüderungsbuch, in: Frühmittelalterliche Studien, Bd. 17, hrsg. von Karl Hauck, Berlin 1983, S. 280-293, und Ders., Methodius in Reichenau, Bemerkungen zur Deutung und zum Quellenwert der Einträge im Verbrüderungsbuch, in: Symposium Methodianum: Beiträge der Internationalen Tagung in Regensburg (17. bis 24. April 1985) zum Gedenken an den 1100. Todestag des Hl. Method, hrsg. von Klaus Trost, Ekkehard Völkl, Erwin Wedel, München 1988, S. 367-379.

[5] Darüber siehe auch A. Kallis, Bedeutung und Aktualität Kyrillos' und Methodius' für Europa, in: Symposium Methodianum ..., S. 159-169.

[6] Darüber siehe K. Gamber, Erzbischof Methodius vor der Reichsversammlung in Regensburg des Jahres 870, in: Symposium Methodianum ..., S. 111-115.

[7] Ebenda, S. 112.

[8] Dazu vgl. auch A. Giannoulatos, Kyrillos und Methodios: Wegweiser, Sonderdruck aus der Zeitschrift „Ekklesia", Athen 1966, S. 3-21(griech.).

[9] Das Werk der Heiligen Brüder im Kulturkontext der Epoche, in: Symposium Methodianum..., S. 173.

[10] Akolouthie der Hll. Kyrillos und Methodios, der Thessaloniker Erleuchter der Slaven, mit parakletischem Kanon und 24 Troparien, Thessaloniki 1985, S. 40 u. 48 (griech.).

Johannes Karajannopoulos

Der historische Rahmen der Slavenmission Methodios' und Kyrillos'

1. „Gott, der jedem befiehlt, zur Erkenntnis der Wahrheit zu gelangen und nach größerer Würde zu streben, hat deinen Glauben erkannt. Und er hat das große Wunder getan und zu unseren Zeiten in eurer Sprache Buchstaben offenbart, die außer in alten Zeiten nicht mehr gegeben worden sind, damit auch ihr den großen Völkern, die Gott in ihrer Sprache preisen, zugerechnet werdet. Und deshalb haben wir denjenigen gesandt, dem Gott dies offenbarte, einen ehrwürdigen und frommen Mann, einen sehr gelehrten Philosophen. Und nach Erlangung dieses Geschenkes, das größer und ehrenwerter als alles Gold und Silber und Edelsteine und vergänglicher Reichtum ist, geh hin mit ihm und vollziehe eilig das Anliegen, da alle Herzen nach Gott verlangen. Und verschmähe nicht das allgemeine Heil, sondern ermuntere alle, nicht zu säumen und den wahrhaftigen Weg einzuschlagen; damit auch du, nachdem du sie durch deine Großtat zur Erkenntnis Gottes geführt hast, deinen Lohn dafür in diesem und im künftigen Leben erhältst für alle die Seelen, die an Christus unseren Gott glauben werden von nun an bis ans Ende, in dem du den ferneren Geschlechtern ein Gedenken hinterläßt gleich dem des großen Kaisers Konstantin".[1]

Mit diesem Schreiben des byzantinischen Kaisers Michael III. haben sich vor ca. eintausendeinhundert Jahren die zwei Brüder aus Thessaloniki, Kyrill und Method, auf den Weg ins Großmährische Reich gemacht. Das kaiserliche Schreiben hat ein Ereignis von welthistorischer Bedeutung eingeleitet: die Christianisierung der Slaven.

Die slavische Welt hat durch das Werk der beiden Brüder das Mittel ihres religiösen und literarischen Ausdruckes gefunden und mit ihrer Hilfe die ersten Schritte zu einer höheren Kultur gemacht. Es ist aber natürlich, daß ein Werk von solcher Tragweite, das den Rahmen einer Mission zersprengen sollte, sich auch nicht auf das Gebiet eines Staates beschränken würde. Unvermeidlich mußte es ins Zentrum internationaler Antagonismen rücken und als Ziel gegenseitiger politischer Ambitionen dienen.

Ziel des heutigen Beitrages soll es also sein, den historischen Rahmen nachzuzeichnen, den die einander bekämpfenden politischen Ambitionen der Großmächte jener Zeit bildeten, innerhalb dessen sich das Missionswerk der beiden griechischen Brüder vollzog.

2. Das 9. Jahrhundert, die Epoche des Wirkens der Brüder aus Saloniki, ist eine schicksalsreiche Zeit der europäischen Geschichte gewesen. Im ersten Jahrzehnt dieses Jahrhunderts existierten in Europa, im Westen und im Osten, zwei Kaiserreiche mit ökumenischen Ansprüchen und fast mit den gleichen Zielsetzungen und Weltanschauungen: die Verbreitung der christlichen Lehre und die Einheit der christlichen Ökumene unter einer einheitlichen kaiserlichen Gewalt.

Im Jahre 843 ist jedoch ein für das Schicksal des Westens entscheidendes Ereignis eingetreten: die Nachfolger Ludwigs des Frommen, des Sohnes Karls des Großen und zweiten Kaisers im Westen, kamen schließlich nach langen heftigen Kämpfen überein, das väterliche Erbe unter sich zu teilen. Dies ist im Jahre 843 im Vertrag von Verdun geschehen.[1a] Im erwähnten Vertrag fielen Ludwig dem Deutschen (843-876), einem der Söhne Ludwigs des Frommen, Sachsen, Schwaben und Bayern zu, Länder, die den Kern des künftigen Deutschen Reiches bilden sollten, sowie einige Gebiete längs des westlichen Rheinufers.

Die geographische Lage seines Staates zwang Ludwig den Deutschen, die West- und Ostpolitik seines Großvaters Karl des Großen sowie seines Vaters Ludwig des Frommen fortzusetzen.

Die Ostpolitik dieser Kaiser zielte darauf ab, die östliche

Grenze des Staates gegen die Slaven und die südwestliche gegen die Avaren intakt zu halten. Die Avaren, dieses nomadische Volk, wandten sich nunmehr (nach der fehlgeschlagenen Belagerung von Konstantinopel im Jahre 626, sowie nach der Gründung des Bulgarischen Staates im Jahre 681) gegen Westen, indem sie Beutezüge in die Gebiete des Fränkischen Reiches unternahmen, und sie drangen im Jahre 788 sogar bis Bayern und Italien vor. Die Avarengefahr sollte durch die effektive Gegenwehr Karls des Großen, der um die Jahrhundertwende (vom 8. zum 9. Jahrhundert) die Avaren zur bedingungslosen Unterwerfung zwang, aus der Welt geschafft werden. Die spärlichen Reste dieses Volkes ließen sich im Jahre 805 um den Neusiedlersee nieder. Sie sollten dort noch zwei Jahrzehnte ihre Existenz fristen (bis zum Jahre 826); dann verschwinden sie spurlos aus der Geschichte.[2]

3. Die Niederlage der Avaren hatte die Emanzipation der Slaven Böhmens und Mährens zur Folge, die sich zuvor jenen unterworfen hatten. Dieses so entstandene Machtvakuum wurde durch die zielstrebigen Maßnahmen Karls des Großen rasch gefüllt, der die Reaktion jener Slaven abzuwehren und ihnen seine Oberhoheit aufzuzwingen vermochte.[3]

Die Politik Karls des Großen wurde von seinem Sohn Ludwig dem Frommen fortgesetzt. Er wurde von den Slaven Böhmens und Mährens formell als Herrscher anerkannt. Ihre Gesandten nahmen im Jahre 815 am Reichstag von Paderborn und im Jahre 822 am Reichstag von Frankfurt teil.[4]

Politischer Einfluß bedeutet jedoch, nach der treffenden Bemerkung von F. Dvorník, auch kirchlichen Einfluß.[5] In der Tat zeichnet sich das 9. Jahrhundert durch eine rege missionarische Aktivität der Bistümer von Regensburg und Passau sowie des Erzbistums von Salzburg in den Gebieten Böhmens und Mährens sowie in der Umgebung Nitras und des heutigen westlichen Ungarn aus.[6]

Dieses Missionswerk schritt jedoch sehr langsam voran. Ursachen dafür waren das Unvermögen des fränkischen Klerus, sich den lokalen Verhältnissen anzupassen, sein Mangel an Taktgefühl gegenüber der slavischen Bevölkerung und, was noch wichtiger ist, seine Weigerung, das Slavische als Missions- und Kirchensprache zu verwenden. Nach alledem ist es nicht verwunderlich, daß sich erst im Jahre 845 die ersten böhmischen Fürsten, in Anwesenheit des damaligen Herrschers des fränkischen Reiches, Ludwig des Deutschen, in Regensburg taufen ließen.[7]

In den zwei anderen slavischen Ländern, in Mähren und im Gebiet von Nitra, nahmen die Dinge für das fränkische Missionswerk einen günstigeren Verlauf. In den Staatsgebilden, die dort entstanden sind, im Fürstentum Mojmirs I. in Mähren und im Fürstentum Pribinas in Nitra, wurden die Missionsversuche des fränkischen Klerus wohlwollend aufgenommen.[8]

In Mähren waren Missionare aus den Bistümern Passau und Regensburg tätig, während Pribinas Staat vom Salzburger Erzbistum missioniert wurde.[9] Der Salzburger Erzbischof Adalram, der Ludwig den Deutschen im Feldzug gegen den bulgarischen Herrscher Omurtag begleitete, ließ sogar die erste Kirche in Nitra errichten.[10]

Um das Jahr 833 gelang es Mojmir, Pribina aus Nitra zu vertreiben und dessen Land dem mährischen Staat einzuverleiben. Pribina suchte zuerst Asyl bei den Franken, dann bei den Bulgaren und schließlich wiederum bei den Franken, die ihm um das Jahr 840 ein Gebiet um den Plattensee überließen, wo er auch ein neues Fürstentum, mit Moosburg (heut. Zalavár) als Zentrum, gründete.[11]

Im Laufe der darauffolgenden Jahre ist es dem Nachfolger Mojmirs I., Rastislav (846-870), gelungen, seinen Staat zu festigen und dessen Grenze bis zum Flusse Theiß zu erweitern. So schuf er das Großmährische Reich, das sich nunmehr in unmittelbarer Nachbarschaft mit dem bulgarischen Staat befand. Im Laufe der Zeit gelang es Rastislav auch, sich vom ursprünglichen Abhängigkeitsverhältnis vom Fränkischen Reich allmählich zu befreien. Um das Jahr 850 fühlte er sich bereits souverän genug, um von der Entsendung einer Delegation zum Reichstag abzusehen.[12] Parallel zur politischen Emanzipation Mährens vom Fränkischen Reich verlief auch das allmähliche Einstellen der Aktivität der fränkischen Missionare.[13] Diese Entwicklung hatte eine Reaktion Ludwigs des Deutschen zur Folge, der gegen Böhmen und Mähren zu Felde gezogen ist. Seine Kriegsunternehmen gegen Böhmen sollten jedoch zu einer Reihe von Mißerfolgen werden. Er wurde schließlich von den Böhmen geschlagen. Böhmen gehörte für die folgende Zeit nicht mehr dem Fränkischen Reich an.[14]

Aber auch die Kriegsoperationen gegen Mähren sollten keinen besseren Ausgang haben. Das militärische Eingreifen des Jahres 855 gegen Rastislav brachte kein Ergebnis. Ludwig konnte die Festungen seines Gegners nicht einnehmen. Er mußte, verfolgt von den Truppen Rastislavs, zurückkehren.[15]

4. Gehindert durch Aktionen, die sein Bruder Karl der Kahle gegen ihn unternahm, konnte Ludwig in den darauffolgenden Jahren keine Initiative gegen Mähren ergreifen[16]. Rastislav aber blieb eine ständige Sorge für das Reich Ludwigs, insbesondere nachdem er Pribina hatte töten lassen (im Jahre 860)[17] und anschließend (861) seine Unterstützung dem aufständigen Sohne Ludwigs, Karlman, gewährt hatte[18].

Die Macht des mährischen Fürsten nahm ständig zu, und Ludwig der Deutsche fühlte sich nicht mehr stark genug, allein Aktionen gegen den gefährlichen Gegner zu unternehmen. Er mußte also einen Bundesgenossen suchen, um seine Pläne gegen Rastislav zu verwirklichen. Diesen Bundesgenossen fand er in der Tat in der Person des Bulgaren-Khagans Boris. Auf diese Weise breitete sich jedoch der mährisch-fränkische Konflikt in den Raum der Hämus-Halbinsel hinein aus und riß andere Mächte mit in seinen Bann. Boris hatte jeden Grund, über das ständige Wachsen der Macht Mährens beunruhigt zu sein. Das Großmährische Reich hatte nun, wie erwähnt, seine Grenze bis zum Mittellauf der Theiß vorgerückt[19]. Boris bekam damit einen gefährlichen und für seine aggressive Politik bekannten Nachbarn. Er fühlte sich jedoch gleichzeitig an

der südlichen Grenze seines Staates unsicher. Byzanz, das sich vor einigen Jahrzehnten mit Mühe gegen die Araber verteidigen konnte, war nun in der Lage, offensive Aktionen gegen sie zu unternehmen. Es gelang ihm, seit dem Anfang der 2. Hälfte des 9. Jahrhunderts, den Arabern schwere Schläge zu versetzen. Mit dem Sieg von Melitene im Jahre 863 wurde schließlich die militärische Überlegenheit über die Araber erreicht[20].

Der byzantinische Kaiser konnte sich nunmehr mit den Angelegenheiten der Balkanfront befassen. Als er auch die Russen im Jahre 860 siegreich abwehren konnte[21], war er nunmehr in der Lage, an den Bulgaren Rache für die dem Reich durch Krum versetzten Schläge am Anfang des 9. Jh. zu nehmen.

Unter dem Druck einer solchen doppelten Drohung, vom Süden wie vom Norden, sah Boris das ihm vom fränkischen Herrscher angebotene Bündnis als den einzigen Ausweg.

Die fränkisch-bulgarischen Verhandlungen begannen im Jahre 860[22]; um das Jahr 863 waren sie bereits abgeschlossen.[23] Aus einem Schreiben des Papstes Nikolaus I. aus dem Jahre 863 an den Bischof von Konstanz, Salomon, erfahren wir, daß der bulgarische Herrscher in diesem Jahr mit Ludwig dem Deutschen in Tulln zusammentreffen sollte, um mit ihm das gemeinsame Vorgehen gegen Rastislav zu besprechen. Der Vertrag sollte durch die Taufe des bulgarischen Khagans ratifiziert werden.[24]

5. Diese Ereignisse wurden jedoch von einem weiteren Faktor der damaligen internationalen Politik, von Rom, mit regem Interesse verfolgt.

Das Interesse von Papst Nikolaus I. (858-867) an den Ereignissen, die hier geschildert werden, entsprang hauptsächlich seinem Gegensatz zur Kirchenpolitik des fränkischen Staates, der eine Politik der Abhängigkeit der Kirche von der weltlichen Macht verfolgte.

Ein weiterer wichtiger Grund, weshalb sich der Papst für diese Geschehnisse interessierte, war, daß Nikolaus darauf hoffte, dadurch eine günstige Gelegenheit zu finden, um seine Jurisdiktion über die Balkanländer wiederzuerlangen; eine Prärogative, die ihm von den ikonoklastischen Kaisern abgesprochen worden war.

6. Die fränkisch-bulgarischen Verhandlungen wurden von Rastislav mit Beunruhigung beobachtet. Er begriff, welcher tödlichen Gefahr er ausgesetzt werden konnte, falls dieses Bündnis zustandekommen sollte. Er war also genötigt, neue Verbündete zu finden, die ihm aus seiner mißlichen Lage helfen konnten. Er wandte sich zunächst an Rom, das zwar über keine materielle Macht verfügte, jedoch ein großes moralisches Gewicht besaß: Rom könnte auf Ludwig den Deutschen Druck ausüben.[25] Nach einigem Zögern lehnte jedoch Nikolaus, mit Rücksicht auf die Reaktion des deutschen Monarchen, jegliche Einmischung in den mährisch-fränkischen Konflikt ab.

Der mährische Fürst sah sich danach gezwungen, sich an Byzanz zu wenden. Sein Anliegen wurde vom Cäsar Bardas, in dessen Händen die politischen Geschicke des byzantinischen Reiches lagen, sofort als eine einmalige Chance erkannt, Bulgarien außenpolitisch zu isolieren. Er zögerte daher mit seiner positiven Antwort nicht lange.[26] Dabei fand er in der Person des Patriarchen Photios, dessen weitblickender Verstand die Gelegenheit einer Erweiterung der Orthodoxie erkannt hatte, einen enthusiastischen Mitstreiter.[27]

Die byzantinisch-mährische Allianz wurde in der Form eines Gesuches an Byzanz, die Verbreitung der christlichen Lehre im Lande Rastislavs zu übernehmen, präsentiert.[28] Mit dieser Mission wurden die beiden Brüder aus Thessaloniki, Kyrill und Method, betraut, zwei Kenner des Slavischen, die bereits Erfahrung in anderen Missionen (bei den Arabern und den Chasaren) hatten. Die beiden Brüder haben die liturgischen Bücher ins Slavische übersetzt. Sie haben damit die Voraussetzungen für ein erfolgreiches Missionswerk geschaffen. Die slavische Bevölkerung vernahm mit tiefer Freude Gottes Wort in der eigenen Sprache. Dies veranlaßte sie zudem, Vergleiche mit der rigorosen Haltung des fränkischen Klerus zu ziehen.[29]

7. Die Annäherung Mährens an Byzanz hatte ernste politische Folgen, denn einerseits wurde dadurch Bulgarien isoliert, andererseits gewann Byzanz an Selbstbewußtsein.

Diese politischen Folgen ließen nicht lange auf sich warten. Byzantinische Heere marschierten gegen die bulgarische Grenze, während die Reichsflotte eine imposante Machtdemonstration vor der bulgarischen Küste bis hinauf zur Donaumündung exerzierte. Prompt war das Ergebnis dieser Maßnahmen: Boris mußte schweren Herzens einlenken. Er wandte sich an Byzanz, um von dort die christliche Taufe zu empfangen. Er wurde bekanntlich im Jahre 864 von byzantinischen Priestern getauft und nahm den Taufnamen Michael, den Namen des byzantinischen Kaisers, an.[30]

Die Annäherung von Boris an Byzanz wurde jedoch durch die Umstände diktiert. Sie entsprang keiner ehrlichen Absicht. Boris war gezwungen, die Taufe von Byzanz zu empfangen, weil er befürchtete, daß die kirchliche Abhängigkeit Mährens von Byzanz auch eine politische Abhängigkeit zur Folge hätte. Das Ergebnis wäre für ihn, daß die gefährliche Umklammerung seines Staates, vom Norden wie vom Süden, weiter bestehen würde.

Als er jedoch verstanden hatte, daß das Werk der beiden Brüder selbstlos und frei von jeglichem politischen Kalkül war,[31] empfand er die Weigerung Konstantinopels, ihm die kirchliche Autonomie zu gewähren, als eine schwere Beleidigung. Er beschloß, sich erneut an den Westen zu wenden, in der Hoffnung, den Einfluß seines gefährlichen Nachbarn zu entfernen und die kirchliche Autonomie zu erlangen.[32] Im Jahre 866 kam eine bulgarische Delegation nach Regensburg und bat um die Entsendung fränkischer Kleriker nach Bulgarien.[33] In der Tat reiste im nächsten Jahr (867) eine Delegation, geführt vom Bischof von Passau, Hermanrich von Ellwangen, nach Bulgarien. Ihre Ankunft war jedoch verspätet,[34] denn sie trafen dort bereits päpstlichen Klerus an, den der schlaue Boris gleichzeitig aus Rom erbeten hatte[35].

Aber auch von der päpstlichen Haltung wurde Boris sehr

schnell enttäuscht, denn sowohl Nikolaus I. als auch sein Nachfolger Hadrian II. (867-872) waren keineswegs bereit, die vom bulgarischen Herrscher ersehnte kirchliche Autonomie zu gewähren.[36] Deshalb vollzog Boris einen diplomatischen Zug ersten Ranges: Er entsandte eine Delegation an die Synode von Konstantinopel vom Jahre 869/870[37] mit der Anfrage, ob die bulgarische Kirche der römischen oder der konstantinopolitanischen Jurisdiktion angehöre. Die Antwort auf diese Anfrage an eine Synode, die in ihrer Mehrheit aus Vertretern der östlichen Kirchen bestand, war von vornherein klar: trotz heftigen Protestes der päpstlichen Legaten entschied sich die Synode, daß die bulgarische Kirche dem Sprengel des ökumenischen Patriarchats angehöre. Nach dieser Entscheidung weihte der Patriarch Ignatios einen Erzbischof und mehrere Bischöfe, die er nach Bulgarien entsandte. Gleichzeitig jedoch, in Erinnerung an die Geschehnisse der jüngsten Vergangenheit, gewährte er der neuen Kirche eine relative Autonomie. Für den Erzbischof von Bulgarien wurde außerdem eine besonders ehrenvolle Stellung im byzantinischen Hofzeremoniell reserviert.[38]

In der Zwischenzeit zog das Werk der beiden Brüder, trotz der freundlichen Aufnahme durch die Bevölkerung, die Reaktion der fränkischen Bischöfe auf sich. Sie sahen ihre Interessen in Mähren durch das Auftreten der Brüder gefährdet[39].

Die Bischöfe von Passau und Freising, die sich in latenter Opposition zum Papst befanden und die die Interessen Ludwigs des Deutschen vertraten, haben nach dem Tode von Kyrill im Jahre 869 nicht gezögert, Method, der inzwischen die Weihe eines Erzbischofs von Sirmium empfangen hatte, gefangen zu nehmen. Er wurde angeklagt, nicht das Lateinische in der Liturgie zu verwenden und sich in fremden Kirchensprengeln zu betätigen.[41]

Der Prozeß, oder vielmehr die Parodie[42] eines Prozesses, gab dem byzantinischen Missionar die Gelegenheit, seinen göttlichen Eifer und seine furchtlose Seele zu zeigen. „Böses wirst du erleben", drohten ihm seine Richter. Aber der Slavenapostel antwortete ihnen mit den Worten des

Psalmisten: „Ich sage die Wahrheit vor Königen und gräme mich nicht"[43]. Und er fuhr fort: „Ihr aber vollführt euren Willen an mir, denn ich bin nicht besser als jene, die, weil sie die Wahrheit sagten, unter vielen Qualen dieses Leben eingebüßt haben".[44]

Die Antwort der gnadenlosen und ungerechten Richter war die beispiellose Mißhandlung des Methodios und seine Verbannung und Einkerkerung in Ellwangen und Reichenau.[45]

Erst nach drei Jahren Gefängnis konnte er, nach einer Intervention des Papstes Johannes VIII. (872-882), befreit werden und seine Mission fortsetzen.[46]

9. Waren die weiteren Reaktionen auf sein Werk, solange Methodios am Leben war, verhältnismäßig erträglich, so nahmen sie nach dem Tode des Missionars im Jahre 885 die Gestalt einer unerbittlichen Verfolgung an: Bischof Wiching, unterstützt durch Papst Stefan V. und den Nachfolger Rastislavs, Svjatopluk, vertrieb die Schüler des Methodios aus Mähren. Viele von ihnen wurden als Sklaven verkauft, während anderen die Flucht nach Bulgarien gelang. Dort haben sie ihr Werk fortgesetzt, und ihre Lehre wurde in der südslavischen Welt und von dort aus auch in Rußland verbreitet.

Die Saat, die die beiden Brüder allein inmitten einer feindlichen Umgebung gesät hatten, brachte infolge der Gewalt wenige Früchte dort, wo sie zuerst geworfen wurde. Sie blühte jedoch später in einem weit umfangreicheren Gebiet, das sich von der adriatischen Küste bis zum Pazifik erstreckt.[47]

10. Mein bescheidenes Ziel heute war nicht, das Werk der beiden Brüder zu werten, ein Werk, über das ganze Bibliotheken von gelehrten Abhandlungen bestehen.[48] Ich wollte lediglich, wie eingangs erwähnt, den historischen Rahmen der Anfänge der Mission zeichnen.

Die Erinnerung an Ereignisse solcher Tragweite, wie die heute erwähnten, hat nur dann einen Sinn, wenn sie uns zum Nachdenken veranlaßt. Das Missionswerk der beiden

Brüder bietet uns gewiß reichlich Gelegenheit dazu. In Thessaloniki geboren, in Konstantinopel ausgebildet, in den Klöstern des bithynischen Olymp und des Marmarameeres als Mönche in die orthodoxe Mystik und Askese eingeweiht, haben die beiden griechischen Brüder[49] ihren ganzen Eifer und ihr ganzes Können für die Verwirklichung eines heiligen Werkes eingesetzt: für die Verbreitung der christlichen Lehre im Geiste eines edlen und echt christlichen Universalismus. Das Gedächtnis an die beiden Missionare, welches seit elf Jahrhunderten in der griechischen, lateinischen und in den slavischen Sprachen gefeiert wird, ist der beste Beweis für die ökumenische Anerkennung ihres Werkes.

Der menschliche Egoismus und das menschliche Unvermögen haben der Kirche Christi viele Schläge versetzt. Aber sie können und müssen überwunden werden. Die Einheit der christlichen Welt muß wiederhergestellt werden, und wir alle müssen dazu beitragen. Dies ist, so glaube ich, die Hauptlehre, die aus dem Werk der beiden Brüder zu ziehen ist.

Kyrill und Method waren allein inmitten vieler und starker Feinde. Sie haben nicht nachgegeben und haben ihre Pflicht erfüllt, indem sie jede Mühe auf sich nahmen und jede Gefahr, ja, die Androhung des Martyriums ignorierten. Der grandiose Erfolg ihres Werkes bietet uns eine zweite, tiefere Lehre: wozu ein einzelner und materiell schwacher Mensch fähig ist, wenn er vom selbstlosen und tiefen Glauben an die heilige Wahrheit erfüllt ist, das heißt, wenn ihn die Achtung vor seinem Nächsten, die Liebe zum Menschen, ja, die Liebe zu allen Menschen beseelen.

ANMERKUNGEN

[1] Die Lebensbeschreibung Konstantins (-Kyrills) XIV. in: J. SCHÜTZ, Die Lehrer der Slawen Kyrill und Method, St. Ottilien 1985, 67f.

[1a] Darüber s.: Der Vertrag von Verdun. Neun Aufsätze zur Begründung der europäischen Völker- und Staatenwelt, hrg. von TH. MEYER, Leipzig 1943.

[2] G. STADTMÜLLER, Geschichte Südosteuropas, München 1950, 136; B. GEBHART, Handbuch der deutschen Geschichte I, Stuttgart ⁸1954, 136.

[3] Über die südosteuropäische Politik der Karoliden s. A.BRACHMANN, Die Anfänge der abendländischen Kulturbewegung in Südosteuropa und deren Träger, Jahrbücher für Gesch. Osteuropas 3 (1938), 185 - 215; H. LÖWE, Die Karolingische Reichsgründung und der Südosten, Stuttgart 1937.

[4] F. DVORNIK, Les Slaves, Byzance et Rome au IXe s., Paris 1926, 149; G. STADTMÜLLER, Geschichte 137.

[5] F. DVORNIK, Byzantium, Rome, the Franks and the Christianization of the Southern Slavs, in: Cyrillo-Methodiana. Zur Frühgeschichte des Christentums bei den Slaven 863 - 1963, hg. von M. HELLMANN, R. OLESCH, B. STASIEWSKI, F. ZAGIBA, Köln-Graz 1964, 113.

[6] G. STADTMÜLLER, Geschichte 150; F. DVORNIK, Byzantium 115-116; B. GEBHART, Handbuch 151; F. VALJAVEC, Geschichte der deutschen Kulturbeziehungen zu Südosteuropa I (= Südosteuropäische Arbeiten 41), München 1953, 8 ff.

[7] E. DÜMMLER, Geschichte des ostfränkischen Reiches I, Leipzig 1887, 285; F. DVORNIK, Les Slaves 150; G. STADTMÜLLER, Geschichte 150.

[8] F. DVORNIK, Byzantium 113; G. STADTMÜLLER, Geschichte 138 u. 140.

[9] F. VALJAVEC, Kulturbeziehungen 8; F. DVORNIK, Byzantium 113; K.BOSL, Probleme der Missionierung des böhmisch-mährischen Herrschaftsraumes, in: Cyrillo-Methodiana. Zur Frühgeschichte des Christentums bei den Slaven 863 - 1963, Köln-Graz 1964, 3 ff.

[10] Conversio Bagoariorum et Carantanorum, hg. von M. KOS, Razprave Znanstvenega društva v Ljubljani 11, Historični odsek 3, Ljubljana 1936, 136; vgl. F. DVORNIK, Byzantium 113; K. BOSL, Böhmisch-mährische Missionierung 9.

[11] F. DVORNIK, Byzantium 114 u. 116 - 117; G. STADTMÜLLER, Geschichte 138 - 139; F. VALJAVEC, Kulturbeziehungen 3; K. BOSL, Böhmisch-mährische Missionierung 12; J. MACŮREK, La mission byzantine en Moravie au cours des anneés 863 - 885 et la portée de son héritage dans l'histoire de nos pays et de l'Europe, in: Magna Moravia. Commentationes ad memoriam missionis byzantinae ante XI saecula in Moraviam adventus editae (= Opera Universitatis Purkynianae Brunensis. Facultas Philosophica 102), Pragae 1965, 20.

[12] F. DVORNIK, Les Slaves 151; derselbe, Byzantium 117.

[13] F. DVORNIK, Byzantium 118.

[14] F. DVORNIK, Les Slaves 151; G. STADTMÜLLER, Geschichte 141.

[15] F. DVORNIK, Les Slaves 151.

16 F. Dvornik, Byzantium 118; G. Stadtmüller, Geschichte 141.

17 Conversio Bagoariorum 139.

18 F. Dvornik, Byzantium 118.

19 P. Ratkós, K otázke hranice Velkej Moravy a Bulharská, Historický Časopis 3 (1955), 206–218 (mit deutscher Zusammenfassung).

20 Vgl. H.Grégoire, Etudes sur le neuvième siècle, Byzantion 8 (1933), 515–550; Derselbe, Etudes sur l'épopée byzantine, Rer. Ef. Grecques 46 (1933) 29–69; Über die Schlacht bei Melitene s. A.A.Vasiliev, Byzance et les Arabes I. La dynastie d'Amorium (820–876), Bruxelles 1935, 251 ff.; H.Grégoire, Michel III et Basile le Macédonien dans les inscriptions d'Ancyre, Byzantion 5 (1929/30), 331 ff.; Derselbe, Etudes sur le neuviéme siècle 534 ff.

21 Auskünfte aus venezianischen Quellen (s. F. Kruse, Chronicon Nortmannorum, 1851, 261 ff.) und aus den Chroniques byzantines du Ms. 11 376 (= Anecdota Bruxelensia I, ed. von F. Cumont, Bruxelles 1894, 33) haben dieses Datum sicher gemacht.

22 F. Dvornik, Byzantium 119; F. Zagiba, Missionierung der Slaven aus „Welschland", Cyrillo-Methodiana. Zur Frühgeschichte des Christentums bei den Slaven 863 - 1963, Köln-Graz 1964, 292.

23 Das Chronikon von Fulda berichtet, daß Ludwig der Deutsche im Jahre 863, um seinen rebellierenden Sohn Karlomann zu überrumpeln, so tat, als wolle er zusammen mit seinen bulgarischen Alliierten gegen Rastislav ins Feld ziehen (= Annales Fuldenses MGH. SS. IV. 374); F. Dvornik, Byzantium 119.

24 F. Zagiba, Das abendländische Bildungswesen bei den Slaven im 8.–9. Jh. Ein Beitrag zur Geschichte der bayerischen Ostmission, Jahrbuch 1962 für altbayerische Kirchengeschichte, München 1962, 32.

25 Dieser Versuch Rastislavs, Rom für sich zu gewinnen, ist aus einem Brief des Papstes Hadrian II. (867–872), Nachfolger Nikolaus d. I., vom Jahre 868/9 ersichtlich. Der Brief ist uns nur in paläoslavischer Übersetzung erhalten, seine Authentizität aber ist nicht angefochten. Vgl. F. Dvornik, Byzantium 119–120.

26 S. F. Dvornik, The Slavs. Their Early History and Civilization, Boston 1956. 82–83; J. Macůrek, La mission byzantine 29.

27 Vgl. F. Dvornik, Les Slaves 132 ff., der aber übermäßig die politische Seite der Missionstätigkeit von Photios hervorhebt.

28 Die Lebensbeschreibung Methods von J. Schütz, Der Lehrer der Slawen Kyrill und Method, St. Ottilien 1985, 91: „... der slawische Fürst Rastislav samt Swentopulk. ... sandten zum Kaiser Michael und ließen sagen wie folgt: Dank der Barmherzigkeit Gottes sind wir gesund, und es sind zu uns viele Lehrer gekommen, Christen aus Italien und aus Griechenland und aus Deutschland, die uns unterschiedlich lehrten. Wir Slawen aber sind ein einfaches Volk und haben niemanden, der uns in der Wahrheit belehrt und uns zum Verständnis hinführt. So sende uns, guter Herrscher, einen solchen Mann, der uns in der vollen Rechtschaffenheit unterweisen könne."

29 Über die Missionsmethoden des fränkischen Klerus s. F. Dvornik, The Slavs, 74 ff.; J. Macůrek, La mission byzantine 24 -26 und 56- 57.

30 Die Datierung nach den Arbeiten von D. Anastasijević, Archiv za arbanascu starinu 2 (1924), 137 ff. und A.Vaillant-M. Lascaris, La date de la conversion du Bulgares, Rev. Et. Slaves 13 (1933), 5 ff.

31 F. Grivec, Erlebnisse und Forschungsergebnisse, Cyrillo-Methodiana, Köln-Graz 1964, 148 ff.

32 S.Runciman, A History of the First Bulgarian Empire, London 1930, 107; I.Dujčev, Au Lendemain de la Conversion du peuple bulgare, Mélanges de science religieuse 8 (1951), 211 - 226, jetzt in: Medioevo Bizantino-Slavo I, Roma 1965, 107–123.

33 F. Dvornik, Byzantium 122.

34 M. Heuwieser, Geschichte des Bistums Passau I, Passau 1939, 145 ff.

35 A.Lapôtre, L'Europe et le Saint-Siège à l'époque Carolingienne I, Paris 1895, 49 ff.; E. Perels, Papst Nikolaus I. und Anastasius Bibliothecarius. Ein Beitrag zur Geschichte des Papsttums im neunten Jahrhundert, Berlin 1920, 160 ff.; F. Dvornik, Les Slavs, 190 ff.; Die bulgarische Gesandtschaft überbrachte eine ganze Reihe von Fragen, die Khan Boris bezüglich der neuen Religion dem Papst stellte. Darüber und über die päpstlichen Antworten s. I.Dujčev, Die Responsa Nicolai I. Papae ad Consulta Bulgarorum als Quelle für die bulgarische Geschichte, Festschrift des Haus-, Hof- und Staatsarchivs I, Wien 1949, 349–362, jetzt in: Medioevo Bizantino-Slavo I., Roma 1965, 125–148; Derselbe, Testimonianza epigrafica della missione di Formoso, vescova di Porto, in Bulgaria, Epigraphica 12 (1950), 49–59, jetzt in: Medioevo Bizantino-Slavo I, Roma 1965, 183–192; Derselbe, Slavjano-bolgarskie drevnosti IX-go veka, Byzantino-slavica 11 (1950), 6–31.

36 F. Dvornik, Byzantium 124.

37 Die von der katholischen Kirche die 8. Ökumenische Synode genannt wird.

38 Vgl. Kletorologion des Philotheos (=Listes de préséance 137.17) u. Taktikon Beneševič (=Listes de préséance 245. 17), wo dem Erzbischof von Bulgarien ein sehr ehrenvoller Platz im höfischen Zeremoniell eingeräumt wurde.

39 Vgl. F. Dvornik, The Slaves, 87.

40 S. F. Dvornik, The Slaves, 87 ff.; Vgl. auch die finanziellen Gründe dieser Gesetzlichkeit: J. Mass, Bischof Anno von Freising; Cyrillo-Methodiana, Köln-Graz 1964, 214.

41 J. Mass, Bischof Anno 215. Die Festnahme des Methodios erfolgte auf mährischem Boden durch Leute des Bischofs von Passau, Hermanrich von Ellwangen, der an der Spitze der fränkisch-kirchlichen Gesandtschaft des Jahres 867 für Bulgarien stand. Vgl. F. Grivec, Konstantin und Method, Lehrer der Slaven, Wiesbaden 1960, 95 ff. Die persönliche Teilnahme Hermanrichs an der Festnahme Methodios' möchte V.Burr, Anmerkungen zum Konflikt zwischen Methodius und den bayerischen Bischöfen, Cyrillo-Methodiana 45–46, ablehnen.

42 Auch die Peitsche anstelle anderer Argumente wurde gegen den Angeklagten verwendet. S. J. Mass, Bischof Anno 216; V.Burr, Konflikt, 51 ff.

19

[43] Ps. 118, 46.

[44] Die Lebensbeschreibung Methods IX in: J. Schütz, Die Lehrer der Slawen Kyrill und Method, St. Ottilien 1985, 97.

[45] A.W. Ziegler, Der Slawenapostel Methodius im Schwabenlande, Dillingen und Schwaben. Festschrift zur 400-Jahrfeier der Universität Dillingen an der Donau, Dillingen 1949, 169–189; Derselbe, Der Konsens des Freisinger Domherrn im Streit um Methodius, Cyrillo-Methodiana, 312 ff.Derselbe, Methodius auf dem Weg in die schwäbische Verbannung, Jahrbücher für die Geschichte Osteuropas N.F. 1 (1953); J. Schütz, Die Reichssynode zu Regensburg (870) und Methods Verbannung nach Schwaben (Südostforschungen 33), München 1974, 1–14.

[46] J. Mass, Bischof Anno 218–219; V. Burr, Konflikt, 55 ff.

[47] Über ihr Werk in diesem Lande s. F. Dvorník, Les Slaves, 312 ff.; S. auch G. Soulis, The Legacy of Cyril and Methodius to the Southern Slaves, Dumb. Oaks Papers 19 (1965), 19–43.

[48] S. die einschlägige Literatur bis zum Jahre 1934 bei G.A. Il'inskij, Opyt sistematičeskoj Kirillo-mefodievskoj bibliografii, pod redakciej M.G. Popruženko i St.M. Romanskogo, Sofia 1934; bis zum Jahre 1940 bei M. Popruženko i St. Romanski, Kirilometodievska bibliografija za 1934–1940 god, Sofia 1942; bis zum Jahre 1955 bei J. Hahn, Kyrillomethodianische Bibliographie 1939 - 1955, Gravenhage 1958.

„Seitdem ist die Bibliographia Cyrillo-Methodiana um über ein weiteres Tausend an Titeln angewachsen (1980)": J. Schütz, op.cit., 15.

Dimitrios Gonis

Das Streitgespräch des hl. Kyrillos mit Johannes Grammatikos und die Namensform Jannis für Johannes

Wie bekannt, enthält die Vita des hl. Kyrillos des Philosophen im 5. Kapitel einen Dialog zwischen dem Patriarchen Johannes Grammatikos (837–843) und dem hl. Kyrillos[1]. Dieser Dialog teilt sich in zwei Abschnitte. Im ersten Teil pariert Kyrillos mit Worten die Angriffe des Patriarchen, der sich mit großer Geringschätzung über das jugendliche Alter und über die Kenntnisse seines Gesprächspartners äußert. Im zweiten Teil wird der Patriarch wegen der Antworten des Kyrillos, die ihn mundtot machen, zu einem wesentlichen Dialog über die Ikonen gezwungen, in dem er dem jungen Kyrillos folgende Fragen stellt:

a) Warum verehren und küssen wir nicht ein zerbrochenes Kreuz, wo doch die Ikonenanhänger nicht zögern, einem Porträt in Form eines Brustbildes zu huldigen?
b) Warum beten wir ein Kreuz ohne Inschrift an, während die Ikonophilen nur dann einer Ikone Ehre erweisen, wenn der Name des Dargestellten beigeschrieben ist?
c) Warum richten die Ikonophilen sich Götzenbilder her und huldigen ihnen, da doch Gott Moses den Auftrag gab: „Du sollst Dir kein Bildnis machen" (Ex. 20, 4)?

Mit treffenden Antworten bringt der hl. Kyrillos seinen Gesprächspartner zum Schweigen.
Diesem Dialog galten schon viele wissenschaftliche Untersuchungen, vorab der Echtheitsfrage: Ist dieser Dialog historisch, und ist er wahrheitsgemäß wiedergegeben? Früher, aber auch neuerdings, haben Kommentatoren ganz oder teilweise die eine oder die andere Auffassung vertreten. In meinem heutigen Referat will ich nicht die Thesen der beiden Parteien aufgreifen, die sich für oder gegen die Echtheit des Dialoges aussprechen. Ich will mich auf zwei Punkte beschränken, von denen ich glaube, daß sie mir

helfen, die Frage zu beantworten, ob und inwieweit der Dialog authentisch oder doch wahrscheinlich ist[2].

I

Zunächst wäre zu fragen, ob es in den Quellen auch andere Zeugnisse dafür gibt, daß der Bilderstürmer Patriarch Johannes[3] mit seinen Gegnern, den Ikonophilen, über das Thema „Ikonen" diskutiert hat. Diese Frage findet eine positive Antwort. Andeutungsweise seien mehrere Fälle erwähnt:
1) Zuerst müssen wir den Dialog zwischen Johannes Grammatikos und dem hl. Bekenner Theophanes erwähnen, der in dessen Vita beschrieben wird. Dieses Ereignis fand etwa zwei Jahre vor dem Tode Theophanes' (818) statt. Theophanes der Bekenner (752/760-818) wurde von Kaiser Leon V. (813-820) wegen seiner ikonenfreundlichen Gesinnung festgenommen. Der Kaiser übergab ihn Grammatikos, damit dieser ihn mit logischen Argumenten von der Falschheit seiner Lehren über die Ikonen überzeuge. Diese Dispute fanden im Sergius- und Bacchus-Kloster statt, dessen Abt nach gewissen Quellen Johannes war. Als Johannes schließlich erkennen mußte, daß er nicht in der Lage war, Theophanes mit Argumenten zum Umdenken zu bewegen, nahm er zu Drohungen Zuflucht. Enttäuscht begab er sich zum Kaiser und klagte seinen Gesprächspartner wegen der Starrheit seiner Gesinnung an. Zu dessen Charakterisierung sagte er, es sei leichter, Eisen wie eine Kerze zu schmelzen, als das Herz dieses Menschen weich zu machen. Gleichzeitig bat er den Kaiser, Theophanes schnellstens aus dem Kloster zu entfernen, für das er eine Gefahr sei. Theophanes gelang es wirklich, Gesinnungsgenossen des Kaisers und des Johannes dazu

zu überreden, das Lager der Bilderstürmer zu verlassen und Ikonenverehrer zu werden. Mit seinen überzeugenden Argumenten brachte Theophanes all jene zum Umdenken, die die Bilderstürmer nur durch „Überredung" für ihre Ideologie gewonnen hatten. Hier kritisiert der Biograph des Theophanes die von den Bilderstürmern gebrauchte „Überredung" und behauptet, daß sie durch Hunger, Durst, Gefängnis und andere Entbehrungen „überzeugten", um Andersdenkende zum „freiwilligen Gehorsam" zu führen. Tatsächlich kam der Kaiser der Forderung des Johannes nach und ordnete die Verlegung des Theophanes vom Kloster in den Palast an.[4] Diese Episode zeigt unter anderem, daß die dialektischen und rhetorischen Fähigkeiten des Johannes schon seit den Anfangsjahren seiner kirchlichen Laufbahn bekannt waren[5] (Anfang des 9. Jhs.).

2) Theodoros Studites gibt uns in seinem 36. Brief an den Mönch Naukratios indirekt Informationen über dessen Dialog mit Johannes. Der Mönch Naukratios wurde unter der Herrschaft Leon V. (812-820) festgenommen, ausgepeitscht, inhaftiert und in die Hände des Johannes übergeben. Johannes versuchte in einem Disput mit Naukratios, diesen davon zu überzeugen, daß die Ikonophilen frevelhafterweise ihre Bilder fertigten und gebrauchten. Um seine Behauptung zu untermauern, verlas er Abschnitte von Asterios, Epiphanios und Theodotos. In diesem Wortgefecht blieb der Bilderverehrer Naukratios Sieger, der „vor den Angriffen des Johannes nicht aufgab, sondern den Eitlen abwies und widerlegte." Als Theodoros Studites über diesen Dialog informiert wurde, schrieb er einen ausführlichen Brief an Naukratios, in dem er die erwähnten Zitate bringt und sich um ihre Widerlegung bemüht[6].

3) Theodoros Studites schreibt auch in seinem 30. Brief an den Mönch Symeon über ein Gespräch des Johannes mit einem gewissen Symeon. In diesem Konflikt macht der Mönch Symeon seinen Gegner mundtot durch den Ausspruch der Wahrheit, die ihm durch die Wirkung des hl. Geistes eingegeben wurde[7].

4) In der Vita der Heiligen David, Symeon und Georgios wird ein Dialog zwischen dem Patriarchen Johannes und dem hl. Symeon erwähnt. Der Patriarch schlägt der Augusta Theodora, der Gattin des Kaisers Theophilos, vor, in ihrem Beisein einen Disput mit Symeon zu führen. Johannes sah sich in der Rolle des unanfechtbaren Siegers, weil Symeon wenig wortgewandt war und keine hohe Allgemeinbildung besaß, er aber über rhetorische und dialektische Fähigkeiten verfügte. Der Vorschlag des Patriarchen wurde angenommen, und der Disput fand in Gegenwart der Kaiserin, ihres unmündigen Sohnes, des späteren Kaisers Michael III., und anderer Personen statt.

Symeon wandte sich an den Patriarchen und ermunterte ihn zu sprechen, wenn er aus göttlicher Eingebung heraus etwas zu sagen habe, da er selbst zwar Amt und Titel entbehre in der Redekunst, nicht aber in der Erkenntnis, und außerdem nicht die gesamte Weisheit und Wahrscheinlichkeitskunst (eine Methode, die wahrscheinliche Argumente benützt) beherrsche. Seine Hilfe und Stärke bestehe „im Namen des Herrn, der Himmel und Erde geschaffen hat." Daraufhin wollte es dem Patriarchen, der sich gerade noch seiner rhetorischen und dialektischen Fähigkeiten gerühmt hatte, nicht gelingen, die geeigneten Worte zu finden, um mit dem halbgebildeten Symeon den Disput zu führen. Er selbst schien ein ganz ungehobelter, roher und ungebildeter Mensch zu sein. Diese Begebenheit hinterließ bei der Kaiserin und den übrigen Anwesenden großen Eindruck, so daß alle Gott rühmten, da er auf diese Weise seinen Diener pries[8].

5) Ein fünfter Dialog wird von einigen byzantinischen Chronographen beschrieben. Hauptperson dieser Episode war ein Mönch, dessen Name nicht überliefert ist. Dieser Mönch, entflammt vom heiligen Eifer für die Ikonen, erschien vor dem Kaiser Theophilos und tadelte dessen Einstellung zu den Ikonen. Er bezeichnete den Kaiser sogleich als Häretiker, weil er in die Kirche Lehren einführte, die dem Evangelium widersprachen. Aus diesem Grunde zitierte er die Sätze des Apostel Paulos:

„Wenn einer Euch anders predigt als Ihr es empfangen habt, soll er verflucht sein" (Gal. 1, 9).
Der Kaiser ordnete sofort die Festnahme und die Folterung des Mönches an. Weil dies jedoch nicht den erwarteten Erfolg brachte, schickte Theophilos ihn zu seinem Lehrer und Gelehrten Johannes Grammatikos, damit er ihn mit dialektischen Mitteln überzeuge. Doch der tapfere Kämpfer schaffte es – nicht mit sophistischen und dialektischen Beweisführungen, sondern mit Worten der Apostel und des Evangeliums –, Johannes zum Schweigen zu bringen und sprachloser als die Fische zu machen. Nach dieser Niederlage des Johannes wurde der Mönch ausgepeitscht und aus der Hauptstadt Konstantinopel verbannt. Er lebte als Einsiedler auf dem Berg Kalon bei Ignatios dem Großen und starb zur Zeit der Herrschaft Leon VI. (886-912)[9].

6) Der für unser Thema wichtigste Dialog zwischen Johannes Grammatikos und seinen ikonophilen Gegnern ist vielleicht der, den der Codex 31 in der Bibliothek des Johannes-Klosters auf der Insel Patmos enthält. Der Text lautet folgendermaßen: „Jannis der Häretiker provozierte den Philosophen Leon mit den Worten 'Ihr tut übel an den Ikonen und entehrt im Abbild das Urbild'. Dem antwortete der Weise: 'Wenn Du willst, machen wir Dir eine Ikone des Teufels, und verehre Du sie, damit Du im Abbild das Urbild entehrst'. Sogleich gab er sich geschlagen"[10].
Es kann keinen Zweifel geben, daß dieser Dialog zwischen dem Expatriarchen Johannes Grammatikos und Leon dem Mathematiker wirklich geführt wurde. Dieser war 20–30 Jahre jünger als Johannes Grammatikos und sogar mit ihm verwandt[11]. Dieser kurze Dialog gibt uns, so glaube ich, einige wichtige Anhaltspunkte für die Antwort auf die Frage, die wir uns oben gestellt haben:
1. Der frühere Patriarch Johannes Grammatikos erscheint hier mit dem Namen Jannis (Jannēs) wie auch in der Vita des hl. Kyrillos. Es ist bemerkenswert, daß Johannes den gleichen Namen in dem von Georgios Kedrenos beschriebenen Dialog mit einem Mönch trägt[12].

2. Vielleicht erscheint hier Leon der Philosoph zum ersten Mal offensichtlich als Ikonenverehrer. Bekanntermaßen war er durch die Unterstützung Johannes VII. Grammatikos Metropolit von Thessaloniki (840 - 843) geworden[13]. Als aber Kaiser Theophilos gestorben (842) und sein Beschützer abgesetzt war, teilte er dessen Schicksal[14]. Später scheint er jedoch als Professor wieder ins Amt gekommen zu sein an der Magnaura gelehrt zu haben[15].
Es ist also nicht ausgeschlossen, daß Leon in dieser Zeit seine Sympathie für die Ikonenverehrer äußerte und bei Gelegenheit einen Zusammenstoß mit seinem Verwandten und Protektor Johannes Grammatikos hatte. Ich glaube, es ist kein Zufall, daß Johannes Zusammenstöße mit zwei Professoren hatte, mit Leon dem Philosophen, dem Lehrer an der Schule von Magnaura, und mit dem Philosophen Kyrillos, dem Lehrer der profanen und christlichen Weisheit[16].
3. Der Dialog des Johannes mit dem hl. Kyrillos und sein Dialog mit Leon dem Philosophen haben den gleichen Aufbau. Beide beginnen mit der Bemerkung, daß Johannes ein Häretiker sei. Ersterer endet mit der Feststellung, daß „Johannes ihm nichts zu entgegnen hatte und vor Scham schwieg", und der zweite mit den Worten „Er wurde sofort besiegt." Der kyrillische Dialog ist vergleichsweise ausführlicher. Dies dient aber einem gewissen Zweck. Kyrillos ist für Johannes ein unbedeutender und unbekannter junger Mann. Das muß besonders betont werden, da durch die gut gezielten Antworten, die Kyrillos dem früheren Patriarchen gab, sein Sieg zu einem Triumph wurde. Kyrillos mußte zunächst den hochmütigen Johannes mit den Füßen auf den Boden bringen und ihn dazu zwingen, den Disput über das Thema der Ikonen zu führen. Mit seinen drei treffenden Antworten auf die Fragen des Patriarchen trieb er ihn in wilde Flucht. Im Disput des Johannes mit Leon dem Philosophen war dergleichen nicht notwendig, weil Leon berühmt und seine Fähigkeiten im Dialog unbestreitbar waren. Es genügte eine einzige kluge Antwort des Leon, um Johannes in Verlegenheit zu bringen. Das begründet den knappen Aufbau des Dialoges.

4. Diese Tatsache und der Aufbau der beiden Dialoge erlauben uns, den Schluß zu ziehen, daß in jener Epoche und nach der Verdrängung der Ikonengegner Gespräche zwischen Gegnern und Verehrern der Ikonen stattfanden. Mit anderen Worten, niemand kann die Realität von Dialogen in dieser Situation leugnen.

5. Die unrühmliche und fast stereotype Art und Weise, mit der Johannes in allen sieben Dialogen, die wir beschrieben haben, die Schlacht verliert, weckt auf jeden Fall hinsichtlich der Form, des Umfangs und des Inhaltes dieser Gespräche Verdacht. Man gewinnt den Eindruck, daß diese Texte tendenziös sind, da die Ikonenverehrer (hauptsächlich Mönche) in den Auseinandersetzungen mit Johannes immer Sieger bleiben. Dies gilt jedoch nicht für alle Texte, wie z.B. von Briefen und Chronographien. Gleichwohl unterstreicht dieses Element die Authentizität der Dialoge, die auch in den Heiligenviten beschrieben werden.

6. Der geringe Umfang des Dialoges zwischen Johannes und Leon dem Philosophen wirft kein Problem hinsichtlich seiner Echtheit auf. In erster Linie sprechen der Inhalt und die Terminologie dafür. Vor uns liegt ein Text mit deutlich scholastischem Charakter. Die Termini „Prototyp" (Urbild) und „Derivat" (Abbild) und ihre unterschiedliche Beziehung zu den Ikonen beschäftigten oftmals während des Bilderstreites beide gegensätzlichen Parteien[17]. Vielleicht läßt der Dialog den Eindruck entstehen, daß es sich hier um ein Wortspiel handele. Hinter den Worten aber verbirgt sich die ganze Theologie der beiden Gegner.

Wie bekannt, vertraten die Ikonengegner die Meinung, daß es unmöglich sei, Christus, die Gottesmutter und die Heiligen abzubilden, und verwarfen größtenteils die Ehrerbietung gegenüber den Bildern dieser Personen. Mit anderen Worten, es sei eine Beleidigung, Bilder anzufertigen und das Urbild (Christus, die Gottesmutter, die Heiligen und das Kreuz) im Abbild zu ehren. Das sei ein Rückfall in den Zustand der Verehrung von Götzenbildern[18]. Leon will mit seiner Antwort die These des Johannes lächerlich machen. Als Ikonenverehrer akzeptiert er auch die Herstellung von Ikonen mit Christus, der Gottesmutter und den Heiligen und die Verehrung dieser Personen mittels der Ikonen entsprechend dem Lehrsatz des 7. Ökumenischen Konzils: „Die der Ikone erwiesene Verehrung kommt dem Urbild zugute, und wer die Ikone verehrt, verehrt in ihr die Hypostase des Dargestellten"[19].

Mit seiner klugen Antwort brachte Leon Johannes in Verlegenheit. Man kann vielleicht vermuten, daß Leons Antwort eine Spitze gegen die magischen Praktiken des Johannes war. Die Magier behaupten, daß sie eine Person auslöschen und töten können, wenn sie von ihr ein Abbild (Plastik) verfertigen und dieses sodann zerstören. Etwas entsprechendes bot Leon Johannes an, nämlich eine Ikone des Teufels herzustellen, damit er sie wie ein Abbild des Urbildes verehren und damit den Teufel als Urbild durch das Abbild entwürdigen würde. Die Tradition überliefert eine entsprechende Handlung des Johannes. Unter der Herrschaft des Theophilos bereitete er den Einfällen eines heidnischen Volkes auf das Gebiet von Byzanz in folgender Weise ein Ende: Weil drei Führer deren Land regierten, gab er den Befehl, die Köpfe einer im Hippodrom stehenden dreiköpfigen Statue zu zertrümmern, die in sich auf magische Art und Weise die Gewalt der drei barbarischen Führer barg[20].

7. Aber auch der Dialog des Johannes mit dem hl. Kyrillos hat scholastischen Charakter. Im Grunde genommen sind die ersten zwei Fragen von Johannes an Kyrillos logisch gesehen Pseudoprobleme, die eigentlich nur das Ziel haben, den Befragten in eine schwierige Lage zu bringen. Aus den Antworten des hl. Kyrillos spricht eine scholastische Denkweise.

8. Der scholastische Charakter der Fragen und Antworten im Dialog von Johannes mit Kyrillos ist ein wesentliches Indiz für die Echtheit. Einerseits, weil dies eine bestimmte Phase des Ikonenstreites kennzeichnet[21], und andererseits, weil uns dieses Element in fast allen oben beschriebenen Dialogen begegnet. Außer im Dialog des Johannes mit Leon, wo die Sache eindeutig ist, können wir dieses

Element indirekt auch in anderen Dialogen feststellen. Während Johannes Grammatikos ein gewaltiger Redner und Gesprächspartner ist, der sophistische und dialektische Beweise anwendet[22], um seine Gegner zu schlagen, sind seine Gesprächspartner zumeist gar nicht oder nur halb gebildet. Sie sind der enzyklopädischen Allgemeinbildung bar. Als Waffen dienen ihnen die göttliche Eingebung[23], Zitate aus Apostel und Evangelium[24] und die menschliche Vernunft übersteigende Argumente[25]. Sicherlich waren sowohl Leon der Philosoph, als auch Kyrillos der Philosoph im Besitz der hohen Bildung, aber bei beiden verwendete Johannes die gleiche Methode und die gleichen sophistischen und dialektischen Beweise, um sie in Verlegenheit zu bringen. Gerade dieses Element spricht für die Echtheit der Fragen und Antworten im Dialog, den die Biographie des hl. Kyrillos beinhaltet.

9. Im Zusammenhang mit dem Dialog zwischen Johannes Grammatikos und Leon dem Philosophen läßt sich zeigen, daß der kurze Dialog in der Auseinandersetzung zwischen Ikonenverächtern und Ikonenverehrern üblich war.

10. In diesen Dialogen haben die Professoren und Schüler der Hochschulen von Konstantinopel (Leon der Philosoph, Konstantinos-Kyrillos der Philosoph) eine hervorragende Rolle übernommen. Es ist kein Zufall, daß auch Patriarch Photios in seinen Werken die orthodoxe Lehre über die Ikonen verteidigt[26]. Wenn er auch vielleicht nicht an einer Hochschule von Konstantinopel gelehrt hat, so war er jedoch einer der gewichtigen Gelehrten jener Zeit[27]. Es ist zu bemerken, daß der Dialog nach dem Triumph der Orthodoxie oftmals in Monologform fortgesetzt wurde.

II

Das zweite Thema, mit dem wir uns befassen wollen, ist die Tatsache, daß Johannes Grammatikos in seinem Dialog mit dem hl. Kyrillos immer den Namen „Annij" oder „Annis" trägt, der dem byzantinischen Namen Ἰαννῆς (Iannēs/Iannis bzw. Jannis) entspricht. Über diesen Namen werde ich im folgenden sprechen.

Die Chronographen, Historiker und Hagiographen, die sich mit der Geschichte des 9. Jahrhunderts befassen und über den Patriarchen Johannes Grammatikos (837-843) sprechen, geben ihm unterschiedliche Beinamen. Ich führe hier nur einige dieser Namen an:

Georgios Monachos nennt ihn Ioannis, Iannis, Iannis II.(ἄλλος), Simon, Iannis Gruppen-, Magier- und Dämonenführer (φατριάρχης, μαντιάρχης, δαιμονιάρχης), wahrhaft neuer Apollonios, Balaam(Valaam)[28]. Der Scriptor incertus de Leone Armenio nennt ihn Ioannis und Hylilas (Ὑλιλᾶς)[29], bei Symeon Magistros steht Ioannis, Iannis, Iannis II., Iannis der Jüngere und Iamvris (Iambrēs), Simon[30], bei Joseph Genesios Iannis[31], bei Pseudo-Symeon Ioannis, Iannis II., Iannis und Iamvris, Simon, Hylilas[32], bei Theophanes Continuatus Ioannis, Iannis[33], bei Georgios Kedrenos Iannis[34], bei Johannes Zonaras Ioannis, Iannis[35], bei Theosteriktos im Leben des hl. Niketas, Abt von Medikion in Bithynien, Ioannis, neuer Tertyllos[36], beim Biographen der hl. Theodora Ioannis, Magier- und Dämonenführer, wahrhaft neuer Apollonios und Balaam[37].

Die parallele Verwendung des Namen Ioannis und der übrigen Beinamen Apollonios, Balaam, Iamvris, Iannis, Mamvris, Simon, Tertyllos und Hylilas zeigt, daß der Hauptname des Patriarchen Joannis war, während die anderen Beinamen sind, die ihm die Bilderverehrer zulegten, um damit verschiedene seiner Aktivitäten zu charakterisieren. Die häufige Anwendung des Namens Iannis durch fast alle Autoren jedoch beweist, daß der wichtigste zusätzliche Name des Johannes Jannis war. Man darf keinen Zufall darin sehen, daß die meisten Beinamen von Johannes die Namen berühmter Zauberer sind. Apollonios ist ein bekannter Historiker, der im 1. Jahrhundert nach Christus gelebt hat. In den Quellen erscheint er als Wundertäter, aber auch als gewaltiger Zauberer[38]. Balaam ist der bekannte heidnische Zauberer des Alten Testaments, der die Fähigkeit hatte, Segen und Fluch auszusprechen und dessen Worte sich erfüllten[39]. Iannis und Iamvris (Mamvris) sind die beiden bekannten Zauberer des Pharao, die ihre magische Kunst den Wundern von Moses und

Aaron entgegensetzten[40]. Simon ist der bekannte Magier, der in Samaria während der Zeit der Apostel wirkte und versucht hatte, die Gabe des hl. Geistes mit Geld zu kaufen[41]. Eine Ausnahme bilden die Zusatznamen Tertyllos und Hylilas. Tertyllos ist der Ankläger des Apostel Paulos vor dem Fürsten Philikos in Kaisareia von Palästina[42]. Der Name Hylilas ist mit großer Wahrscheinlichkeit hebräischer Herkunft. Vielleicht entstammt er dem Wort Heylel, das gewöhnlich als „Teufel" übersetzt wird[43]. Folglich stellt sich die Frage, warum die Ikonenverehrer ihrem Gegner den Namen Iannis gaben. Eine direkte Antwort auf diese Frage gibt Johannes Zonaras: „Dieser wurde von den Damaligen auch Jannis genannt, sowohl wegen der Häresie als auch wegen der Zauberei. Er war nämlich in beiden perfekt"[44]. Zonaras nennt ihn also so, weil er ein Häretiker war und sich mit Zauberei beschäftigte.

Diese Erklärung des Zonaras ist nicht willkürlich, wenn man bedenkt, daß die Zeitgenossen Johannes hauptsächlich wegen seiner Aktivität in Magie, Zauberei und Weissagung tadelten. Zweifellos war in den Augen der siegreichen Ikonenverehrer die Gedankenwelt des Johannes häretisch.

Um zu verstehen, weshalb dem Patriarchen Johannes der Beiname Jannis verliehen wurde, muß man zunächst die Bibelstelle 2. Tim. 3, 8 ernsthaft berücksichtigen: „So wie Jannis und Jamvris dem Moses Widerstand leisteten, so leisteten sie ihn auch gegen die Wahrheit; als Menschen von verdorbener Gesinnung und untauglichem Glauben"[45]. Sodann muß man auf die kirchliche Tradition zurückgreifen, nach der Jannis und Jamvris die beiden Zauberer des Pharao in Ägypten sind und ihre Kunst gegen die Wunder des Aaron stellten, als dieser mit seinem Bruder Moses mit Wundern den Pharao überzeugen wollte, den Israeliten freien Abzug zu gewähren (Ex. 7, 8 - 8, 15). Bemerkenswert ist, daß auch die älteren christlichen Autoren verschiedene Übeltäter und Häretiker mit Jannis und Jamvris vergleichen. Zum Beispiel werden sie in den „Apostolischen Konstitutionen" mit Annas und Kaifas verglichen,

weil diese sich gegen Jesus Christus wandten[46]. Die apokryphen Texte (Martyrium und Taten des Petros und Paulos) vergleichen sie mit Simon dem Magier, weil er sich mit Wundertaten vor dem jungen Pharao Nero gegen die Apostel Paulos und Petros wandte[47]. Nach Pakianos sind die Häretiker, mit denen Paulos den Jannis und Jamvris vergleicht, die Novatianer, die freilich erst später aufgetreten waren[48]. Epiphanios, der Bischof von Konstantia auf Zypern, vergleicht sie mit Manes[49], Optatos hingegen mit den Manichäern[50]. Auf den letzten Vergleich greift auch Photios zurück[51].

Der oben erwähnten Überlieferung folgten auch die Autoren des 9. Jahrhunderts, wenn sie den Patriarchen Johannes Jannis nannten. Anfangs verwendeten sie sogar beide Namen der Zauberer des Pharao, um ein Paar zu charakterisieren, das den Bilderverehrern verhaßt war. Diese Überlieferung finden wir im 75. Brief des Theodoros Studites an Stephanos Asekretes: „Höre, Ost und West, wie Byzanz geblendet und taub wurde, so daß es nicht auf Eure Stimme der Widerlegung hörte, nicht auf Euer weisendes Zeugnis schaute, sondern auf Jannis und Jamvris, die von Christus abgefallen sind, auf dies verderbliche Paar" usw.[52]

Nach Ihor Ševčenko meint Theodoros Studites mit dem zu seiner Zeit lebenden Paar Johannes Grammatikos und vielleicht den Patriarchen Antonios I. Kassimates (821-836), während das vorausgehende Paar, das jetzt nicht mehr lebte, wahrscheinlich vom Kaiser Leon V. (813-820) und dem Patriarchen Theodotos I. Kassiteras (815-821)[53] gebildet wurde. Die Identifizierungen Ševčenkos kann man nur mit einer gewissen Zurückhaltung aufnehmen, da der Brief des Theodoros Studites kurz nach Weihnachten des Jahres 820 n. Chr. geschrieben wurde[54].

Man muß feststellen, daß dieses Paar von Ikonengegnern, nämlich Kaiser Theophilos (829-842) und Patriarch Johannes VII. Grammatikos (837-843), nicht hinreichend mit dem Paar von Jannis und Jamvris verglichen wurde. Aus diesem Grunde fand die Charakterisierung keinen breiteren Eingang in die Texte der Chronographen und Historiker und allgemein in einen größeren Kreis von Texten. Ich glaube, daß dies folgendermaßen zu erklären ist:

a) Theophilos war Kaiser und seine ikonoklastische Bewegung dauerte relativ kurz, nämlich nur fünf Jahre (837-842) und beschränkte sich auf Konstantinopel[55].

b) Theophilos war der Gatte der Theodora, die sich nach seinem Tode beeilte, die Ikonenanhänger wiederherzustellen[56]. Jedenfalls setzte die Verehrung, welche die Ikonenanhänger Theodora entgegenbrachten, dem Eifer der Schreiber, ihren Gemahl zu belasten, Grenzen.

c) Theodora sorgte dafür, daß Theophilos nach seinem Tode sowohl von der kirchlichen Hierarchie (Patriarch Methodios und den Erzpriestern)[57] wie auch von den Mönchen[58] vergeben wurde. Vielleicht steht das in Verbindung mit der Tatsache, daß ihr Sohn und Nachfolger auf dem Thron, Michael III. (842-867), sich sehr bemühte, der Kirche wieder Glanz und Prestige zu verleihen. Unter seiner Herrschaft konnte sich die byzantinische Kirche nicht nur von ihren Wunden, die die Ikonenstürmer hinterlassen hatten, erholen, sondern auch die drei Missionen bei den Slaven (860 bei den Russen, 863 bei den Moravern und 864 bei den Bulgaren) organisieren[59].

Auch der Autor der Vita des hl. Kyrillos macht keine Ausnahme bei der Anwendung des Namens Johannes Grammatikos. Im fünften Kapitel dieses Textes wird, wie wir oben erwähnten, der Disput des häretischen Patriarchen Annij oder Annis mit dem hl. Kyrillos beschrieben. Für die sachkundigen Slavisten und Byzantinisten unterliegt es keinem Zweifel, daß unter dem Namen Annis der Ikonengegner Patriarch Johannes Grammatikos VII. (837-843) zu verstehen ist und diese Namensferne auf der slavischen Umschrift von Iannis beruht[60].

Allein aus dem Gebrauch des Namen Iannis in der Vita des hl. Kyrillos können wir einige Schlußfolgerungen ziehen:
1. Die Wahl dieses Namens durch den Autor der Biographie ist nicht zufällig. Darin drückt sich seine ideologische Welt aus, zumindest im Sektor des Gegensatzes zwischen Ikonenverehrern und Ikonengegnern. Er selbst war ein bewußter Ikonenverehrer.
2. Der Gebrauch des Namens Iannis ohne jegliche Erklärung beweist die zeitliche Nähe sowohl zu der Zeit, in der der Dialog stattfand, wie auch zum Tod des Expatriarchen Johannes Grammatikos, der erwiesenermaßen im Jahre 863 noch lebte[61]. Der Biograph schreibt keine Chronographie, deren Leser sofort wüßte, um welche Person es sich handelt, sondern führt den hier behandelten Dialog zufällig ein.
3. Der Autor ist sowohl in der altchristlichen als auch in der byzantinischen Literatur zu Hause, namentlich in der byzantinischen Chronographie und Hagiographie seiner Zeit, wo der Gebrauch des Namens Iannis geläufig war.
4. Der Autor kennt auch die Realität seiner Zeit sehr gut. Er erfindet nicht selbst einen neuen Namen, sondern nimmt ihn aus dem täglichen byzantinischen Leben. Er kennt nicht nur die ideologische Einstellung des Johannes Grammatikos, sondern auch den Beinamen des Patriarchen und seine spezielle Beschäftigung mit der Magie.

Schlußfolgerungen

Die Erforschung nur zweier Aspekte des Dialoges des hl. Kyrillos mit Johannes Grammatikos hat gezeigt, daß dieser Dialog wahrscheinlich historisch ist und kein Phantasiegebilde des Redaktors der Vita. Dieses Urteil wird durch folgende Feststellungen bekräftigt:

1. Johannes führte häufig Dispute mit seinen Gegnern.
2. Wir besitzen einen authentischen Dialog aus der gleichen Zeit, nämlich den mit Leon dem Philosophen, und Zeugnisse von anderen gleichzeitigen und vorausgehenden Disputen des Johannes.
3. Diese Dialoge haben in den Hauptlinien den gleichen Aufbau, die gleiche Terminologie und den gleichen Inhalt.
4. Der Inhalt des Dialoges des Johannes mit dem hl. Kyrillos hat scholastischen Charakter, ebenso die Dispute des Johannes mit Leon und manchem anderen.

5. Diese Dialoge gehören in die dritte Phase der Ikonenverehrung, die man als scholastisch charakterisiert.
6. Die kurzen Dialoge waren für jene Zeit üblich.
7. In diesen Dialogen treten vor allem Mönche auf, aber auch Hochschullehrer von Konstantinopel.
8. Die Informationen, die die Dialoge über ihre Zeit enthalten, stehen nicht im Widerspruch mit anderen Quellen, wie z. B. die Entfernung des Johannes vom Patriarchenthron vor Einberufung einer Synode, sein Beiname Iannis, die Dispute, die er mit verschiedenen Personen führte, sein egoistischer Charakter, seine rhetorischen und dialektischen Fähigkeiten, der Themenkreis und der Charakter seiner Fragen, die Art und Weise seiner Niederlage.
9. Der Verfasser seiner Biographie gebraucht den Namen Iannis für den Expatriarchen Johannes Grammatikos entsprechend anderen Dialogen und Quellen.
10. Wenn man den Dialog in der Vita des hl. Kyrillos mit den anderen entsprechenden Dialogen vergleicht, entdeckt man viele äußerliche Gemeinsamkeiten, aber in den Einzelheiten kann er mit keinem identifiziert werden. Daher kann man nicht behaupten, daß es sich hier um einen Gemeinplatz der Heiligenviten aus der Epoche des Bilderstreites und der nachfolgenden Periode handelt.

Die hier angeführten Feststellungen müssen uns, so meine ich, zu einer Revision des Urteils über den Verfasser der Vita führen. Gemeinhin wird er mit Klemens identifiziert, dem Schüler der beiden heiligen Brüder, der hauptsächlich als Lehrer und Bischof in Bulgarien wirkte, und als Klemens von Ochrid bekannt ist[62]. Die Abfassung der Vita des hl. Kyrillos durch Klemens im Raum des damaligen Bulgarien muß ausgeschlossen werden, weil zu bezweifeln ist, daß dieser in seinem Gedächtnis die historischen Einzelheiten von Kyrills Leben, darunter auch des Dialoges, bewahren konnte[63].

Aus diesem Blickwinkel müssen alle Informationen dieser Vita systematisch neu betrachtet werden, um der Identifizierung des Verfassers und dem Verhältnis der beiden Brüder zu Byzanz, zur byzantinischen Orthodoxie und byzantinischen Kultur näher zu kommen. So vermeiden wir es, der Versuchung zu erliegen, Theorien zu folgen, die die Gebrüder von ihren Wurzeln entfernen. Der Anteil des hl. Methodios bei der Verfassung der Vita des hl. Kyrillos muß größer sein, als bisher angenommen wurde.

[Übersetzung: E. Konstantinou und P. Giakoumis]

ANMERKUNGEN

[1] Für den altslavischen Text siehe die Ausgabe von F. GRIVEC - F. TOMŠIČ, Constantinus et Methodius Thessalonicenses. Fontes, Zagreb 1960, 101-102, sowie die Ausgabe von B. ST. ANGELOV - CHR. KODOV, Kliment Ochridski, Săbrani săčinenija, tom treti: Prostranni žitija na Kiril i Metodij, Sofija 1973, 92. Vgl. auch die französische Übersetzung von FR. DVORNIK, Les Légendes de Constantin et de Méthode vues de Byzance, Prague 1933, 353-354, und die deutsche Übersetzung von J. BUJNOCH, Zwischen Rom und Byzanz, Graz-Wien-Köln 1972², 61-63.

[2] Vgl. FR. DVORNIK, Les Légendes, 71-79. E. GEORGIEV, Kiril i Metodij. Osnovopoložnici na slavjanskite literaturi, Sofija 1956, 39-41. J. BUJNOCH, Zwischen Rom und Byzanz, 194-195. F. GRIVEC, Konstantin und Method Lehrer der Slaven, Wiesbaden 1960, 37-39. B. PANZER, Die Disputationen in der altkirchenslavischen Vita Constantini. Authentizität und literarische Funktion, Zeitschrift für slavische Philologie 34 (1968), 66-88. E. GEORGIEV, Kiril i Metodij. Istinata za săzdatelite na bălgarskata i slavjanska pismenost, Sofija 1969, 119–121. F. DVORNIK, Byzantine Missions Among the Slavs. SS. Constantine-Cyril and Methodius, New Brunswick, New Jersey 1970, 61-62. I. DUJČEV, Constantino Filosofo-Cirilo e Giovanni VII Grammatico, Zbornik Radova Vizantološkog Instituta 12 (1970), 15–19. B. ST. ANGELOV - CHR. KODOV, Kliment Ochridski, t. III, 145-146.

[3] Über den Patriarchen Johannes VII. Grammatikos (837-843) ist eine reiche Bibliographie vorhanden. Wir verweisen speziell auf folgende Werke: L. BRÉHIER, Un patriarche sorcier à Constantinople, Revue de l'Orient chrétien 9 (1904), 261- 268. I. DUJČEV, Appunti di storia bizantino-bulgara, Studi bizantini e neoellenici 4 (1935), 129-131. V. GRUMEL, Jean Grammatikos et saint Théodore Studite, Echos d' Orient 36 (1937), 181-189. P. J. ALEXANDER, The patriarch Nicephorus of Constantinople. Ecclesiastical policy and image worship in the Byzantine Empire, Oxford 1958, passim, bes. pp. 235-236. C. MANGO, The Homelies of Photius, Patriarch of Constantinople. English Translation, Introduction and Commentary by ..., Cambridge/Massachusetts 1958, 240–243. H.-G. BECK, Kirche und theologische Literatur im Byzantinischen Reich, München 1959, 499. E. E. LIPŠIC, Očerki istorii vizantijskogo obščestva i kultury VIII-pervaja polovina IX veka, Moskva-Leningrad 1961, 296 ff. V. LAURENT, Jean VII le Grammairien (837-843), Catholicisme 6 (1964) 513 515. I. E. ANASTASIOU, Ἡ κατάστασις τῆς παιδείας εἰς τό Βυζάντιον κατά τήν διάρκειαν τοῦ Θ' αἰῶνος (Die Situation des Erziehungswesens in Byzanz während des 9. Jh.), in: Κυρίλλῳ καί Μεθοδίῳ τόμος ἑόρτιος ἐπί τῇ χιλιοστῇ καί ἑκατοστῇ ἐτηρίδι I (Jubiläumsbd. f. Kyrillos u. Methodios anläßlich d. 1100-Jahrfeier, Bd. 1). Thessaloniki 1966, 50-52. I. ŠEVČENKO, The anti-iconoclastic poem in the Pantocrator Psalter, Cahiers Archeologiques 15 (1965), 39-60. J. GOUILLARD, Fragments inédits d'un antir-rhétique de Jean le Grammairien, Revue des Etudes byzantines 24 (Mélanges Grumel I) (1966), 171-181. J. GOUILLARD, Art et littérature théologique à Byzance au lendemain de la querelle des images, Cahiers de Civilisation médiévale 12 (1969), 1-13. P. LEMÉRLE, Ὁ πρῶτος βυζαντινός οὑμανισμός. Σημειώσεις καί παρατηρή–σεις γιά τήν ἐκπαίδευση καί τήν παιδεία στό Βυζάντιο ἀπό τίς ἀρχές ὡς τόν Ι' αἰῶνα (Der erste byzantinische Humanismus. Anmerkungen und Betrachtungen über die Erziehung und das Erziehungswesen in Byzanz seit Beginn bis zum 10. Jahrhundert. Vom Französischen in Griechische übersetzt von Maria Nystazopoulou-Pelekidou), in: Μορφωτικό Ἵδρυμα Ἐθνικῆς Τραπέζης, Athen 1981, 120-127, 367-376.

[4] Methodios, Patriarch von Konstantinopel, Βίος τοῦ ὁσίου πατρὸς ἡμῶν καὶ ὁμολογητοῦ Θεοφάνους 28 (Leben unseres hl. Vaters und Bekenners Theophanes, 28), ed. DEMETRIOS SPYRIDON, in: Ἐκκλησιαστικός Φάρος 12 (1913) 150.

[5] P. LEMÉRLE, op. cit., 123-125. Sehr richtig bemerkt P. Lemérle: „wegen seiner dialektischen Fähigkeiten haben sie ihm alle mehr oder weniger berühmte Personen geschickt, die sie in die Ikonenbekämpfung einführen wollten. Die ikonenverehrende Tradition spricht natürlich nur über diejenigen, die ihm Widerstand leisteten." (S. 124).

[6] Theodoros Studites, Brief 36 an den geistigen Sohn Naukratios, PG 99, 1212 AB.

[7] Theodoros Studites, Brief 30 an den Mönch Symeon, PG 99, 1201 A.

[8] Βίος καὶ πολιτεία καὶ διήγησις περὶ τῶν τρισμακάρων καὶ θεοφόρων πατέρων ἡμῶν Δαβίδ, Συμεών καὶ Γεωργίου... (Leben, Werk und Erzählung von unseren seligen und Gott in sich tragenden Väter David, Symeon und Georgios... 28-29), ed. I. VAN DEN GHEYN, Analecta Bollandiana 18 (1899), 246-247.

[9] Theophanes Continuatus, ed. I. BEKKER, CSHB, Bonnae l838, 102 (1-12); Georgios Kedrenos, ed. I. BEKKER, CSHB, t. II, Bonnae 1839, 112 (9)-113 (2) .

[10] I. SAKKELION, Πατμιακὴ βιβλιοθήκη, Athen 1890, 16.

[11] Über Leon Mathematikos siehe E. LIPŠIC, Vizantijskij učenyj Lev Matematik, Vizantijskij Vremennik 2 (1949), 106-149. Ders., Očerki (Anm. 3), 338-366. H. HUNGER, Die hochsprachliche profane Literatur der Byzantiner, 2. Band, München 1978, 237-239. P. LEMÉRLE, op. cit., 129–153, 376–391.

[12] Georgios Kedrenos, ed. I. Bekker, CSHB, t. II, Bonnae 1839, 112 (9)–113 (2) .

[13] P. LEMÉRLE, op. cit., 130, 135-137.

[14] Ebenda, S. 137.

[15] Ebenda, S. 137-145.

[16] Die Information über die Lehrtätigkeit des hl. Kyrillos steht am Ende des IV. Kapitels seiner Vita (GRIVEC-TOMŠIČ, 100). F. DVORNÍK (Les Legendes, 353) übersetzt den entsprechenden Abschnitt wie folgt: „Ne pouvant par lui imposer cet office, on le pria d' accepter une chaire de docteur et d' enseigner la philosophie aux indigènes et aux

étrangers en toute autorité et avec l' appui (officiel). Et il accepta."
Die Übersetzung unterscheidet sich nicht wesentlich von der deutschen des J. BUJNOCH (Zwischen Rom und Byzanz, S. 60-61): „Weil man ihn jedoch zu jenem Amt nicht zwingen konnte, bat man ihn, einen Lehrstuhl anzunehmen und mit allem Ansehen und jeglicher Hilfe Einheimische und Fremde die Philosophie zu lehren. Und diesen Auftrag nahm er an." Im gleichen Sinne übersetzen auch die bulgarischen Herausgeber das Fragment: „Weil sie ihn nicht überzeugen konnten, in diesem Dienst zu bleiben, boten sie ihm eine Professorenstelle an, um Einheimischen und Ausländern Philosophie zu lehren, dies mit einem analogen Gehalt und dienstlichen Grad. Dieser nahm es an." (B. ST. ANGELOV-CHR. KODOV, Kliment Ochridski, t. III, 123). P. LEMÉRLE äußert Bedenken bezüglich der richtigen Übersetzung des erwähnten Textes,vgl. op. cit., 141, 144 u. 383/Anm. 55.

[17] Vgl. Theodoros Studites, Ἀντιρρητικὸς κατὰ εἰκονομάχων I (Wider die Ikonengegner I), PG 99, 337B, 341B, 341C, 348D, 349D, II, 353D, 356B, 357B, 360A, 360D, 361B, 361D, 365D, 368A, 368B, 369D, 372A.

[18] Über die Christologie der Bilderstürmer s. B. N. GIANNOPOULOS, Αἱ χριστολογικαὶ ἀντιλήψεις τῶν Εἰκονομάχων (Die christlichen Ansichten der Bilderstürmer), Athen 1975.

[19] MANSI: XVII, 377-380.

[20] Theophanes Continuatus, ed. I. BEKKER, CSHB, Bonnae 1838, 155(5)-156(16). Georgios Kedrenos, ed. I. BEKKER, CSHB, t. II, Bonnae 1839, 144(22)-146(3).

[21] Diese Dialoge gehören meistens in die dritte Periode der „iconophily theory", die als „scholastic" bezeichnet wird. Diese Bezeichnung geht zurück auf P.J. ALEXANDER. Alexander teilt die „iconophily theory" in drei Perioden: a) Die erste Periode mit Johannes Damaszenus und dem Patriarchen Germanos reicht bis zum Aufstieg Konstantin V. und heißt „traditional". b) Die zweite Periode fällt mit der Herrschaft Konstantin V. zusammen (774-775) und wird „christological" genannt. c) Die dritte und letzte Periode mit den Hauptvertretern Theodoros Studites und Patriarch Nikephoros wird „scholastic" genannt. Diese Periode beginnt nach dem 7. Ökumenischen Konzil. Die Ikonenverehrer versuchten damals „to justify religious images and their worship in terms of the philosophy taught in the Byzantine schools", namentlich Begriffe der aristotelischen Logik. (The Patriarch Nicephorus of Constantinople, Ecclesiastical Policy and Image Worship in the Byzantine Empire, Oxford 1958, 189-213). Wie P. LEMÉRLE richtig bemerkt, führten dahin „die geistigen Gärungen und die theoretische Erörterung um das Problem der Ikone, die Notwendigkeit, für beide Parteien Argumente zu finden, und speziell für die „orthodoxen", um der gefährlichen Dialektik Konstantin V. zu begegnen (op. cit., 120). In den Geist der damaligen Epoche gehören auch die Dialoge des Johannes Grammatikos mit seinen Diskussionspartnern. Aus diesem Grund darf uns deren Inhalt nicht befremden.

[22] Theophanes Continuatus, ed. I. BEKKER. CSHB, Bonnae 1938, 102 (9-10). Georgios Kedrenos, ed. I. BEKKER. CSHB, t. II Bonnae 1839, 112 (17-19).

[23] Vita der Heiligen David, Symeon und Georgios. Analecta Bollandiana 18 (1899), 146-247.

[24] Theophanes Continuatus, ed. I. BEKKER, CSHB, Bonnae 1938, 102 (12). Georgios Kedrenos, ed. I. BEKKER, CSHB, t. II, Bonnae 1839, 112 (19-20).

[25] Methodios, Patriarch von Konstantinopel, op. cit. (Anm. 4), 150.

[26] Vgl. FR. DVORNIK, The Patriarch Photius and Iconoclasm, Dumbarton Oaks Papers 7 (1953), 69-97. C. MANGO, The Liquidation of Icono-clasm and the Patriarch Photios, in: A. BRYER-J. HERRIN, Iconoclasm, Birmingham 1977, 133-140. B. GIANNOPOULOS, Εἰκών κατὰ τόν ἱερόν Φώτον (Das Ikonenbild gemäß dem hl. Photios), in: Θεολογία 51(1980) 158-185, 379-405.

[27] Generell akzeptiert man, daß der Patriarch Photios Professor an einer höheren Schule in Konstantinopel war. Letzthin vertritt P. Lemérle (op. cit., 160–180) die These, daß Photios niemals als Professor an einer höheren Schule lehrte. Jedenfalls bezweifelt der französische Forscher nicht, daß Photios Lehrer in einem Kreis von Schülern war, die ihn häufig in seinem Haus besuchten.

[28] Georgios Monachos, ed. C. DE BOOR, t. II, Lipsiae 1904, 778 (11-15), 798 (19-21), 802 (14-15).

[29] Scriptor incertus de Leone Armenio, ed. I. BEKKER (mit Leon Grammatikos), CSHB, Bonnae 1842, 349 (19)-350 (2), 351 (10-12), 352 (5), 353 (10), 355 (7), 359 (17). Zur Etymologie des Wortes Hylilas schreibt CYRIL MANGO folgendes: „Hylilas may be derived from the Hebrew Heylel in Is. 14. 12, usually rendered as Lucifer" (The Homilies of Photius Patriarch of Constantinople, 241/Anm. 31).

[30] Symeon Magistros, ed. I. BEKKER (Siehe Leon Grammatikos), CSHB, Bonnae 1842, 208 (20-22), 221 (11-12, 17-18), 228 (17).

[31] Joseph Genesios, Regum libri quattuor, ed. A. LESMUELLER-WERNER/J. THURN, Berolini et Novi Eboraci 1978, CFHB, t. XIV, Series Berolinensis, 44 (31).

[32] Pseudo-Symeon, ed. I. BEKKER (Theophanes Continuatus), CSHB, Bonnae 1838, 606 (11-14), 635 (2-3, 10), 636 (3-4), 644 (10-11), 647 (18-19), 648 (8-9), 649 (6-7), 650 (9), 651 (22).

[33] Theophanes Continuatus, ed. I. Bekker, CSHB, Bonnae 1838, 32 (9), 102 (8-9), 119 (9, 12, 14), 121 (6, 22), 122 (4, 6), 154 (12), 156 (1-2).

[34] Georgios Kedrenos, ed. I. BEKKER, CSHB, t. II, Bonnae 1839, 112 (16), 129 (1, 6, 8), 142 (18-19), 143 (4, 11, 21), 144 (9), 145 (3, 7, 14, 15), 146 (4).

[35] Johannes Zonaras, ed. M. PINDER, CSHB, t. III, Bonnae 1897, 361 (12), 363 (9-10, 12), 374 (6-10), 381 (9), 383 (6), 384 (5).

[36] Theosteriktos, Ἐπιτάφιος εἰς τὸν ὅσιον πατέρα ἡμῶν καὶ ὁμο–λογητὴν Νικέταν 31 (Grabrede auf unseren hl. Vater und Bekenner Niketas 31), in: Acta Sanctorum, Aprilis I, Parisiis et Romae 1865, Appendix, XXIV.

[37] Βίος καὶ συνεγκώμιον τῆς μακαρίας καὶ ἀγίας Θεοδώρας τῆς βασιλίδος (Vita und Mitlob der seligen und hl. Kaiserin Theodora), ed. W. REGEL, in: Analecta byzantino-russica, Petropoli 1891, 6 (11-16).

[38] Vgl. K. GROSS, Apollonius v. Tyana, Reallexikon für Antike und Christentum, Band I, Stuttgart 1950, col. 529-533.

[39] Num. 22, 1-24, 25.

[40] Vgl. 2 Tim. 3, 8. Ex. 7, 8 - 8, 15.

[41] Acta 8, 9-24.

[42] Acta 24, 1-22.

[43] Siehe Anmerkung 29.

[44] Johannes Zonaras, ed. M. PINDER, CSHB, t. 3, Bonnae 1897, 374 (8-10) .

[45] Über das Paar Jannis und Jamvris siehe die interessante Arbeit von S. N. SAKKOS, Ἰαννῆς καὶ Ἰαμβρῆς. Συμβολὴ εἰς τὴν εἰσαγωγὴν καὶ ἑρμηνείαν τῆς Καινῆς Διαθήκης (Jannis u. Jamvris. Ein Beitrag zur Einführung und Interpretation des N. T.), in: Ἐπιστη-μονικὴ Ἐπετηρὶς τῆς Θεολογικῆς Σχολῆς τοῦ Ἀριστοτελείου Πανεπιστημίου Θεσσαλονίκης 18 (1973) 253-313.

[46] Constitutiones Apostolorum nach Klemens VIII., I, 6, ed. FR. X. FUNK, Didascalia et Constitutiones Apostolorum, Volumen I, Paderborn 1905, 462.

[47] Martyrium der hll. Apostel Petros und Paulos 34; Acta der hll. Apostel Petros und Paulos 55, in: Acta Apostolorum Apocrypha, ed. R. A. LIPSIUS, vol. I., Darmstadt 1959, 148, 202-203.

[48] Pacianus, Epistolae tres ad Sympronianum Novatianum 3, 21, PL 13, 1078.

[49] Epiphanios, Bischof von Konstantia in Kypros, „Panarion" 65, PG 42, 132B.

[50] Optatus, De schismate Donatistarum adversus Parmenianum 7, 5, PL 11, 1092A.

[51] Photios, Patriarch von Konstantinopel, Διήγησις περὶ τῆς Μανιχαίων ἀναβλαστήσεως 3, 17 (Bericht über die Wiederentdeckung des Manichäismus 3.17), in: PG 102, 169B.

[52] Theodoros Studites, Ἐπιστολὴ οϛ´ – Στεφάνῳ Ἀσηκρῆτις, PG 99, 1312.

[53] I. ŠEVČENKO, The anti-iconoclastic poem in the Pantocrator Psalter, Cahiers Archéologiques 15 (1965), 47.

[54] Ibidem.

[55] G. OSTROGORSKY, Geschichte des byzantinischen Staates, München 1963³, 175.

[56] Ibidem, 182-183.

[57] Es gibt eine entsprechende Erzählung, in der beschrieben wird, wie „der menschenfreundliche und vielerbarmende Gott auf Drängen und Bitten des großen Erzpriesters Methodios und der damaligen tieffrommen und orthodoxen Erzpriester, Frommen und Bekenner und der ehrenvollen und tieffrommen Gattin des Kaisers, Theodora, dem Theophilos Verzeihung und Nachlaß seiner Sünden gewährt" habe. W. REGEL, Analecta byzantinorussica, Petropoli 1891, 19-39.

[58] In der Vita der Heiligen David, Symeon und Georgios (27-28) wird erwähnt, die Kaiserin Theodora habe die Mönche Symeon, Georgios und Methodios zu sich gerufen und ihnen u.a. folgendes gesagt: Ich habe das Ziel und den Wunsch, der Kirche ihre Ikonen, ihren Glanz zurückzugeben. Dieses war der Grund, weshalb sie ihnen befahl, sie sollten sich aus allen Ecken des Kaiserreiches in der Hauptstadt treffen. Die Kaiserin selbst hatte den Mönchen eine persönliche Bitte zu äußern, deren Erfüllung ihnen leichtfallen sollte. Sie als Priester und wahre Diener und Verehrer Gottes hätten von ihm die Macht erhalten, zu „binden und zu lösen" (vgl. Matt. 18, 18), d.h. soviele Sünden sie wollten, zu vergeben, nicht nur die der Lebenden, sondern auch die der Toten. Sie bat also die Priester, ihren Mann, deren ehemaligen König, nicht zu verfluchen, sondern ihn als gläubigen Orthodoxen anzunehmen. Das sagte sie, weil sie belehrt worden war, daß diese Macht dazu haben, wenn sie nur wollten. Die Kaiserin teilte ihnen im folgenden mit, daß der Kaiser kurz vor seinem Tode ihnen mit seinem Testament Schenkungen hinterlassen habe. Die Mönche leisteten zunächst der ersuchenden Kaiserin Widerstand, aber am Ende gaben sie nach und nahmen ihre Forderung an. (Analecta Bollandiana 18, 1899, 244-246).

[59] Vgl. G. OSTROGORSKY, Geschichte, 190-192.

[60] Vgl. B. ST. ANGELOV-CHR. KODOV, Kliment Ochridski, t. III, 145-146. F. GRIVEC, Konstantin und Method, 37.

[61] Vgl. V. LAURENT, Jean VII le Grammairien, Catholicisme 6 (1964), 515.

[62] Ohne überzeugende Argumente nahmen die Herausgeber der Werke des hl. Klemens von Ochrid die zwei ausführlichen Viten von Kyrillos und Methodios auf. Die meisten ihrer Argumente scheinen nur hypothetisch zu sein. Auf diese Weise aber entsteht eine Kette von Hypothesen, welche die Suche nach der Wahrheit beeinträchtigen. Über die betreffende Argumentation siehe die Ausgabe 5-9. Diese kritische Ausgabe des altslavischen Textes der beiden Viten ist von einer neubulgarischen Übersetzung und einem bemerkenswerten Kommentar begleitet.

[63] Das Problem ist unlösbar, auch wenn wir annehmen, daß der hl. Methodios einem seiner Schüler die Vita seines Bruders Kyrillos diktiert habe (wie es wohl der Fall war), weil Methodios während der Zeit seiner Mission in Moravia eine Vielzahl von Schülern hatte. Nach der Vita des hl. Kyrillos (cap. XV, 19) nahm er allein aus Pannonien fünfzig Schüler mit, als er nach Rom ging (GRIVEC-TOMŠIČ, Constantinus et Methodius Thessalonicenses, 132). Nach der Vita des hl. Klemens von Ochrid hinterließ der hl. Methodios, als er starb, zweihundert Priester, Diakone und Subdiakone in seinem Erzbistum, vgl. Theophylaktos, Erzbischof von Ochrid, Βίος καὶ πολιτεία καὶ ὁμολογία τε καὶ μερικὴ θαυμάτων διήγησις τοῦ ἐν ἁγίοις πατρὸς ἡμῶν Κλήμεντος, ἐπισκόπου Βουλγάρων (Vita und Lebensführung, Geständnis und Erzählung der Wunder unseres hl. Vaters Klemens, Bischof der Bulgaren) VI, 24, ed. A. MILEV, Grăckite žitija na Kliment Ochridski. Uvod, tekst, prevod i

objasnitelni beležki, Sofija 1966, 98. In keiner Quelle erscheint Klemens als der beliebteste Schüler des Methodios. Eher können wir das für Gorazd sagen (Vgl. A. Miltenova, Gorazd, Kirilo-Metodievska enciklopedija, t. I, Sofija 1985, 513-514). Außerdem ist die Zusammenstellung der Vita des hl. Kyrillos als slavischer Text in Pannonien und nicht in Bulgarien anzusetzen (Vgl. F. Grivec, Konstantin und Method, 247-250). Wir haben vor uns einen Text, der mit der Zeit Veränderungen erlitten hat, die der Forschung bei der Suche nach der ursprünglichen Zusammenstellung, freilich nur bedingt, helfen können.

Gerhard Birkfellner

Methodius Archiepiscopus Superioris Moraviae
oder Anmerkungen über die historisch-geographische Lage Altmährens
(Vorläufige Stellungnahme zu jüngsten hyperkritischen Lokalisierungsversuchen)

Motto: „Endgültig widerlegt wird die These von Altmähren als dem Gebiet um Mitrovica und vom 'episcopus Moraviensis' als Stadtbischof des südslavischen Ortes Mitrovica durch die nicht unbekannte Urkunde des Mainzer Erzbischofs Willigis vom 28. April 976, aus der eindeutig hervorgeht, daß der 'episcopus Moraviensis' im 10. Jahrhundert ein Suffragan von Mainz war. (...). Solange es nicht gelingt zu 'beweisen', daß Willigis nicht in Mainz am Rhein Erzbischof war, daß die anderen in dieser Urkunde genannten Suffragane Speyer und Worms nicht an demselben Fluß lagen und das ebenfalls genannte Prag nicht an der Moldau, wird man getrost bei der Meinung bleiben dürfen, daß auch der 'episcopus Moraviensis' in der Mainzer Erzdiözese und im altbekannten Land Mähren zu suchen ist"[1], scil. in der späteren Markgrafschaft Mähren.

Soweit die Reaktion des Baseler Historikers František Graus, dem keiner nationale Emotionen[2] nachsagen kann, der dessen übriges Werk und seine überaus kritische Einstellung hinsichtlich der Geschichte Altmährens und der Fortwirkung der Legation der Thessaloniker Brüder im böhmisch-mährischen Raum während der Přemyslidenzeit und im Hochmittelalter kennt, wobei sich dieser Historiker in bester Gesellschaft von Josef Dobrovský und Vatroslav von Jagić befindet.

Hinzufügung zu obigem Motto: Um Altmähren auf den Balkan oder auch nur in die Gegend von Sirmium (Sremska Mitrovica in der Vojvodina) zu dislozieren, müßte man schon auch den Beweis führen, daß Wiching von Neutra (ab 899 für eineinhalb Jahre Bischof von Passau), zunächst nicht Suffragan, dann Nachfolger Methods als mährischer Bischof gewesen war.

Vor einigen Jahren wurde im Wissenschaftsmagazin der österreichischen Tageszeitung „Die Presse" eine Polemik unter dem Titel „Das großmährische Reich lag nicht an der March. Mißverständliches um Kyrill und Method geklärt"[3] ausgetragen (diese Ausführungen wurden sodann umfassender in dem Aufsatz „Salzburg und die Slawen. Mythen und Tatsachen über die Entstehung der ältesten slawischen Schriftsprache"[4] dargestellt). Auf den Zeitungsessay wurde seinerzeit recht hastig - wie es allerdings dem flüchtigen Medium auch entspricht - von Radoslav Katičić und Franz Wenzel Mareš repliziert und wiederum von Otto Kronsteiner,[5] dessen Anregung, die Diskussion, wo der hl. Method nun eigentlich hauptsächlich gewirkt hat, am Leben zu erhalten, Autor für die wichtigste Aussage in diesem Zusammenhang hält. Anliegen des Salzburger Autors ist - kurz gesagt -, „Großmähren" mit der Salzburger Kirchenprovinz Pannonia inferior (orientalis) zu identifizieren, ein Beitrag, der wie gesagt insgesamt sehr anregend war, basierend allerdings vorwiegend auf einer Argumentationsreihe des magyaro-amerikanischen Historikers Imre Boba aus dem Jahre 1971[6], vgl. dazu den eingangs zitierten Ausschnitt aus der kritischen Rezension dieser Arbeit. Boba Imres kritischer Ansatz - von der Slavistik seinerzeit tatsächlich etwas leichtfertig übergangen und dadurch letzten Endes über Gebühr aufgewertet! - ist nicht neu, sondern hat Wurzeln, die bis in die Mitte des 18. Jhs. zurückreichen. Diese alte Diskussion aber war erst von nationalmagyarischen und nationalböhmischen Emotionen durchdrungen (Otto Kronsteiner wirft besonders den böhmischen Autoren philologischen und historischen Nationalismus vor, den magyarischen übersieht er), die man bei den gelehrten Rokokoprälaten, die diese Diskussion geführt haben, zunächst gar nicht vermutet. Die antithetische Auffassung „Mähren an der March" versus „Südslavisches Mähren" im Zusammenhang mit der Legation der Thessaloniker Brüder ist also uralt, wenigstens so alt wie die wissenschaftliche Slavistik[7]. Daß freilich die Auseinandersetzung bis auf den heutigen Tag tw. national und konfessionell nicht emotionslos geführt wird, ist selbst Lexikonwissen geworden[8]. Tatsache ist, daß es natürlich auch an der südslavischen Morava ein kirchliches Zentrum gegeben hat, das in den Quellen aber noch viel schwächer greifbar ist und das im Zusammenhang mit dem ab und wann in der Diskussion auftauchenden Bischof Agathon Moravorum der Fuldaer Annalen und der Konzilsliste des photianischen Konzils von 879 auftaucht: Agathon wird da an 55. Stelle neben seinem Nachbarbischof Lukianos von Dyrrhachion genannt[9]. Fatal in diesem Zusammenhang ist, daß jener Agathon just in demselben Jahrzehnt als Bischof im serbischen Moravatal belegt ist (in den Fuldenser Annalen sub anno 873!), in dem Method zum Erzbischof von Mähren ernannt wurde. Es gab also zur selben Zeit zwei Mährerbischöfe: einen in Mähren (an der March), einen anderen im Moravatale in Serbien. Interessant in dem Zusammenhang bleibt aber die Idee, daß jener Agathon möglicherweise ein ignatianischer Konkurrenzbischof zu dem Photianer Method gewesen sein könnte, der da „ad renovandam pristinam amicitiam" nach Regensburg gekommen war, was aber schwer zu beweisen ist[10]. Wenn es so gewesen wäre, wäre dies allerdings auch kein Beweis dafür, daß Method auf dem Balkan Bischof war.

Den Vorwurf, daß die Slavistik das alte Zeugnis des Geographus Bavarus, der von zwei Mähren spricht, auch insgesamt gut informiert war, negiere[11], besteht zu Unrecht: allerspätestens seit Pavel Josef Šafařík ist das Wissen um diese wichtige Quelle slavistisches Allgemeingut[12], wenngleich der Autor meint, daß die Stelle allzu unproblematisch interpretiert wird: da ist Mähren bei (nach) Böhmen mit 11 Burgen (Betheimare in qua sunt ciuitates XV. Marharii habent ciuitates XI.), daran stößt das Bulga-

renreich, dessen riesige Ausdehnung betont wird (Vulgarii regio est immensa ...) und darin gibt es ein Volk, das auch Mährer genannt wird (der anonyme mönchische Geograph weicht auch in seiner Diktion von dem ansonsten üblichen Modell ab: Est populus quem uocant Merehanos, ipsi habent ciuitates XXX.)[13]. Vor allem der Passus quem uocant ist nach Ansicht des Autors entscheidend, denn er relativiert den Begriff jener weiteren (balkanischen) Mährer und bringt sie in Gegensatz zu den eigentlichen Mährern, den Nachbarn der Böhmen. Im übrigen stellt sich die noch eingehender zu prüfende Frage, ob jene Mährer - offensichtlich im serbischen Moravatal - überhaupt Slaven waren: die Auskünfte, die Autor bei Belgrader Kollegen bekommen konnte, waren sehr skeptisch, denn die archäologischen Befunde aus dem serbischen Moravatal zur gegebenen Zeit sind so problematisch, daß man meint, im 9. Jahrhundert seien dessen Bewohner gar keine Slaven gewesen!

Hinsichtlich dieses südslavischen Mähren ist auch der Bericht des Paisij Chilendarski über die Slavenlehrer von Interesse; dieser Autor kannte offenbar das Problem beider Mähren von alters her und berichtet folgendes (neubulgarische Übersetzung): No sveti Kiril i Metodij po-kъsno bili postaveni za episkopi na slavjanite v Morava, ne srъbskata morava, kojato teče prez Šumadija, no druga Morava; dann aber geht die geographische Phantasie mit dem bulgarischen Autor durch: druga Morava, pri Okianmore, koeto se nariča Baltinskoe more, pri Brandiburga! Er verwechselt also - per Liquidametathese - den Plattensee mit dem Baltischen Meer, der Ostsee, und bekundet so eine ganz großartige Meinung von der territorialen Ausdehnung Altmährens[14]! Für unseren Zusammenhang bleibt hier lediglich wichtig, daß das Bewußtsein eines balkanischen Mähren lebendig ist, nicht allerdings im Zusammenhang mit der mährischen Brüdermission.

Der Salzburger Aufsatz bietet ein umfangreiches, insgesamt gar vierzehn Punkte umfassendes kritisches Programm an, das die „Eigendynamik" und Kritiklosigkeit der slavischen Philologie im Zusammenhang mit der kyrillo-methodianischen Forschung charakterisieren und die These „Morava=Sirmium" stützen soll[15]. Der Autor greift hier nur einige Punkte heraus, zu einem späteren Zeitpunkt beabsichtigt er eine größer angelegte monographische Stellungnahme zu den Problemen, die in diesem Vierzehn-Punkte-Programm aufgezeigt werden, und die sich eingehender mit der Frage, wo das hauptsächliche Wirkungsgebiet im besonderen des hl. Method lag, befassen wird.

Ad 2. „Weder in der lateinischen noch in der slawischen Geschichtsschreibung hat es vor dem 19. Jahrhundert den Terminus Magna Moravia bzw. Velika Morava gegeben"[16]. Diese Feststellung ist schlechthin unrichtig. Magna Moravia stammt wenigstens aus dem 18. Jahrhundert und findet sich u.a. bei Josephus Simonius Assemanus (as-Sim`ānī), vatikanischer Bibliothekar und maronitischer Syrier, wahrhaftig kein emotionsgeladener böhmisch-mährischer Chauvinist[17]. Die böhmischen und magyarischen Autoren des 18. Jhs. bevorzugen übrigens den sehr sinnvollen Begriff „Vetus Moravia" (= megalē Moravía bei Konstantinos VII. Porphyrogennetos)[18]; auch die Behauptung, daß es in mittelalterlichen slawischen Quellen den Begriff *Velika Morava* nicht gäbe, ist ein Irrtum: *Velika Morava* ist kein später, ideologieträchtiger Terminus des nationalromantischen 19. Jhs. Er begegnet in der Epitome der Vita Konstantin-Kyrills (in der Version Aleksandr Fedorovič Gil'ferdings, Handschrift des 14./15. Jhs., serbische Redaktion, bekannt seit 1858) - i tu obrěte poslaniki u cěsara. otъ Rastislava kněza Velikie Moravi. ... und weiters: I došъdъšu emu Velikie Moravi. i prietъ bystъ Rastislavomъ knezomъ.[19] Im Synodikon des Bulgarenzaren Boril liest man Velika Morava ein weiteres Mal, da allerdings in uneigentlichem Zusammenhang[20]. Daß der Begriff Altmähren (vielleicht sogar: Großmähren!) von alters her geläufig war, beweist uns aber auch diese Stelle.

Ad 10. „Wären Kyrill und Method zuerst an die March gekommen und dann erst zu Pribina, so hätten sie das pannonische Fürstentum durchquert, was sowohl Pribina als auch Kyrill hätte auffallen müssen, und in den Viten als

sicher vermerkt worden wäre. Sie kamen aber von Byzanz direkt nach Morava und dann erst zu Pribina. Man beachte die Reihenfolge!"[21] - Diese Aussage behauptet nicht mehr und nicht weniger, als daß Kyrill und Method in Mähren an der March gar nie gewesen seien, weil sie auf ihrem Weg von Byzanz irgendwo auf dem Balkan abgeblieben sind und Pannonien gar nicht durchquerten. Sie kamen aber mit Pribina überhaupt nicht zusammen, weil er tot war; der Exilant Pribina wurde im Jahre 860/61 von seinen eigenen Landsleuten umgebracht,[22] die mährische Legation aber war 863 unterwegs.

Ad 13. „Die Schüler Methods flohen dank eines Erdbebens aus dem Gefängnis zu Fuß in die nahen Donauauen und setzten bei Belgrad über, um in Bulgarien Schutz zu suchen. Dies alles innerhalb weniger Tage."[23] Interpretiert wird also die griechische Clemensvita,[24] was uns veranlaßt, diese altbekannte Quelle selbst auch wieder zu lesen. Darin wird aber weder gesagt, daß die Donauauen nahegelegen waren (vom Ausgangspunkt der Flucht), noch daß sie bei Belgrad übersetzten, und auch von wenigen Tagen, die diese Flucht gedauert haben soll, ist nicht die Rede, vielmehr von deren außerordentlicher Beschwerlichkeit und zeitraubender Heimlichkeit. Kliment, Naum und Angelarij nahmen den Weg zur Donau, wirkten unterwegs ein Wunder - d.h. wohl, daß sie ein umfangreiches Gebetsoffizium verrichteten - und gewannen so den Vater eines zum Leben erweckten Knaben als Führer durch die unbekannte Gegend und setzten ihren Weg zur Donau fort. Als sie am Ufer der Donau angekommen waren und die starke Strömung des Flusses feststellten, bauten sie zunächst ein Floß, retteten sich so über den Fluß und gelangten nach Belgrad zum bulgarischen Boritarkan, dem sie sich anvertrauten. Belgrad (das alte Singidunum) aber liegt am Südufer der Donau. Wären Kliment und seine Gefährten aus Sirmium oder Umgebung geflohen, oder auch aus dem serbischen Moravatal, sie hätten wohl Belgrad auf raschem Wege erreichen können und auch die Donau hätten sie nicht überqueren müssen, all das hätten sie sich erspart können; auch wäre ihre Sehnsucht dann nicht das ferne

Bulgarien gewesen,[25] denn das südliche Moravatal lag zur gegebenen Zeit mitten in Bulgarien, Sirmien am nordwestlichen Rande.

Noch eine Anmerkung: An einer Stelle der Kurzvita des hl. Konstantin-Kyrill (s.o. A. 19) heißt es, daß der Heilige, nachdem er in der Velika Morava von Rastislav empfangen worden war, nach Pannonien ging: J šьdъ vъ Panoniju. i tu prietъ ego Kocelь knězь... (er ging also zunächst nach Mähren und wandte sich dann nach Pannonien zurück; das entspricht auch dem Itinerar, wie wir es aus den Pannonischen Viten kennen): alles in allem sagt uns diese Stelle, daß die Territorien von Mähren und Pannonien zu trennen sind; und wahrhaftig, diese Textkonstellation spricht wirklich nicht für eine Identität des Wirkungsgebiets Methods mit dem Territorium von Sirmium und den anliegenden „zahlreichen Moravaorten". Und daß „Morava die slawische Bezeichnung für Sirmium ist",[26] ist mehr als unwahrscheinlich. Sirmium, mit dem prominenten Patron, dem hl. Demetrios, trotz seiner relativen Bedeutungslosigkeit ab dem 6. Jahrhundert, war nicht ein beliebiges Nest auf dem Balkan, dessen Identität man nicht kannte und das man beliebig umbenennen konnte: es war vielmehr Bistum seit Anfang des 4. Jahrhundert und Schauplatz von nicht weniger als sechs (wahrscheinlich sieben) Synoden von großer dogmatischer Wichtigkeit durch die fünf sogenannten „Sirmischen Formeln" des Glaubensbekenntnisses. Man hat im Frühmittelalter also wahrhaftig gewußt, was und wo Sirmium ist.

Zu guter Letzt bleibt uns noch ein wichtiger Textzeuge, der eine sehr gediegene Aussage historisch-geographischer Natur überliefert und mithilft, Altmähren und das hauptsächliche Wirkungsgebiet Methods zu lokalisieren. Der bereits erwähnte Josephus Simonius Assemanus verzeichnet in seinem Heortologion unter dem 6. April die Obdormitio S. Methodii.[27] Dafür exzerpierte er den altkirchenslawischen, nach ihm selbst benannten Codex Assemanianus - da nun liest man: i pamętъ usьpěnič prěpodobnaago otьca našego. Methodia. Archiepiskopa Vyšnę̨ję Moravy. brata Kyrila filosofa. (f. 145b)[28] – Gedächtnis der Ent-

schlafung unseres heiligen Vaters Methodius, Erzbischofs von Obermähren, des Bruders des heiligen Kyrillos, des Philosophen. Uns beschäftigt hier natürlich der Begriff „Vyšnę̨ję Moravy" (gen. sg.), rekonstruiert Superioris Moraviae, tēs anō Moravias. Diese in der neueren wissenschaftlichen Literatur und Diskussion nicht beachtete geographische Lokalisierung Altmährens (im Sinne der alten, relativen Geographie aus byzantinischer Sicht) unter Method ist nicht der einzige altslavische Quellenbeleg, wohl aber der gediegenste: der Codex Assemanianus ist nicht nur linguistisch-historisch und paläographisch ein wichtiges Uraltdenkmal, er gehört auch texttypologisch zu dem Uralttypus des Evangelistars vom besonders altertümlichen Typ des Sabbatokyriakons; seine Tradition scheint noch in die unmittelbar kyrillo-methodianische Zeit und den allerersten Beginn der Tätigkeit der Brüder in Mähren zurückzureichen. Daß er auch im Zusammenhang mit dem anstehenden Problem wichtige Aussagen zu bieten hat, im besonderen in unserer Diskussion über die Landschaft, in der Method zu Tode gekommen ist, ist bisher unbeachtet geblieben.

Neben dieser wichtigen Quelle finden wir den altslavischen Begriff „Vyšnjaja Morava" noch in der kurzen Synaxarvita Methods, die uns zuerst Konstantin Fedorovič Kalajdovič in seinem Buch über Ioann Eksarch von Bulgarien mitteilt (russische Textredaktion)[29]: Tyj blaženyj ubo i prepodobny otecъ našъ Methodie, Archiepiskopъ Vyšnjuju Moravu ... und dazu noch eine Handschrift derselben Synaxarvita Methods, die uns Jordan Ivanov neben anderen Texten abdruckt (bulgarische Redaktion):[30] Syi ubo blažen'nyj i prěpodobъnyi Metodije. Archijepiskopъ Vyš'nę̨ǫ Morav'y ...

„Vyšnjaja Morava" ist das obere, nördliche, auch ältere Mähren (Moravia I) im Gegensatz zu Moravia II, die bei Šafařík mit unangebrachter Selbstverständlichkeit als Nižnjaja oder Južnaja Morava - Nieder- oder Südmähren - bezeichnet wird,[31] wofür es in den Handschriften keinen Beleg gibt, was aber nicht so besonders wichtig ist, weil zur Unterscheidung zweier Begriffe auch die bestimmte

Bezeichnung von nur einem ausreicht. (Šafařík meint dabei natürlich auch nicht ein sirmisches Mähren, sondern eben das lokale Kirchenzentrum im serbischen Moravatal, als dessen schwer faßbarer Hierarch der oben genannte Agathon Moravorum aufscheint.) Die Wirkungsstätte Methods aber ist mit „Vyšnjaja Morava" (Codex Assemanianus u.a.) ausreichend belegt.

ANMERKUNGEN

[1] IMRE BOBA, Moravia's History Reconsidered. A Reinterpretation of Medieval Sources. The Hague 1971 - Hier zitiert die Rezension von FRANTIŠEK GRAUS, in: Jahrbücher für Geschichte Osteuropas N.F. 20 (1972) 280-282, bes. 281.

[2] OTTO KRONSTEINER, Salzburg und die Slawen. Mythen und Tatsachen über die Entstehung der ältesten slawischen Schriftsprache. Die slawischen Sprachen 2 (1982) 27-51, prangert im besonderen nationale Emotionen im Zusammenhang mit der kyrillo-methodianischen Forschung an, hier bes. 33 ff. In der Folge als: OTTO KRONSTEINER, Salzburg.

[3] 17./18. Juli 1982

[4] Vgl. o.A. 2

[5] "Mißverständliches um Kyrill und Method". Geschichte - die Kunst, Quellen immer besser zu verstehen. "Die Presse" 31. Juli/1. August 1982; Der Terminus "Großmährisches Reich" ist ein Scheinproblem. Mythos, daß Mythen endlich objektiv gelöst sind. "Die Presse" 7./8. August 1982; Historische Mythen und das Nationalbewußtsein. Noch einmal: "Kyrill und Method". "Die Presse" 21./22.August 1982.

[6] Vgl. o.A. 1

[7] HONORATUS NOWOTNÝ, Kritische Bemerkung zur Berichtigung der Geschichte des großen Mährischen Reiches und der ersten Bekehrung der slavischen Nation in demselben. Wien 1803; GEORGIUS SZKLENAR, Vetustissimus Magnae Moraviae situs et primus in eam Hungarorum ingressus et incursus (...). Posonii 1784; ST. KATONA, Examen vetustissimi M. Moraviae situs, cum vindiciis Anonymae Belae Notarii, ... Pestini, Budae et Cassoviae 1786; GELASIUS DOBNER, Kritische Abhandlung von den Gränzen Altmährens, oder des großen mährischen Reichs im neunten Jahrhundert. Gegen einige dem Ruhm des heutigen Markgrafthums Mähren nachteilige Sätze des Herren Stephanus Salagius, eines neuen ungarischen Schriftstellers. [2]Prag 1773; STEPHANI SALAGII Presbyteri Quinque-Ecclesiensis Sacrae Theologiae Doctoris de Statu Pannoniae Libri VII. Liber quartus de Antiquis Metropolitanis per Pannoniam. Quinque-Ecclesiis 1780; GEORGII SZKLENAR Hypercriticon examinis vetustissimi M. Moraviae situs et vindicium anonymi Belae regis scribae. Posonii 1788; dazu noch: STEPHANUS SZALÁGYJ (Salagius), De statu ecclesiae Pannonicae libri VII. 1777-1800 und nochmals GELASIUS DOBNER, Kritische Untersuchung, wann das Land Mähren ein Markgrafthumb geworden. Olmütz 1781.

[8] Vgl. Lexikon für Theologie und Kirche (ed. J. HÖFER-K. RAHNER) 6. Freiburg im Breisgau 1961, Sp. 711-713 (Lemma: Kyrillos und Methodios; Verf. B. Stasiewski: "... fast unübersehbare Spezial-Lit., z.T. einseitig national u. konfessionell ausgerichtet...").

[9] Vgl. Glossar zur frühmittelalterlichen Geschichte im östlichen Europa. Serie B. Griechische Namen bis 1025. Band 1. Wiesbaden 1980, 252 und Annales Fuldenses sive Annales Regni Francorum Orienta-

lis. Scriptores Rerum Germanicorum (edd. G.H. Pertz-F. Kurze). Hannover 1891, 81.

[10] Vgl. den ungemein anregenden Aufsatz von Ernst Honigmann, Studies in Slavic Church History. B. Un Archêveque Ignatien de Moravie, Rival de S. Méthode. Byzantion 17, Amerikan. Serie (1944-45)163-182; vgl. dazu auch die heftige Reaktion von F. M. Rossejkin, Buržuaznaja istoriografija o vizantino-moravskich otnošenijach v seredine IX v. Vizantijskij vremennik 3 (1950) 245-257, bes. 251-257.

[11] Vgl. Otto Kronsteiner, Salzburg 38 (12.)

[12] Paul Joseph Schafařiks Slawische Alterthümer (üs. M.v. Aehrenfeld, ed. H. Wuttke) Leipzig 1843, 2, 451-502, bes. dann 491 ff. 494 ff.

[13] Vgl. zuletzt E. Herrmann, Slawisch-germanische Beziehungen im südostdeutschen Raum von der Spätantike bis zum Ungarnsturm. Ein Quellenbuch mit Erläuterungen. München 1965, 216.

[14] Paisij Chilendarski, Slavjano-b''lgarska istorija (üs. ins Neubulgarische P. Dinekov). Sofija 1980, 163.

[15] Otto Kronsteiner, Salzburg 38 (11.)

[16] Otto Kronsteiner, Salzburg 36 (2.)

[17] Kalendaria Ecclesiae Universae - 1-6. Rom 1750-1755 (behandeln die slavischen Kirchen), bes. 3, 50 ff. (Nachdruck Westmead-Farnborough-Hants 1970).

[18] Vgl. o.A. 7

[19] B''lgarski starini iz Makedonija (ed J. Ivanov). Sofija 1931, 283 ff., Text: 287.

[20] M. G. Popruženko, Sinodik carja Borila. B''lgarski starini 8. Sofija 1928, 77.

[21] Otto Kronsteiner, Salzburg 38 (10.)

[22] Conversio Bagoariorum et Carantanorum. Das Weißbuch der Salzburger Kirche über die erfolgreiche Mission in Karantanien und Pannonien (üs., ed. u. komm. H. Wolfram). Wien-Köln-Graz 1979, 56-57 und dazu: Kommentar 139.

[23] Otto Kronsteiner, Salzburg 40 (13.)

[24] N. L. Tunickij, Monumenta ad SS. Cyrilli et Methodii Successorum Vitas Resque Gestas Pertinentia 1. Materialy dlja istorii žizni i dejatel'nosti učenikov svv. Kirilla i Methodija Vyp. pervyj. Grečeskoe prostrannoe žitie sv. Klimenta Slovenskogo. Sergiev Posad 1918 (Nachdruck London 1972), bes. Kap. 12-16, 104-105.

[25] Vgl. N. Tunickij, op. cit., Kap 14, 110-111.

[26] Vgl. o.A. 15.

[27] Vgl. o.A. 17, 6, 235: ... memoria dormitionis S.P.N. Methodii Archiepiscopi superioris Moraviae, fratris S. Cyrilli Philosophi.

[28] Evangeliarium Assemani. Codex Vaticanus 3. slavicus glagoliticus - Evangeliář Assemanův 2 (ed. J. Kurz). Prag 1955, 292.

[29] Ioann, Eksarch Bolgarskij. Izsledovanie, ob''jasnjajuščee istoriju slovenskogo jazyka i literatury IX i X stoletij. Moskau 1824, 10.

[30] Vgl. o.A. 19, 288 ff. Text: 289.

[31] Vgl. o.A. 12, 451 - Großmähren (veliká Morawa) oder Obermähren (wyšnj Morawě, Dualform), zum Unterschiede von dem niederen oder bulgarischen Mähren; ... et passim: 491 ff.

Vasil Gjuzelev

„Neue Apostel und Lehrer aller Länder"

Die Lehrer und Apostel der Slaven Kyrill (+ 869) und Method (+ 885) nehmen mit Recht einen Platz unter den bemerkenswertesten Kulturschaffenden des Mittelalters ein. Sie legten durch die Gründung des slavischen Schrifttums und der slavischen Literatur den Grundstein für die geistige Erweckung der viele Millionen zählenden slavischen Welt und der slavischen geistigen Revolution. Sie versetzten dem Dreisprachendogma (d.h., daß Gottesdienst, Schrifttum und Literatur nur in den drei) heiligen Sprachen Hebräisch, Griechisch und Lateinisch existieren dürfen, den entscheidenden Schlag. Sie festigten den Glauben daran, daß eine Literatur in der Volkssprache geschaffen werden könne, und deklarierten mit ihrem Werk deren revolutionären und demokratischen Charakter. Sie bezogen nicht nur das mährische und bulgarische Volk, sondern auch die anderen slavischen Völker in die im Mittelalter geschaffene christliche geistige Kultur Europas ein. Durch die Ausbildung einer großen Anzahl von Schülern sicherten sie die Kontinuität und Unsterblichkeit ihres Werkes gegen den Widerstand von Päpsten und Patriarchen, Imperatoren und Fürsten, die als Gegner des slavischen Schrifttums auftraten[1].

Von großer Bedeutung für die Erhaltung und Entwicklung des Werkes von Kyrill und Method und ihren Schülern, für die Erhaltung und Entwicklung des slavischen Schrifttums nach seiner Vernichtung in Großmähren und der Verfolgung der Schüler Kyrill und Methods im Jahre 885 ist der bulgarische Staat und dessen damaliger Herrscher Khan Boris I. - Michail (852-889; + 907). Dies wurde in besonderer Weise vom Verfasser der Vita retractata des Kliment Ochridski, dem Erzbischof Theophylakt von Ochrid (XI.-XII. Jh.) und in den beiden kurzen Viten des Naum von Ochrid (X. Jh.) dargelegt[2]. In letzter Zeit beweisen die archäologischen Ausgrabungen in Ochrid, Pliska und Veliki Preslav nicht nur die Angaben der schriftlichen Zeugnisse, sondern werfen zusätzlich auch Licht auf Aufbau und Organisation der ersten bulgarischen Schulen und Skriptorien in den Hauptzentren des damaligen bulgarischen Staats. Von besonderer Bedeutung sind die Resultate der archäologischen Ausgrabungen des Klosters bei der Großen Basilika in Pliska, wo sich die literarische Tätigkeit von Naum und einer Reihe seiner Schüler und Mitkämpfer entfaltet hatte.

Ohne den Schutz des Khans Boris I. - Michail und seiner Fürsorge wäre das slavische Schrifttum dem Untergang geweiht gewesen, da es kein anderes slavisches Land gab, in dem sie gastfreundliche Aufnahme und Schutz gefunden hätten. Als der Hagiograph die Mühsal von Kliment, Naum und Angelarij beschrieb, die unmenschlichen Leiden der aus Großmähren Vertriebenen, unterließ er es nicht anzumerken: „Sie sehnten sich nach Bulgarien, sie dachten an Bulgarien und hofften, daß Bulgarien bereit sei, ihnen Ruhe zu schenken". Gleich bei Ankunft der Schüler Kyrills und Methods im Jahre 886 in der Hauptstadt Pliska ließ Khan Boris I. ihnen große Fürsorge und Aufmerksamkeit zukommen, er gab ihnen ihre kirchlichen Würden zurück, brachte sie in den Häusern der ihm ergebenen Boljaren (Adeligen) unter und führte lange Gespräche mit ihnen[3]. Inzwischen kamen auch im Jahre 886 kurz nach Ankunft Kliments, Naums und Angelarijs über Konstantinopel andere jüngere Schüler Kyrills und Methods an, unter denen sich auch der Presbyter Konstantin, der spätere Bischof Konstantin von Preslav, befand[4]. Eben dieser beschrieb in seinen Gedichten (Troparien), die seinen Schülern gewidmet waren und erst kürzlich in einer mittelbulgarischen Handschrift (Bitolja-Triod) aus dem 12. Jh. entdeckt worden sind, die Ergebnisse, deren Augenzeuge er war, wie folgt:

„Ihr Apostel, die Ihr von Zaren und Fürsten und Menschen verfolgt wurdet, da Ihr den Völkern den Heiligen Glauben verkündet habt, bewahrt Ihr Heilige, die jetzt von den Dreisprachlern Verfolgten, Eure Diener Gottes, die auf Erden umherirren und Christus nach dem rechtmäßigen Glauben preisen."[5]

Und wenn anfänglich in den Gesprächen und seinen zahlreichen Zusammenkünften mit Kliment, Naum und Angelarij Khan Boris I. mit diesen gemeinsam die Pläne für eine breitere Bildungs- und kirchenorganisatorische Tätigkeit überdachte, über die Gründung slavischer Literaturzentren und die Ausbildung der Geistlichkeit und Literaten usw. beriet, so mußten nach ihrer Ankunft aus Konstantinopel die jüngeren Mitbrüder in die Erörterung dieser Fragen einbezogen werden. Es scheint, daß gerade hierbei beschlossen wurde, zwei Literatur- und Bildungszentren zu schaffen, und zwar eine in „Gorna Zemja" (Oberland) in der Hauptstadt Pliska und das andere in der „Dolna Zemja" (Niederland) im mazedonischen Ochrid. Diese beiden Zentren werden von einigen unrichtig als Schule von Preslav bzw. von Ochrid bezeichnet. Während Kliment nach Mazedonien reiste, blieben Naum und die übrigen Slavenlehrer in der Hauptstadt Pliska in Mösien[6].

Die Entsendung Kliments in die südwestlichen bulgarischen Länder bewies das staatliche Genie Khan Boris' I. Sein Weitblick und die Fürsorge für den Schüler Kyrills und Methods werden vom Hagiographen Kliments wie folgt beschrieben: „Und darnach, da der wahre Gotteshelfer Michail, den unsere Erzählung früher auch Boris genannt hat, nicht aufhörte, all' seine Gedanken darauf zu richten, wie er den heiligen Männern die besten Möglichkeiten für das Gotteswerk erschließen könnte, und nachdem Gott ihm diesen Gedanken eingab, entzog er Kutmičevica [das heutige Mazedonien] Kotokius, dem er die Regierung entzog, und setzte Dometa als Verwalter ein. Er übergab Kliment Dometa oder eher Dometa Kliment - oder noch genauer gesagt, er übergab den einen dem anderen; den einen als in allem Gehorsamen, den anderen als dem Ersten als Helfer in seinen Entscheidungen Die-

nenden. Kliment wurde nach Kutmičevica gesandt, und es wurde eine Verordnung an alle Einwohner dieses Gebietes erlassen, wonach der Heilige mit Ehren zu empfangen sei; man solle ihm Geschenke übergeben und durch sichtbare Dinge allen den Schatz der Liebe erschließen, der in die Seele gelegt ist. Und zur größeren Ermunterung der anderen übergab Boris selbst dem dreimalseligen Kliment drei Häuser in Devol als Geschenk, die sich durch ihre Pracht hervorhoben und dem Geschlecht der Komiten gehörten. Außerdem schenkte er ihm auch Erholungsplätze in der Nähe von Ochrid und Glavinica."[7]

Die in Ochrid durchgeführten archäologischen Ausgrabungen förderten Kirche und Kloster „Hl. Pantelejmon" zutage, die Kliment aus den von Khan Boris I. und dessen Sohn Zar Symeon dem Großen (893-927) gegebenen Mitteln hatte erbauen lassen. Es wurden damit die Angaben der Vita retractata des Kliment von Ochrid und die Volkslegenden bestätigt[9].

Dank der intensiven Arbeit bulgarischer Archäologen konnte in den letzten Jahren neben der großen Basilika in Pliska ein Kloster gefunden werden, das das erste bulgarische Literatur- und Bildungszentrum am Ende des 9. Jh. war. Hier entfaltete Naum, der Mösier, seine Tätigkeit. In diesem Kloster der Hauptstadt, das als erzbischöfliches Zentrum fungierte, befanden sich eine Klosterschule, ein Skriptorium und eine Bibliothek. Hier lehrte Naum ähnlich wie Kliment in seiner in Ochrid organisierten Schule die jungen Bulgaren Lesen und Schreiben und bereitete sie für die kirchliche und literarische Arbeit vor. Dieses Zentrum bildete, wie auch die Ausgrabungen bestätigen, die Grundlage für die Entwicklung des slavischen Schrifttums[10].

Kürzlich wurde ein neues Bildungs- und Literaturzentrum Bulgariens gefunden, das eng mit der anfänglichen Tätigkeit der Schüler Kyrills und Methods in Bulgarien gegen Ende des 9. und Anfang des 10. Jh. verbunden war, nämlich das Kloster bei dem Dorf Ravna, Kreis Varna. Die hier während der letzten Jahre vorgenommenen Ausgrabungen führten zur Auffindung zahlreicher glagolitischer, kyrillischer u.a. Inschriften, eines klösterlichen Skriptoriums, einer Schule und anderer Gebäude. Ob hier wirklich die Schüler Kyrills und Methods nach ihrer Ankunft in Bulgarien untergebracht worden waren, wie es bereits etwas kühn in der wissenschaftlichen Literatur behauptet wurde, darüber kann man noch streiten. Zweifellos handelt es sich hier um eine laut vorhandener Inschrift im Jahre 889 errichtete Klosterkirche, die Zeugnis für die damalige Tätigkeit dieser Schüler und diese wichtige historische Epoche ablegt. Man hat Grund zur Annahme, daß dieses Bildungs- und Literaturzentrum als eines der bedeutendsten Zentren im damaligen bulgarischen Staat von einem unmittelbaren Schüler der Slavenapostel Kyrill und Method geleitet wurde.[11]

Indem Khan Boris I. den Schülern Kyrills und Methods Bedingungen schuf, daß sie ihre Bildungtätigkeit und literarische Tätigkeit entfalten konnten, spielte er dem Wesen nach die Rolle eines Beschützers, Retters und Inspirators der slavischen Literatur. Man kann daher behaupten, daß er sich sowohl um das bulgarische Volk als auch um das gesamte Slaventum große Verdienste erworben hat. Wenn in Pliska und Veliki Preslav durch Feuer und Schwert die bulgarische staatliche Tradition geschaffen wurde, die die Slaven und Protobulgaren vereinte, um diese vor den Einfällen der byzantinischen Expansion zu schützen, so wurde in Ochrid, Devol, Pliska, Veliki Preslav, Ravna und anderen Zentren eine noch mächtigere Waffe geschmiedet, nämlich die slavische Schriftsprache, die nicht nur die bulgarische Nationalität weiter ausbaute und formte, sondern auch Jahrhunderte hindurch zu ihrer Bewahrung und Erhaltung beitrug.[12]

Im mittelalterlichen Europa war in der zweiten Hälfte des 9. Jh. das Bulgarien Boris' I. das einzige Land, in dem Schrifttum und Literatur einer lebenden Sprache, der slavischen, gegründet, bewahrt und weiterentwickelt wurde. Durch die Bemühungen der Schüler Kyrills und Methods und deren Nachfolger wurde unter aktiver Unterstützung durch Khan Boris I. und seine boljarische Umgebung der härteste Schlag gegen das konservative reaktionäre Dreisprachendogma geführt. Bulgarien wurde zu einer nie erlöschenden Herdstätte von Schrifttum und Bildung für die bis dahin in Dunkel und Unbildung verharrende Welt der Slaven, zu einem geistigen Führer für diese. Durch jene Großtat, die die Schüler Kyrills und Methods auf bulgarischem Boden unter dem Patronat Boris' I. und dessen Sohn Zar Symeon dem Großen vollbrachten, öffneten sich die Tore der Geschichte, um ein neues schöpferisches Element erscheinen zu lassen: das viele Millionen umfassende Slaventum. Von diesem Gesichtspunkt aus betrachtet sind die Folgen des Werkes Khan Boris I. nicht nur von gesamtslavischer, sondern auch europäischer Bedeutung. Dies darf nicht vergessen, sondern muß unterstrichen werden, wenn der bulgarische Beitrag für die Geistesgeschichte des Slaventums und der Welt in jenen Jahrhunderten richtig eingeschätzt werden soll.[13]

Die Verehrung Kyrills und Methods ist einer der frühesten und am längsten währende Kulte in der gesamten bulgarischen Geschichte. Schon Ende des 9. Jhs. geschaffen, hat er sich bis zum heutigen Tage erhalten. Wenn man mit Kliment von Ochrid, Konstantin von Preslav und Černorizec Chrabr beginnt[14], so haben die Bulgaren ununterbrochen Lob und Dank für das Werk der Slavenapostel empfunden. Damals schon waren sie für Kliment von Ochrid die „neuen Apostel und Lehrer aller Länder"[15] und als solche verblieben sie bis heute im bulgarischen Bewußtsein.

ANMERKUNGEN

[1] V. Gjuzelev, Pojava i utvărždavane na slavjanskata pismenost i knižnina v Bălgarija (Erscheinung und Entwicklung des slavischen Schrifttums und der Literatur in Bulgarien). - In: Istorija na Bălgarija (Geschichte Bulgariens), Bd. II, Sofia 1981, S. 238 ff.

[2] J. Ivanov, Bălgarski starini iz Makedonija (Bulgarische Altertümer aus Mazedonien). Sofia 1931, S. 306-307, 312-313; A. Milev, Grăckite žitija na Kliment Ochridski (Die griechischen Viten von Kliment Ochridski). Sofia 1966, S. 110 ff., 180 ff.

[3] A. Milev, op. cit., S. 120 f.

[4] J. Ivanov, op. cit., S. 306.

[5] G. Popov, Triodni proizvedenija na Konstantin Preslavski (Triodenwerke von Konstantin Preslavski). Sofia 1985, S. 594.

[6] J. Ivanov, op. cit., S. 306, 313; A. Milev, op. cit., Sp. 124 f.

[7] A. Milev, op. cit., S. 124.

[8] V. Gjuzelev, op. cit., S. 255-256.

[9] A. Milev, op. cit., S. 132 f..

[10] P. Georgiev, Za părvonačalnoto sedalište na Bălgarskata archiepiskopija (Zur Frage des ersten Sitzes des Bulgarischen Erzbistums). - In: Srednovekovna Bălgarija i Černomorieto (Das mittelalterliche Bulgarien und das Schwarzmeergebiet), Varna 1982, S. 67-77.

[11] K. Popkonstantinov, Razprostranenie na starobălgarska pismenost prez IX.-X. Jh.). - Starobălgarska literatura XIII, 1985, S. 61 ff.

[12] P. Mutafčiev, Istorija na bălgarskija narod (Geschichte des bulgarischen Volkes), hrsg. von V. Gjuzelev, Sofia 1986, S. 172-173.

[13] V. Gjuzelev, Bulgarien in der zweiten Hälfte des 9. Jahrhunderts (Das Werk Kyrills und Methods und ihrer Schüler). – Die Slavischen Sprachen, 10, Salzburg 1986, S. 45-46.

[14] Kliment Ochridski, Săbrani săčinenija (Gesammelte Werke) Bd. I., hrsg. von B.St. Angelov, K.M. Kuev und Chr. Kodov, Sofia 1970, S. 415 ff.; J. Ivanov, op. cit., S. 442-446; G. Popov, op. cit., S. 52.

[15] Kliment Ochridski, Bd. I., S. 438.

Klaus Steinke

Die Methodios-Vita als Apologie der Slavenmission

Die sogenannten Slavenapostel[1] Kyrill und Method bilden seit den Anfängen der Slavistik einen bevorzugten Gegenstand wissenschaftlicher Untersuchungen, und es gibt kaum einen namhaften Slavisten, der nicht den einen oder anderen Aspekt aus dem Leben und Wirken der beiden Brüder erörtert hätte. Dabei hat sich die Forschung jedoch bisher im wesentlichen auf ihr „Missionswerk" und dessen Bedeutung für die Akkulturation des Slaventums konzentriert, wobei freilich nicht selten der Boden strenger Wissenschaftlichkeit zugunsten emotional gefärbter Laudationes verlassen wurde. So gewinnt man u.a. aus manchen Arbeiten sogar den Eindruck, es habe sich bei den beiden Brüdern nicht um Griechen, sondern in Wirklichkeit um Slaven gehandelt. Als wissenschaftlich sehr bedenklich sind in diesem Zusammenhang die Versuche einzustufen, wenigstens die Mutter für das Slaventum zu gewinnen oder im Geschlecht des Vaters slavische Flüchtlinge auszumachen. Für beides gibt es keine konkreten historischen Anhaltspunkte, sondern höchstens vage Vermutungen, die auf ziemlich schwachen Fundamenten ruhen.[2]

In diesem Zusammenhang stellt sich nun die grundsätzliche Frage, was mit diesen Hypothesen überhaupt bewiesen werden soll. Denn die ökumenische Bedeutung der Slavenapostel zeigt sich ja gerade in dieser enge nationale Grenzen überschreitenden Mission und in ihrem vehementen Einsatz für die Einführung und Festigung der slavischen Liturgie.

Auf solche und andere interpretatorische Fehlleistungen der bisherigen „Kyrillomethodievistik"[3] macht der sowjetische Gelehrte S. B. Bernštejn in seiner kritischen Analyse der gegenwärtigen Forschungslage aufmerksam. In seiner jüngst unter dem Titel „Konstantin-Philosoph und Method"[4] erschienenen Bestandsaufnahme zur Cyrillo-Methodiana führt er u.a. aus:

„Einer kritischen Würdigung bedürfen nicht nur die Texte der antiken Autoren, sondern auch die Untersuchungen der Slavisten des 19. und 20. Jahrhunderts. Vieles in der Auslegung der Denkmäler, insbesondere in bezug auf die Tätigkeit Konstantins des Philosophen und Methods wird durch nationale Vorurteile, politische Ansichten der Gelehrten, durch ihre religiöse Überzeugung bestimmt" (S.8). Aus dieser Kritik ist implizit die Aufforderung „ad fontes" herauszulesen, der wir mit unseren Ausführungen folgen wollen. Dabei soll ein Ansatzpunkt gewählt werden, der in neuerer Zeit verstärkt bei der Erforschung der älteren slavischen Literaturen zur Geltung kommt und auf die Einordnung der Quellen in das zeitgenössische literarische System abzielt. Es geht also um das Problem der Gattungszugehörigkeit dieser Werke. Der literarische Wert, die Stellung der Methodios-Vita in der slavischen Hagiographie sind bisher wegen des vornehmlich historiographischen Interesses an den Texten kaum erörtert worden. Die Aussagen über die literarischen Qualitäten dieses Werkes werden gewöhnlich von dem überschwenglichen Lob mitgetragen, das man allgemein dem Wirken der beiden Slavenlehrer zollt. Nur selten sind differenziertere Urteile, u.U. sogar mit kritischen Untertönen versehen, zu registrieren. So meint immerhin Fr. Grivec:[5]

„Die altslavische Vita Methodii ist bald nach dem Tode des großen Erzbischofs in Eile aufgeschrieben worden, wie manche Unebenheiten und Lücken verraten, doch ist sie nicht ohne stilistisch schöne Stellen..."(S. 211) und etwas später präzisiert er seine Aussage noch, wobei er sogar einen möglichen Grund für die „Unebenheiten" andeutet: „Der nüchterne und kernige historische Stil mit einigen Lücken und Unebenheiten verrät, daß diese Lebensbeschreibung in Eile verfaßt wurde, als man schon die Verfolgung befürchten mußte" (S. 251).

Die Stellung der Vita Methodii (VM) innerhalb der slavischen Hagiographie und speziell ihr Verhältnis zu anderen zeitgenössischen Werken wie der Vita Constantini (VC) oder auch zur Vita s. Clementis wurden bisher kaum erörtert, so daß man sich in diesem Zusammenhang selten auf gründliche Vorarbeiten beziehen kann. Zudem erschwert die Beiläufigkeit der einschlägigen Beobachtungen die Orientierung und somit eine vollständige Berücksichtigung der Forschung zu diesem Komplex.

Als einigermaßen gesichert können indes die äußeren Daten der Werkgeschichte gelten, wonach die VC bald nach dem Tode des Schöpfers der ersten slavischen Schriftsprache von seinen Schülern, d.h. vielleicht schon 869 geschaffen wurde, während die VM wahrscheinlich unmittelbar nach dem Tode des „archiepiscopus sanctae ecclesiae Marabensis"[6] im Jahre 885, also noch vor der Vertreibung seiner Schüler aus „Mähren"[7], entstand. Mit diesen Werken beginnt die Hagiographie der orthodoxen Slaven[8], und mit ihnen wird der Grundstein für eine eigenständige slavische Literatur gelegt. Doch an der eben angedeuteten Eigenständigkeit dieser Literatur sind selbstverständlich einige Abstriche zu machen und Präzisierungen vorzunehmen, um kein schiefes Bild entstehen zu lassen.

Ein erster Vorbehalt gilt den Protagonisten des slavischen Schrifttums selbst, welche die Akkulturation des Slaventums mit der Entwicklung des glagolitischen Alphabets und mit der Schaffung der altkirchenslavischen Schriftsprache einleiteten. Die beiden aus Thessaloniki stammenden Brüder sind nämlich nach Auskunft der Quellen Griechen und nicht etwa Slaven. Dadurch verlieren sie indes nicht ihren Ehrenplatz im slavischen Pantheon.

Schwerwiegender sind hingegen schon mögliche Einwände an der Eigenständigkeit der slavischen Fassung der Viten, die sich aus der Frage nach der sprachlichen Form ihrer Urfassung ableiten lassen. Immerhin gibt es gewichtige Argumente, die dafür sprechen, daß die Vita für Kyrill (eventuell auch für Method) zunächst in griechischer Sprache verfaßt und dann ins Kirchenslavische übersetzt

wurde.[9] Wahrscheinlich lag der einleitende Teil, die Introductio zur VM, ursprünglich sogar in lateinischer Fassung vor, da er zweifellos eine Professio fidei enthält. Diese Vermutung wird nun nicht dadurch sofort entkräftet, daß uns keine griechischen oder lateinischen Zeugnisse hiervon vorliegen. Denn selbst die slavischen Fassungen der Viten sind nur in späteren Abschriften[10] überliefert. Doch die Eigenständigkeit und Originalität dieser slavischen Denkmäler wird noch aus einem anderen, viel gewichtigeren Grunde relativiert, da die neu entstehende slavische Literatur keineswegs isoliert steht, sondern im größeren kulturgeschichtlichen Kontext zu betrachten ist.

Die Patenschaft Byzanz' oder ein noch engeres Verwandtschaftsverhältnis zur byzantinischen Literatur stehen für die Anfangsphase und auch für die spätere Entfaltung des slavischen Schrifttums außer Frage. Daher wäre es völlig verfehlt, wollte man über die Anfänge der slavischen Hagiographie bei den orthodoxen Slaven sprechen, ohne näher auf ihre Abhängigkeit von byzantinischen Vorbildern und Vorlagen einzugehen. Letztere wurden zunächst als Übersetzungen bekannt und wirkten später als verbindliche Muster weiter[11]. Unter diesem Gesichtspunkt wäre es freilich überraschend, wenn die slavische Hagiographie unmittelbar ohne Übersetzungen gleich mit Originalschöpfungen begonnen hätte. Doch wie auch immer die Frage nach der Originalsprache dieser Viten beantwortet wird, die Figuren der beiden ersten slavischen Viten bleiben einerseits aufs engste der slavischen Hagiographie und andererseits der byzantinischen Tradition verbunden. Durch den Hinweis auf die enge Verbindung zur byzantinischen Literatur weitet sich freilich der Kreis der für die Positionsbestimmung der VM zu berücksichtigenden Bezugspunkte beträchtlich.

Die Entstehungszeit der ersten slavischen Viten fällt zusammen mit einer für die byzantinische Hagiographie wichtigen Periode innerkirchlicher Auseinandersetzungen, über die H.-G. Beck[12] u.a. folgendes ausführt:

„Zur Zeit des Bilderstreites beginnt die große Epoche der byzantinischen Hagiographie, die im 9. und 10. Jahrhundert ihren Höhepunkt erreicht. Die Orthodoxie zählt neue Martyrer, das Mönchtum, das Rückgrat des Widerstandes gegen die ikonoklastischen Kaiser, gewinnt ungeheuer an Bedeutung und tut alles, um seine Helden nicht der Vergessenheit verfallen zu lassen" (S.506) .

Das Engagement Kyrills im Bilderstreit ist übrigens in seiner Vita bezeugt und wird dort im Streitgespräch mit dem Patriarchen Joannes VII Grammatikos (837-843), dem geistigen Haupt der lkonoklasten, ausführlich dargestellt. Für den Tschechen V. Vavřínek[13] geht die Renaissance der Vitenform mit einer wesentlichen Akzentverschiebung in ihrer Gestaltung gegenüber früher einher. Die nach dem Sieg über den lkonoklasmus entstehenden neuen Viten übernehmen meist eine zusätzliche Funktion und dienen nicht mehr allein der Aedificatio der Gläubigen, sondern werden gleichzeitig als „propagandistisches" Mittel im Kampf um Dogmen, gegen Häresien und gegen Andersgläubige eingesetzt. In den Vordergrund der Darstellung rücken daher besonders die Stellen des Curriculum vitae, welche die Möglichkeit bieten, solche dogmatischen Auseinandersetzungen sowie die erfolgreichen Kämpfe gegen die Häretiker aufzunehmen und zu schildern. Dabei ist der Ton realistischer und die Darstellung wird wahrhaftiger, wie D. Petkanova[14] in diesem Zusammenhang ergänzend feststellt, da die Viten meist von Zeitgenossen, häufig von den unmittelbaren Schülern, die diese Auseinandersetzungen miterlebt haben, verfaßt wurden.

Von dieser neuartigen Entwicklung in der byzantinischen Hagiographie ist mit Sicherheit - allein schon aus zeitlichen Gründen - auch die Gestaltung der VC und der VM direkt beeinflußt worden. Es erübrigt sich an dieser Stelle, ausführlich die Einzelheiten aus der Arbeit von V. Vavřínek zu referieren, da die Schilderung der dogmatischen Auseinandersetzungen beider Slavenlehrer während ihrer Mission aus den Viten hinlänglich bekannt sind: Bilderstreit, Dreisprachenstreit, „Filioque". Vor dem Panorama der zeitgenössischen byzantinischen Literatur, von dem hier nur ein wichtiger neuer Aspekt vorgestellt werden konnte, gewinnt die Besonderheit der VM zweifellos eine neue Dimension.

Um die charakteristischen Abweichungen der VM von dem üblichen Strukturschema dieser Gattung, wie es uns in früherer Zeit insbesondere in der Vita Antonii von Athanasios entgegentritt, im Zusammenhang erfassen zu können, genügt bereits ein kurzer Blick auf ihren Aufbau. Überaus ungewöhnlich ist zunächst der Umfang des Prologs, der fast ein Drittel der gesamten Vita ausmacht. Seine Ausgestaltung weicht von dem bekannten Muster mit Unsagbarkeitstopos, Captatio benevolentiae, Invocatio des Heiligen u.ä. ab und führt uns stattdessen mit seinem explizit apologetischen Ton ganz unvermittelt in den Streit der 80er Jahre des 9. Jahrhunderts um die Fortführung der Slavenmission in Mähren ein. Doch lassen wir Fr. Grivec zu Wort kommen, der den Inhalt dieses Teils wie folgt kurz zusammenfaßt und charakterisiert:

„Das verhältnismäßig lange erste Kapitel ist ein Meisterstück der religiösen Literatur. Es enthält die Lehre von der Schöpfung und dem Sündenfall, dann eine ganz vortreffliche Übersicht der biblischen Geschichte und der ersten sechs Konzilien der christlichen Kirche, so hervorragend sowohl durch theologische Tiefe und äußerste Präzision als auch durch literarische Form und Rhythmik, daß man dieses Kapitel durchaus nicht als eine Nachahmung der byzantinischen Muster betrachten kann. Es ist ein eigenständiges Werk der literarischen Kunst und Bildung Konstantins und Methods. ..." (S.211)

Auch der sowjetische Historiker B.N. Florja[15] konnte zu dieser Einleitung keine Parallele in der byzantinischen Literatur ausmachen. Freilich ist es nicht die Wahl der Themen, sondern ihre Ausgestaltung und die Proportion dieser Passage zum übrigen Werk, was diesem in sich dreifach gegliederten Teil Einmaligkeit verleiht. Vornehmlich das Übermaß an konkreten kirchengeschichtlichen Details und an theologischen Feinheiten ist in diesem Kontext sicherlich ungewöhnlich und erforderte bereits vom damaligen Leser eine Vertrautheit mit den aktuellen Hintergründen der slavischen Mission in Mähren. Sehr überzeugend klingt daher die These, daß dem Prolog eine Professio fidei[16] von Method zugrunde liegt, die eventuell sogar auf einer älteren Schrift Kyrills[17] beruht, und einen dem Papst bei der Konsekration geleisteten Treueeid in Form eines persönlichen Glaubensbekenntnisses[18] darstellt. Dieses ursprünglich wohl eher in lateinischer Sprache abgefaßte Glaubens- und Treuebekenntnis scheint der VM als Quelle oder Vorlage gedient zu haben und fungiert in diesem Kontext als wichtiges Argument für die Rechtgläubigkeit Methods und damit als theologische Rechtfertigung für die Fortführung der Mission durch seine Schüler. Auf dieser Folie finden ferner die positive Schilderung des mährischen Fürsten Sventopulks in der VM - im deutlichen Unterschied zu dessen Darstellung in der Vita Clementis -, das Einflechten zahlreicher Briefe, also historischer Dokumente, in den Text der Vita, die allgemein prorömische Tendenz, wie es Fr. Grivec einmal genannt hat, eine schlüssige Erklärung.

Im Unterschied zum Prolog ist das folgende Curriculum vitae geradezu lakonisch und fragmentarisch, wie Fr. Grivec hierzu feststellt:

„Die altslavische Biographie Methods ist an manchen Stellen fragmentarisch und lückenhaft, viele Tatsachen sind weggelassen, manches flüchtig angedeutet." (S. 137). Diese Disproportionalität des Werkes, die noch an anderen Stellen hervortritt und vorerst nur als kompositorische Schwäche einzustufen ist, harrt einer Erklärung. Unmittelbare Folgen zeitigt dieses Mißverhältnis zwischen den einzelnen Teilen in der von der Forschung mehrfach konstatierten Lückenhaftigkeit bei der Beschreibung wichtiger Phasen in Methods Leben. Der Zeitraum vor der Slavenmission, der so wichtige Topoi wie Herkunft, Kindheit und Jugend umfaßt, wird in nur zwei Sätzen abgehandelt, d.h. in solcher Kürze, daß diese Passage hier in ihrer ganzen Länge zitiert werden kann[19]:

„Er (Method) war beiderseits aus nicht üblem, vielmehr aus sehr gutem und vornehmem Geschlecht, seit langem Gott und dem Kaiser sowie dem ganzen Land von Thessalonich bekannt, was auch seine körperliche Erscheinung bekundete. Sodann führten auch die Rechtsgelehrten, die ihn von kindauf liebten, ehrenvolle Reden über ihn, daß ihm der Kaiser, da er von dessen Scharfsinn erfuhr, ein slawisches Fürstentum zu leiten gab. ..."

Hier komprimiert die VM einen Zeitraum von etwa 30 Jahren, annähernd die Hälfte seines Lebens und keineswegs unbedeutend, auf nur zwei Sätze.

Diese Angaben sind nun nicht gerade typisch für ein Werk mit dem vielversprechenden Titel „Gedächtnis und Lebensbeschreibung unseres seligen Vaters und Lehrers Method" und kaum damit zu erklären, daß dem Verfasser der Vita das betreffende Material gefehlt habe. Denn derartige Lücken konnte ein Hagiograph jederzeit nach den bekannten und verbindlichen Schemata ausfüllen, und das tat man auch meist ohne Bedenken, nur in der VM geschah es eben nicht. Stattdessen werden diese und ähnliche primär die Zentralfigur des Werkes berührende Passagen zugunsten peripherer Teile, z. B. des Prologs, geopfert. Verschiedentlich hat man deshalb die VM sogar nur als Ergänzung und Fortführung der VC betrachtet, die sozusagen als bekannt vorausgesetzt wird. Insgesamt rückt auf diese Weise die Missionstätigkeit und die Rechtfertigung ihrer Fortführung in den Vordergrund, während Methods Gestalt in den Hintergrund tritt und kaum Konturen gewinnt. Zwar zeichnet sich auch die zeitgenössische byzantinische Hagiographie, nach dem Sieg über den Ikonoklasmus, ebenfalls durch eine Verlagerung der Akzente auf die Darstellung aktueller theologischer Auseinandersetzungen und des Kampfes gegen Häretiker aus, aber die Entwicklung geht dort wohl nicht so weit wie in unserem Falle, wo ein Spannungsverhältnis zwischen dem traditionellen Anspruch der Vitenform und ihrer Verwirklichung evident wird.

Mit der Wahl der Vitenform entscheidet sich der Hagiograph generell für eine bestimmte Bearbeitung seines Stoffes, und er knüpft damit in jedem Fall an eine bestehende literarische Tradition an, d.h. unabhängig davon, ob er nun entsprechende Vorbilder sklavisch nachahmt oder die überkommene Form verändert und u.U. sogar sprengt.

Bereits mit der Formulierung des Titels zu seinem Werk, in dem Begriffe wie „Gedenken" und „Lebensbeschreibung" ihren Platz finden, erweckt er bei seinem Publikum, auf dessen Einbeziehung die neuere Forschung im Zusammenhang mit der Gattungsdiskussion zunehmend Wert legt, dezidierte Erwartungen. Diese Vorinformationen bestimmen die Erwartungsrichtung des Lesers und erleichtern ihm schließlich die qualifizierte Aufnahme des Werks[20].

Nach diesen Ausführungen soll nun der Versuch zu einer genaueren Positionsbestimmung der VM vor dem Hintergrund der slavischen Hagiographie unternommen werden. Natürlich wird man das Werk, wofür sein Titel schon Anhaltspunkt genug ist, weiterhin zur Hagiographie rechnen dürfen bzw. müssen. Jedoch sind die Abweichungen von der Tradition und selbst von den zeitgenössischen Werken so markant, daß man hierfür eine weitere Erklärung suchen muß.

Aufgrund der bisher gesammelten Anhaltspunkte verfestigt sich der Eindruck, daß es sich hier primär um Teile aus einer Verteidigungsschrift für die Slavenmission in Mähren handelt, in der Method sozusagen als Zeuge auftritt. Seine Person interessiert in diesem Zusammenhang nur insoweit, wie es um die Rechtmäßigkeit der Ansprüche auf die Fortsetzung der Mission durch seine Schüler geht. Deshalb müssen die Professio fidei, die Papstbriefe und andere Dokumente als Beweisstücke für seine Rechtgläubigkeit zitiert werden. Dies gehört zur Beweisführung in dem Rechtsstreit mit dem deutschen Klerus vor dem mährischen Fürsten Sventopulk. Zu dieser gerichtlichen Auseinandersetzung kam es, als der von Method aus einer Schülerschar zur Nachfolge ausersehene Gorazd von Wiching und dem fränkischen Klerus gehindert wurde, die Erzbischofswürde zu übernehmen. Ziemlich ausführlich geht die Vita Clementis auf diesen Gerichtsstreit ein und berichtet, daß Sventopulk nicht in der Lage war, ihn zu entscheiden. Die gegnerische Seite hielt sich bezeichnenderweise die Ohren zu, um die Wahrheit nicht hören zu müssen[21]. Welche Wahrheit? Nun sicherlich die in der Apologie zitierten Beweisstücke für die u.a. auch vom Papst sanktionierte Slavenmission, die zu wesentlichen Teilen in die spätere VM eingegangen sind.

Entschieden wurde der Streit schließlich zugunsten des deutschen Klerus durch einen Eid[22]. Nach der Vertreibung der Schüler ist diese Verteidigungsschrift, weil sie naturgemäß häufig auf Method, den letzten rechtmäßigen slavischen Erzbischof von Mähren, Bezug nimmt, in geringfügig überarbeiteter und daher literarisch unbefriedigender Form in seine Vita eingegangen.

ANMERKUNGEN

[1] Ihrer Tätigkeit und auch dem Titel der Viten „Pamet' i žitie blaženago učitelja našego Konstan'tina filosofa" bzw. „učitelja Metodija" entsprechend ist freilich die Übersetzung „Slavenlehrer" angemessener.

[2] Aus dem Umstand, daß beide Brüder sehr gute Übersetzungen ins Slavische angefertigt haben, wird häufig geschlossen, daß sie notwendigerweise Muttersprachler waren. Denn nur auf diese Weise habe sich ein so feines Sprachgefühl bei ihnen entwickeln können. Doch dies bleibt eine reine Vermutung, solange es an sicheren Beweisen hierfür fehlt.

[3] So wird mittlerweile dieser an der Universität in Sofia sogar mit einem eigenen Lehrstuhl ausgestattete Forschungszweig genannt.

[4] S. B. BERNŠTEJN, Konstantin-filosof i Mefodij, Moskva 1984.

[5] FRANZ GRIVEC, Konstantin und Method. Lehrer der Slaven, Wiesbaden 1960.

[6] Diese Titulatur verwendet Papst Johannes VIII in seinem Brief „Industriae tuae notum esse volumus. ..."(880) an den mährischen Fürsten Sventopulk.

[7] Oder aus Sremska-Mitrovica, wie neuerdings I. BOBA, Moravia's History Reconsidered. A Reinterpretation of Medieval Sources, The Hague 1971 , hierzu behauptet.

[8] Der Zusatz „orthodox" ist unerläßlich, da die Verhältnisse bei den katholischen Slaven, welche sich eng an die Traditionen der Westkirche anschließen, natürlich anders sind.

[9] Jedenfalls geht FR. GRIVEC, op.cit. , S.247, davon aus, wenn er schreibt: „Nur auf der Grundlage einer griechischen Biographie können die Ähnlichkeiten zwischen der slavischen Vita Constantini und der italischen Legende erklärt werden".

[10] Die älteste der bisher aufgefundenen Abschriften der VC stammt erst aus dem 15. Jh. und die der VM aus dem 12. Jh.

[11] Als wichtige Muster dienten zunächst die Vita Antonii des Athanasios von Alexandrien oder die Werke des Gregorios von Nazianz sowie die Märtyrerakten und später insbesondere die metaphrastischen Bearbeitungen der Viten aus dem 10. Jh.

[12] HANS-GEORG BECK, Kirche und theologische Literatur im byzantinischen Reich, 2. unveränd. Aufl. , München 1977.
VLADIMÍR VAVŘÍNEK, Staroslověnské životy Konstantina a Metodeje, Praha 1963. Die Sonderstellung der neuen Viten - auch im Unterschied zu den lateinischen Viten - umreißt er folgendermaßen: „Dans ce type de légendes on peut constater un trait très caractéristique, par lequel les légendes byzantines différent, généralement, des légendes latines occidentales et qui souligne leur caractère publicitaire: ce sont les polémiques et les discussions des saints avec leurs adversaires (S. 115)".

[14] DONKA PETKANOVA-TOTEVA, Văprosi na starobălgarskata literatura, Sofija 1966, S. 117ff.

[15] Vgl. den ausführlichen Kommentar zur russischen Übersetzung der VM in dem Band Skazanija o načale slavjanskoj pis'mennosti, Moskva 1981, S. 143ff.

[16] In dem Papstbrief „Industriae tuae" gibt es folgende außerordentlich interessante Stelle: „Igitur hunc Methodium venerabilem archiepiscopum vestrum interrogavimus corampositis fratribus nostris episcopis, si orthodoxae fidei symbolum ita crederet. ... sicuti sanctam Romanam ecclesiam tenere et in sanctis sex universalibus synodis." Ein Zusammenhang zwischen dieser Stelle und der Passage in der VM ist wohl nicht mehr ohne weiteres von der Hand zu weisen.

[17] Vgl. FR. GRIVEC' Bemerkung: „Die schon besprochene Einleitung zu der altslavischen Biographie Methods, zweifellos von Konstantin in slavischer Sprache verfaßt, ist ein Meisterstück der altslavischen und christlichen Literatur überhaupt" (S.222).

[18] Vgl. H.-G. BECK, op.cit., S.72: „War ein Bischof gewählt, hatte er das übliche Glaubenbekenntnis abgelegt und die Weihe empfangen, so war er mit seiner Kirche theoretisch untrennbar verbunden". Vgl. auch V. VAVŘÍNEK, op.cit., S.89.

[19] Zitiert nach der Übersetzung von J. SCHÜTZ, Die Lehrer der Slaven Kyrill und Method. Die Lebensbeschreibung zweier Missionare, St.Ottilien 1985, S.89ff.

[20] Vgl. hierzu die Arbeit von HANS ROBERT JAUSS, Theorie der Gattungen und Literatur des Mittelalters, in: Grundriß der romanischen Literaturen des Mittelalters, 1. Bd., Heidelberg 1972, S.110.

[21] Vgl. hierzu auch FR. GRIVEC, op.cit., S. 199ff.

[22] Hierzu erläutert FR. GRIVEC: „Im Mittelalter war es üblich, den gerichtlichen Streit durch den Eid zu entscheiden. Die Kläger hatten den Vorrang. Weil in unserem Falle die deutschen Priester die Kläger waren, hatten sie den Vorzug, daß sie als erste schwuren und dadurch den Rechtsstreit zu ihrem Vorteil entschieden" (S. 150).

Dimitär Angelov

Das Werk von Kyrill und Method und die literarische Tradition

Das Werk von Kyrill und Method, den beiden slavischen Bildungsaposteln und Aufklärern, wird in der wissenschaftlichen Literatur immer wieder nach Gebühr gewürdigt. Die gesamtslavische Bedeutung ihrer Leistung wurde von ihren ersten Schülern und Erbwaltern, den Zeugen ihres Kampfes um den Triumph der slavischen Sache gegen die nicht nachlassenden Angriffe der Wortführer der Dreisprachentheorie und -praxis in ihrer ganzen Bedeutung erkannt. Für sie waren Kyrill und Method heilige und rechtgläubige Lehrer der ganzen slavischen Welt, „erste Lehrer des slavischen Geschlechts", „Aufklärer des vielstämmigen slavischen Volkstums". Unter diesen Umschreibungen werden sie in den Titeln der frühesten Werke genannt, die ihrem Wirken gewidmet waren - der „Ausführlichen Vita Kyrills", der „Doppellobrede auf Kyrill und Method" und der „Lobrede auf Konstantin-Kyrill, genannt der Philosoph" von Kliment Ochridski usw.

Kyrills und Methods Werk aber hat - außer seiner gesamtslavischen Bedeutung - auch einen ganz speziellen Bezug zur Geschichte und zum Los der einzelnen slavischen Völker - Mährer, Bulgaren, Russen, Serben, Kroaten, Slovenen. Und wenn man sagen müßte, mit welchem slavischen Land es eigentlich am engsten und dauerhaftesten verbunden war und bleibt, so rückt das mittelalterliche Bulgarien zweifelsohne in den Vordergrund. Zwei Umstände berechtigen zu dieser Behauptung: Vor allem ist es die wesentliche Tatsache, daß den frühesten Schriften, die Kyrill und Method für ihre Mission bei Fürst Rostislav aus dem Griechischen übersetzen, die altbulgarische (slavische) Sprache zugrunde lag, d.h. jene Sprache, die zu jener Zeit die gemeinsame Sprache für das sich in Mösien, Thrakien und Makedonien herausbildende einheitliche bulgarische Volkstum war. Oder, konkreter gesagt: Kyrill und Method griffen für ihre Übertragungen auf die Sprache der bulgarischen Slaven aus der Region Thessalonikis zurück, d.h. auf eine regionale Mundart, die zum gemeinsamen und einheitlichen Sprachsystem des sich zu jener Zeit formierenden einheitlichen bulgarischen Volkstums gehörte - die altbulgarische Sprache.

Das zweite wesentliche Moment, das uns einen Grund bietet, Kyrills und Methods Werk in erster Linie mit Bulgarien in Zusammenhang zu bringen, ist die bekannte Tatsache, daß das von den beiden Brüdern für die Verbreitung der slavischen Literatur und Bildung Geleistete Voraussetzung für seine bleibende Verwirklichung nicht in Großmähren gefunden hat, sondern im bulgarischen Staat, in dem sich nach 886 die aus Mähren vertriebenen Schüler Kyrills und Methods, nämlich Kliment und Naum, niederließen. Bekannt sind die dramatischen Ereignisse in Großmähren, die sich aus den nicht nachlassenden Verfolgungen gegen Method und dem Sieg der Anhänger des „Dreisprachendogmas" ergaben, jener Männer, die hartnäckig den slavischen Völkern das Recht auf Gottesdienst und Kirchenbücher in ihrer eigenen Sprache verweigerten. Und, als letztes noch: Als der großmährische Staat zu Beginn des 10. Jahrhunderts unter den Schlägen der Magyaren zusammenbrach, war auch das Werk der beiden Brüder zu fast vollständiger Vergessenheit verurteilt. In Bulgarien aber, wohin ihre Schüler und Mitarbeiter gezogen waren, nahmen die Dinge einen ganz anderen Lauf. Die für ihre Zeit ausgeprägt humanistische Idee beider Brüder, daß jedes Volk in seiner Muttersprache lernen und Bildung erwerben dürfe, wurde hier in den Rang einer Staatspolitik erhoben, die von Fürst Boris und später von dessen Sohn, Fürst Simeon, konsequent praktiziert wurde. In Übereinstimmung damit wurden auch die literarischen und Schulungszentren in Pliska, Preslav und Ochrid organisiert und entwickelt, sicherlich aber auch an anderen

Stätten solchen Wirkens, wie man aus den neuerdings angestellten Forschungen im Klosterkomplex bei dem Dorf Ravna (Bezirk Provadija) schließen kann. Ein Höhepunkt in der Bildungspolitik der bulgarischen Herrscher war der Beschluß der Synode von Preslav (893), die slavische (altbulgarische) Sprache zur Staats-, Kirchen- und Literatursprache zu erklären.[1] Dieser Beschluß schuf die Voraussetzungen dafür, diese Sprache in allen Bereichen des gesellschaftlichen Lebens einzuführen und dem slavischen Buch als einer mächtigen geistigen Waffe zum Durchbruch und zur Bewährung zu verhelfen.

Angesichts der angeführten Umstände war es nur ganz natürlich, Kyrills und Methods Werk sowohl aus der Sicht ihrer Zeitgenossen als auch aus der Sicht der kommenden Generationen zu beurteilen, und dieses nicht nur in seinem gesamtslavischen, sondern auch in seinem spezifisch bulgarischen Aspekt zu sehen. Nicht zufällig war es der bulgarische Staat, in dem beide Brüder - Kyrill als erster und später Method - für ihre Verdienste um die Verbreitung der christlichen Religion und dem damit verbundenen slavischen Schrifttum und Bildungsgut heilig gesprochen wurden. Ihre Heiligsprechung erfolgte Ende des 9. Jahrhunderts, d.h. zu einer Zeit, als die Früchte ihres unermüdlichen Kampfes um den Sieg der slavischen Sache schon auf der Hand lagen. Die Bulgaren erkannten am besten die außerordentliche Kraft der Ideen, für die sich die beiden Brüder einsetzten. Diese Ideen ermöglichten es den Bulgaren, sich in ihrem Volkstum mit einer eigenen Physiognomie, Kultur und Sprache zu bewähren, einer Sprache, die - gleichrangig neben der griechischen und der lateinischen - als „heilig" anerkannt wurde.

Zahlreiche in der literarischen Tradition erhalten gebliebenen Zeugen unterstreichen den engen Zusammenhang zwischen dem Werk Kyrills und Methods und Bulgarien. Eine dieser Quellen mit Beweiskraft, die in den Titeln vieler literarischer Werke - Viten, Lobreden, Menologien, Psalter, kirchlichen Monatsbüchern, Kirchenstatuten u.a. - vorliegt, ist der Hinweis, daß Kyrill Lehrer nicht der Slaven schlechthin, sondern besonders der Bulgaren war.

Diesen Zusatz findet man beispielsweise als Marginalie zu einer Abschrift der „Kurzen Vita Kyrills", in der er mit den Worten gepriesen wird - „unser hochwürdiger Lehrer Kyrill der Philosoph, Lehrer der Slaven und der Bulgaren". „Lehrer der Slaven und der Bulgaren" wird er auch in einer Abschrift der „Ausführlichen Vita Kyrills" genannt, die in einem Sammelband aus dem 16. Jahrhundert enthalten ist. In der von B. Angelov veröffentlichten Aufstellung von 212 slavischen Quellen findet man an die zwanzig Beispiele für die Umschreibung „Lehrer der Slaven und der Bulgaren", unter der Kyrill angeführt wird[2]. Die meisten davon sind in Abschriften von literarischen Werken aus dem 15. - 17. Jahrhundert enthalten, zweifelsohne aber müssen die Wurzeln, die auf Bulgarien hinweisen, viel früher gesucht werden. Neben Kyrill wird gelegentlich auch Method als Lehrer der Bulgaren erwähnt. Als Beispiel könnte man ein Seelenamt für den heiligen Naum anführen, in dem beide Brüder „geistige Väter der Bulgaren und der Slaven" genannt werden.

Nicht nur in der slavischen literarischen Tradition findet man die Umschreibung „Lehrer der Bulgaren" für die beiden Brüder aus Thessaloniki, so werden sie auch in Werken byzantinischer Autoren genannt, z.B. in der „Ausführlichen Vita Kyrills" von Erzbischof Theophylakt aus Ochrid (1091-1108). Hier nennt man sie „selige Väter und Lehrer" ($\Pi\alpha\tau\acute{\epsilon}\rho\epsilon\varsigma\ \mu\alpha\kappa\acute{\alpha}\rho\iota\omega\iota\ \kappa\alpha\grave{\iota}\ \delta\iota\delta\acute{\alpha}\sigma\kappa\alpha\lambda\omega\iota$), die den bulgarischen Landen Aufklärung gebracht hätten ($\tau\grave{\eta}\nu\ \tau\tilde{\omega}\nu\ \beta\omicron\upsilon\lambda\gamma\acute{\alpha}\rho\omega\nu\ \chi\acute{\omega}\rho\alpha\nu$)[3]. Und in der „Kurzen Vita Kliments", deren Verfasser der Erzbischof Demetrios Chomatian aus Ochrid ist (1215-1235), wird Method als der „bekannte Lehrer des mösischen Stammes" angeführt[4]. Wenn man weiß, daß der byzantinische Autor unter „Mösiern" die Bulgaren schlechthin verstand, dann meint Chomatian in diesem Fall mit der Umschreibung „mösischer Stamm" das bulgarische Volk.

Neben dem Attribut „Lehrer der Bulgaren" ist eines der wichtigsten Zeugnisse, die die Verbindung zwischen dem Werk Kyrills und Methods und Bulgarien hervorheben, die in der literarischen Tradition oft anzutreffende Behauptung, daß die von den beiden Brüdern vor ihrer Reise nach Großmähren angefertigten Bücher aus dem Griechischen ins Bulgarische übersetzt worden seien. Mit diesen in ihrer Art unbestritten bulgarischen Büchern zogen Kyrill und Method aus, um ihrer Mission bei Rostislav nachzukommen, mit ihnen gingen sie nach Rom, um vom Papst den gewünschten Segen dafür zu erhalten, den Gottesdienst auch in Slavisch abhalten zu dürfen. In solchem Licht werden diese Ereignisse in der sogenannten „Zweiten Vita Naums" dargestellt, ein interessantes altbulgarisches Schriftdenkmal, das in einer späten Abschrift aus dem 16. Jahrhundert überliefert ist. Darin wird gesagt, daß Papst Hadrian die von Kyrill und Method gebrachten und aus dem Griechischen ins Bulgarische übersetzten Bücher gesegnet habe (vsě knyge prěvodimie ot' grъčьsky vъ blъgar'skyi ezykъ)[5] und nach diesen „bulgarischen Schriften" der feierliche Gottesdienst in der Peter-und-Paulus-Kirche abgehalten worden sei.

Vom bulgarischen Charakter der von den beiden Brüdern übersetzten und nach Rom gebrachten Bücher ist auch im sogenannten „Menologion von Skopje" die Rede. Unter diesem Titel ist eine Abschrift des stark verbreiteten „Seelenamtes für den heiligen Kyrill" bekannt, das in russischer, bulgarischer und serbischer Redaktion überliefert ist. Das „Menologion von Skopje" stammt aus dem 13. Jahrhundert, es ist aber auch sehr gut möglich, das sein Prototyp viel früher zu suchen ist. Neben den vielen Lobreden auf Konstantin-Kyrill den Philosophen findet man darin auch zwei Absätze, die ausdrückliche Erwähnung verdienen. Der erste lautet sinngemäß, daß der Bildungsapostel aus Thessaloniki ausgeschickt worden sei, um die westlichen Völker nach „bulgarischen Büchern" (knigami ... blъgarskymi) zu belehren, im zweiten wird gesagt, daß er (Kyrill) sich „mit bulgarischen Büchern auf den Weg nach Rom gemacht habe" (knigami blъgarskymi pride ... i do Rima že došedъ)[6].

Eine den gebildeten Kreisen in der mittelalterlichen bulgarischen Gesellschaft sehr gut bekannte und keinerlei Zweifel an ihrer Glaubwürdigkeit weckende Tatsache war, daß die ersten von Kyrill und Method übersetzten Bücher ins Bulgarische übertragen waren. Diese Tatsache hat ihre Bestätigung in einer der dokumentarisch bedeutsamsten Quellen unter den literarischen Werken und Chroniken des mittelalterlichen Bulgarien gefunden, nämlich im 1211 verfaßten Sammelband, dem „Synodikon" des Zaren Boril. Gemeint ist damit die darin aufgenommene Lobrede auf den heiligen Kyrill, der dafür gepriesen wird, daß er „die göttlichen Schriften aus dem Griechischen ins Bulgarische übersetzt und die Bulgaren aufgeklärt" habe (ω(t) grъčaskago ezyka na blъgarskyi prěloživšomu)[7]. Das war sozusagen die offizielle Auffassung von der Rolle des Bildungsapostels aus Thessaloniki und seinen großen Verdiensten um das bulgarische Volk, die von den Vertretern der bulgarischen weltlichen und kirchlichen Macht vertreten und verbreitet wurde.

Die Tatsache, daß es sich bei den von den beiden Brüdern aus Thessaloniki übersetzten Schriften um Bücher handelte, die ins Bulgarische übersetzt waren, wird - wie ganz natürlich zu erwarten ist - vornehmlich in bulgarischen Schriftdenkmälern erwähnt. Nichtsdestoweniger aber hat sie auch in serbischen und byzantinischen Quellen einen Niederschlag gefunden. So wird zum Beispiel in einer serbischen Chronik aus der zweiten Hälfte des 10. Jahrhunderts gesagt, daß Kyrill der Philosoph „unsere Worte ... in bulgarischer Sprache" niedergeschrieben habe[8]. In einem Kirchenlied, wiederum serbischer Herkunft, das dem Gedenken des Bildungspostels aus Thessaloniki gewidmet ist, lesen wir, daß das ganze serbische Land Kyrill dafür preise, daß er es die göttlichen Bücher in bulgarischer Sprache gelehrt habe (... slovesъ bž(s)tъvni knigi blъgarъskago ezyka naučilъ esi)[9].

Von den byzantinischen Quellen wäre an erster Stelle die „Ausführliche Vita Kliments" von Theophylakt aus Ochrid zu nennen. Theophylakt, der auf die Schaffung des slavischen Alphabets eingeht (τὰ σθλαβονικὰ γράμματα), vermerkt ausdrücklich, daß die beiden Brüder „die von Gott beseelten Schriften aus dem Griechischen ins Bulgarische übertragen" hätten (ἐκ τῆς Ἑλλάδος γλωττης εἰς τὴν βουλγαρικήν)[10]. Die gleiche Tatsache, daß die Schriften ins Bulgarische übertragen worden waren (ἐπὶ τὸ βουλγαρικόν)[11], führt er auch in einem der folgenden Absätze an, in dem er von der Bekehrung des bulgarischen Volkes zum Christentum zur Regierungszeit des Fürsten Boris berichtet. Wie bekannt, liegen dem Bericht Theophylakts Angaben zugrunde, die er aus bulgarischen Quellen bezogen hat. Und sehr wahrscheinlich stammt auch die Behauptung vom bulgarischen Sprachcharakter der von Kyrill und Method übersetzten Bücher aus einer bulgarischen Urquelle. Wichtig ist in diesem Zusammenhang, daß der byzantinische Autor, ungeachtet seiner nicht besonders wohlwollenden Einstellung gegenüber den Bulgaren, diese Behauptung berücksichtigt und durch die zwei angeführten Absätze in seine Schrift aufgenommen hat; offensichtlich deshalb, weil er deren Glaubwürdigkeit nicht in Zweifel gezogen hat.

Die Tatsache, daß die für die großmährische Mission vorbereiteten Kirchenbücher aus dem Griechischen ins Bulgarische übersetzt waren, ist auch in der „Kurzen Vita Kliments" von Demetrios Chomatian festgehalten. Demetrios war ein hervorragend gebildeter und bestens informierter byzantinischer Schriftsteller, der als Erzbischof von Ochrid lange Zeit unter den Bulgaren in Makedonien gelebt hat. Schon im Vorwort zu seinem Werk, dort, wo er von den Anfängen der Bildungsarbeit Kliments spricht, vermerkt er, daß Kliment zusammen mit den anderen Schülern von Kyrill und Method - Naum, Gorazd und Angelarij - mit Eifer die heilige Schrift studiert habe, die „mit göttlichem Beistand in die hiesige bulgarische Sprache (πρὸς τὴν ἐνθάδε βουλγάροις διάλεκτον) von Kyrill, diesem in Gott weisen und apostelgleichen Vater, übersetzt" worden sei[12].

Das ist eine knappe und präzise Umschreibung, in der das Wort „hiesige" besondere Beachtung verdient, weil mit ihm die bulgarische Sprache der vom Bildungsapostel aus Thessaloniki übersetzten Bücher charakterisiert wird. Möglich ist auch, daß der byzantinische Autor damit die örtliche makedono-thessalonikische Mundart meint, in

die bekanntlich diese Übersetzungen vorgenommen wurden.

Beachtung verdienen auch einige Hinweise aus der literarischen Tradition, die sich auf Charakter und Bestimmung des von Kyrill und Method geschaffenen Alphabets beziehen. Interessant ist in diesem Zusammenhang ein Absatz aus der in griechischer Sprache verfaßten „Ausführlichen Vita Naums", in dem gesagt wird, daß beide Brüder ein Alphabet geschaffen hätten, das sich bestens für die Wiedergabe der Sprache der Bulgaren eignete. Diese Behauptung findet man auch in einer der äußerst populären mittelalterlichen bulgarischen Apokryphen, die unter dem Titel „Predigt der drei Aufklärer" oder „Razumnik" (d.h. etwa „Weisheitsspiegel") bekannt ist. Dieses inhaltlich hochinteressante Werk wurde aller Wahrscheinlichkeit nach von einem griechischen Urtext ins Bulgarische übersetzt. Zusammengestellt ist es aus zahlreichen Fragen und Antworten zu verschiedenen Themen aus dem Bereich der biblischen Geschichte und der Naturkunde, die den Menschen des Mittelalters lebhaft beschäftigt haben. Zu diesen Fragen, auf die der Wißbegierige eine Antwort zu hören erwartet, gehörte auch die Frage „und wer hat das bulgarische Buch erfunden? (da kto ѡbrěte blьgar'skǫ knigǫ). Es folgt die knappe Antwort darauf: Kyrill der Philosoph[13]. Die so gestellte und beantwortete Frage fehlt im griechischen Urtext. Das ist eine Ergänzung, die auf örtlichem Boden gewachsen ist und von der Gewißheit des damaligen Übersetzers der Apokryphe zeugt, daß das vom Aufklärer aus Thessaloniki Geleistete speziell für das bulgarische Volk bestimmt war.

Der Umstand, daß das Alphabet für die Bulgaren bestimmt war, wird auch in der im 12. Jahrhundert in lateinischer Sprache verfaßten sogenannten Hradiš-Chronik erwähnt - benannt nach dem gleichnamigen Kloster bei Olomouc (Mähren). Darin werden Ereignisse aufgezählt, die in erster Linie mit der Geschichte Großmährens verbunden sind, wobei ganz kurz auch das Wirken Kyrills und Methods erwähnt wird. Es wird gesagt, daß diese, „nachdem sie das Alphabet der Bulgaren erfunden, den Mährern

Gottes Wort gepredigt" hätten (hac ipsa tempestate Cyril-
lus et Methodius inventis Bulgarorum litteris verbum Dei
praedicaverunt Maraviciis)[14]. Interessant in diesem Zusammenhang ist, daß diese Mitteilung nicht von einem
bulgarischen, sondern von einem westslawischen Schriftgelehrten stammt, von dem wir nicht annehmen können, er
sei besonders geneigt gewesen, das Werk der beiden Aufklärer aus Thessaloniki zu „bulgarisieren".

In der literarischen Tradition, die Kyrills und Methods
Werk mit Bulgarien verbindet, ist auch die Frage ihrer
ethnischen Zugehörigkeit nicht ungeachtet geblieben. Wie
bekannt, fehlen in den „Pannonischen Legenden" direkte
Hinweise darauf, und das Wichtigste, das man diesen
Unterlagen entnehmen kann, ist die Mitteilung, daß beide
Brüder die slavische Sprache bis zur Vollkommenheit
beherrschten; was ihnen geholfen habe, das Alphabet in
kürzester Zeit zu schaffen und die Bücher aus dem Griechischen ins Slavische zu übersetzen, die sie für die
religiös-aufklärerische Mission in Großmähren benötig-
ten. In einem später entstandenen Werk aber, das als
„Kurze Vita Kyrills" (oder „Kyrills Himmelfahrt") bekannt ist und aller Wahrscheinlichkeit nach zur Zeit der
byzantinischen Fremdherrschaft entstanden ist, finden wir
die ausdrückliche Bezeugung, daß Kyrill Bulgare gewesen sei[15].

Die Überzeugung, daß Kyrill von Geschlecht Bulgare war,
hat nicht nur in dem angeführten Absatz aus seiner „Kurzen Vita" einen Ausdruck gefunden. Auch das Attribut
„bulgarischer Philosoph", unter dem er in den Titeln
anderer mittelalterlicher Schriftdenkmäler angeführt wird,
die sich bis in unsere Zeit erhalten haben, läßt sich aus
dieser Überzeugung heraus erklären. So genannt wird er
zum Beispiel auch in einer Glosse zu einer Abschrift der
„Legende von Thessaloniki", die von B. Angelov herausgegeben wurde[16]. Das gleiche Attribut führt er in einer
Neufassung der „Ausführlichen Vita" (den „Pannonischen
Legenden"), die auf russischem Boden entstanden und in
einer Handschrift aus dem 17. Jahrhundert in der Sammlung Undol'skijs enthalten ist[17]. So wird er auch in einem

Auszug aus der „Ausführlichen Vita Kyrills" (den „Pannonischen Legenden") genannt, der in einem im 17. Jahrhundert zusammengestellten russischen Sammelband mit
polemischen Werken übernommen wurde.[18]

Eine in der literarischen Tradition häufig anzutreffende
Behauptung, die das Werk der beiden Brüder aus Thessaloniki mit Bulgarien verbindet, ist die, daß Konstantin der
Philosoph eine wichtige Rolle bei der Bekehrung der Bulgaren zum Christentum gespielt habe. Es scheint, daß die
älteste Variante dieser Behauptung der Bericht in der
schon genannten „Kurzen Vita Kyrills" („Kyrills Himmelfahrt") über seine Missionsarbeit unter den bulgarischen Slaven in der Region des Bregalnica-Flusses gewesen ist. Die betreffende Textstelle lautet, daß Kyrill dort
54000 Slaven zum Christentum bekehrt habe.[19] Manche
Forscher nehmen die Glaubwürdigkeit dieser Mitteilung
ohne Einschränkung an, während andere vor allem deswegen Zweifel anmelden, weil sie in den „Pannonischen
Legenden" fehlt. Ungeachtet dessen, ob das Gesagte nun
der historischen Wahrheit entspricht oder nicht, ist für uns
schon allein die Tatsache wichtig, daß man Kyrill in einer
solchen Rolle bei der Bekehrung der bulgarischen Slaven
zum Christentum zu sehen bereit war, weil es eine Tatsache ist, die für das Bestreben des Verfassers der Vita zeugt,
das Wirken des Aufklärers aus Thessaloniki aufs engste
mit dem bulgarischen Volk in Zusammenhang zu bringen.
Im gleichen Sinn, als Bekehrer der Bulgaren, wird Konstantin-Kyrill auch in der uns gut bekannten „Legende von
Thessaloniki" vorgestellt, die zu den aufschlußreichsten
Schriftwerken aus der Zeit der byzantinischen Fremdherrschaft gehört und wahrscheinlich um die Mitte des 11.
Jahrhunderts entstanden ist.[20]

Erwähnt zu werden verdient auch die Tatsache, daß die
Behauptung, Kyrill habe die Bulgaren zum Christentum
bekehrt, auch in Quellen nichtbulgarischen Ursprungs zu
finden ist. Wir treffen sie zum Beispiel auch in der sogenannten Duklaer Chronik aus dem 12. Jahrhundert. Verfaßt wurde diese Chronik von einem unbekannt gebliebenen serbischen Geistlichen; uns hat sie aber nur in einer la-

teinischen Übersetzung erreicht. In diesem ausgesprochen kompilativen Schriftdenkmal werden verschiedene Ereignisse aufgezählt, die mit der Geschichte der Serben, Bulgaren und anderen Völkern verbunden sind; darin angeführt wird aber auch ein kurzer Absatz über Konstantin den Philosophen - diesem „in allem überaus heiligen Mann", der „bestens geschult im Verständnis der Heiligen Schrift" war, wie ihn der Verfasser charakterisiert. Erwähnt wird seine Mission unter den Chasaren und der dort abgehaltene Disput, der mit der Bekehrung der ganzen Region im Namen Jesu Christi abschloß. Später habe er (Kyrill), so der Chronist, das ganze bulgarische Volk (totam gentem Bulgarorum) zum Christentum bekehrt.[21] Auf die gleiche Weise seien auch sie zum Glauben an die Heilige Dreifaltigkeit bekehrt worden. Interessant an dieser Mitteilung in der Duklaer Chronik ist, daß - während in der „Kurzen Vita Kyrills" als Objekt der christlichen Missionstätigkeit von Konstantin dem Philosophen nur eine relativ begrenzte Region am Bregalnica-Fluß mit der dort ansässigen Bevölkerung angegeben ist - hier gesagt wird, der Aufklärer aus Thessaloniki habe alle Bulgaren zum Christentum bekehrt.

Auf die gleiche generalisierende Weise, d.h. als Bekehrer der Bulgaren, wird Kyrill auch in der sogenannten „Mährischen Legende" vorgestellt. Hierbei handelt es sich um ein relativ spät entstandenes Werk (Ende 14. Jahrhundert), das in lateinischer Sprache von einem unbekannt gebliebenen Geistlichen verfaßt wurde. Ihm liegen die sogenannte „Italische Legende" sowie einige andere Quellen über das Leben und Wirken von Kyrill und Method zugrunde. Darin wird mitgeteilt, daß nach Konstantin des Philosophen Mission bei den Chasaren und seiner Rückkehr nach Konstantinopel der mährische Herrscher um die Entsendung von Predigern der christlichen Religion ersucht habe. Dieser Bitte sei der byzantinische Kaiser nachgekommen und habe die beiden Brüder nach Großmähren entsandt. Vor Antritt der ihm auferlegten Mission habe sich Kyrill - wie es in dem betreffenden Aufsatz heißt - „auf den Weg gemacht und sei zuerst zu den Bulgaren gezogen" (egres-

sus ergo venit ad Bulgaros), die er zum christlichen Glauben bekehrt habe (convertit in fidem).[22]

Mit fast den gleichen Worten ist diese Episode auch in der sogenannten „Tschechischen Legende" vom Ende des 13. Jahrhunderts wiedergegeben, die ebenfalls in lateinischer Sprache verfaßt ist. Auch dort lesen wir, daß Kyrill vor seiner Reise nach Mähren „die Bulgaren zum Glauben des gütigen Christus bekehrt habe". [23]

Ein „Bekehrer der Bulgaren" wird Konstantin der Philosoph auch in den Titeln einiger Handschriften und Frühdrucke genannt. Als Beispiel könnten wir ein „Stundenbuch" anführen, eine bulgarische Handschrift aus dem 16. - 18. Jahrhundert, die sich in der Universität zu Cluj (Rumänien) befindet und in der man lesen kann: „(iže v stȳ(ch) ω(t)ca našego Kirila filosofa kr(s)ti(vša) bol'-gari"[24]. Auf die gleiche Weise werden seine Verdienste auch in einer Vitensammlung zu seinem Gedenken gewürdigt, die im sogenannten „Mährischen Sammelband" aus dem 18. Jahrhundert enthalten ist, mit dem Zusatz, er habe nicht nur die Bulgaren, sondern auch die Slaven zum Christentum bekehrt (... i sloveni i blъgari).[25] „Bekehrer der Slaven und Bulgaren" wird Kyrill auch in einem Kirchenstatut aus dem 15. Jahrhundert genannt, das sich in der Moskauer Synodalbibliothek befindet. Mehr als zehn Beispiele für dieses Attribut zur Rolle des Aufklärers aus Thessaloniki, die aus Handschriften russischer Redaktion aus dem 15. - 17. Jahrhundert stammen, finden wir in der von B. Angelov herausgegebenen Aufstellung von slavischem Quellenmaterial.[26] Und überhaupt - es existiert eine ziemlich stark verbreitete literarische Tradition, die die christliche Bekehrermission Konstantin-Kyrills des Philosophen mit der slavischen Welt und insbesondere mit dem bulgarischen Volk in Zusammenhang bringt.

Eines der interessantesten Literaturwerke, in dem von der christlichen Bekehrermission und der Bildungstätigkeit Kyrills unter den Bulgaren die Rede ist, ist die sogenannte „Legende von der Verwendung der Schrift", die als Bestandteil der russischen Nestor-Chronik fungiert. Immer noch umstritten bleiben die Fragen, wann und wie diese

„Legende" entstanden ist und ob sie nun bulgarischen oder westslawischen Ursprungs ist. Meines Erachtens aber klingen die Argumente zugunsten ihres bulgarischen Charakters überzeugender.[27] Als Ganzes gesehen, verrät die „Legende" eine offensichtliche Verbindung zu den „Pannonischen Legenden", die ihre wichtigste Urquelle darstellen. Daraus sind auch die Fakten um das Ersuchen des Fürsten Rostislav geschöpft, Lehrer in slavischer Sprache zu ihm zu entsenden; daraus stammen auch die Informationen über Kyrills und Methods Übersetzertätigkeit vor ihrer Abreise nach Großmähren; wiederum daraus entlehnt ist der Bericht über den Widerstand der Anhänger der Dreisprachentheorie gegen die Predigten der beiden Brüder und über den Entschluß des römischen Papstes, Method zu gestatten, seine religiöse Tätigkeit und Bildungsarbeit in Pannonien und Mähren fortzusetzen. Wir finden aber im Text der „Legende" auch eine interessante Abweichung von den Urquellen, die auf die Mitteilung hinausläuft, daß Konstantin nach Methods Verbleib in Mähren zurückgekehrt sei, um das bulgarische Volk zu lehren (... i ide učitъ bolgarъskago jazyka).[28]

Mit anderen Worten: Statt des Berichts von der Krankheit und von dem Tod Kyrills in Rom, den wir aus den „Pannonischen Legenden" kennen, wird hier berichtet, daß er nach Bulgarien zurückgekehrt sei, um die Bulgaren zu lehren. Über sein weiteres Los und sein Lebensende aber wird in der „Legende" kein Wort gesagt. Dies ist nicht nur eine Abweichung im Vergleich zu den „Pannonischen Legenden", sondern auch zur „Kurzen Vita Kyrills", indem in dieser Vita die christliche Missionstätigkeit Kyrills unter den bulgarischen Slaven vor seiner Abreise nach Großmähren erfolgt sein soll, während sie in der „Legende" als nach der großmährischen Mission stattgefunden angegeben wird - eine Mitteilung, die ganz offensichtlich den gut bekannten Tatsachen von seiner Krankheit und seinem Tod in Rom widerspricht.

Neben diesen hier angegebenen Entlehnungen aus nach Zeit und Ursprung unterschiedlichen Quellen, die die Rolle Konstantin-Kyrills des Philosophen als Bekehrer der Bulgaren zum Christentum hervorstreichen, findet man in der literarischen Tradition - wenn auch seltener - die Behauptung, daß auch sein Bruder Method wichtigen Anteil an der Christianisierung des bulgarischen Volkes gehabt habe. Einen Hinweis in diesem Sinne können wir auch in der „Ausführlichen Vita Kliments" entdecken, in der davon berichtet wird, wie Method mit seinen Predigten nicht nur Rostislav und Kocel, sondern auch den bulgarischen Herrscher Boris unterwiesen habe, und es ihm gelungen sei, diesen zu „seinem geistigen Kind" zu machen. Unter dieser Umschreibung ist zu verstehen, daß er sein Taufpate gewesen ist, d.h., daß er ihn persönlich in den christlichen Glauben eingeführt hat. Der betreffende Absatz lautet: „Außerdem bescherte der große Methodius zu jener Zeit fortlaufend mit seinen Worten Wohltaten auch dem bulgarischen Fürsten Boris, der zur Zeit des byzantinischen Kaisers Michael III. lebte, und welchen er zuvor zu seinem geistigen Kind gemacht und durch seine in allem vortreffliche Sprache für sich eingenommen hatte."[29]

Von der Rolle Methods bei der Verbreitung des Christentums in Bulgarien ist auch in der „Kurzen Vita Kliments" von Demetrios Chomatian die Rede. Im Unterschied zur „Ausführlichen Vita", wo er als geistiger Täufer nur des Fürsten Boris angeführt ist, wird ihm hier auch das Verdienst zugeschrieben, alle Bulgaren zum christlichen Glauben bekehrt und in diesem bekräftigt zu haben. Darauf läuft nämlich die ihm von Chomatian ausgestellte Charakteristik hinaus - Method sei „der bekannte Unterweiser des mösischen Volkes in Frömmigkeit und rechtem Glauben" gewesen.[30]

Wie aus einer anderen Stelle in der „Kurzen Vita" ersichtlich wird, war der byzantinische Autor zugleich der Auffassung, daß Method wichtigen Anteil auch an der Organisierung der Kirche als Institution unter dem zum Christentum bekehrten Volk gehabt habe und er vom römischen Papst Hadrian als Erzbischof nicht nur in Mähren, sondern auch in Bulgarien eingesetzt worden sei (Μεθόδιος δὲ Μοράβου καί Βουλγαρίας Ἀρχιεπίσκοπος).[31]

Abschließend sollte erneut unterstrichen werden, daß die Existenz einer langwährenden literarischen Tradition - nicht nur bulgarischen, sondern auch anderen Ursprungs, die Kyrills und Methods Werk mit Bulgarien in Zusammenhang bringt, keine zufällige Erscheinung ist. Diese Tradition ist auch mit dem Umstand zu erklären, daß dieses Werk besondere Bedeutung eben für die Bulgaren und das bulgarische Volk gehabt hat und es der bulgarische Staat war, in dem es die günstigen Möglichkeiten und Bedingungen für sein Gelingen vorfand. In diesem Sinne erscheint die Präsentation der Brüder aus Thessaloniki in „bulgarischem Profil" im Großen und Ganzen nicht als Ergebnis von subjektiven Ansichten. Sie ist Ausdruck der historischen Wahrheit, die eine Entsprechung in den Literaturdenkmälern gefunden hat. Das gilt besonders für die fundamentale Behauptung, daß dank der übersetzerischen und schriftstellerischen Arbeit von Kyrill und Method keine andere slavische Sprache als das Altbulgarische die Sprache gewesen ist, der die Qualitäten einer gottesdienstlichen und literarischen Sprache zuteil geworden sind. Und diese Behauptung führt zur logischen Schlußfolgerung, daß beide Brüder im Prinzip die Schöpfer nicht des slavischen Buches schlechthin, sondern des bulgarischen Buches im Besonderen gewesen sind. Ähnliche Feststellungen liegen, wie wir bereits gesehen haben, der literarischen Tradition nicht nur bulgarischen, sondern auch anderen Ursprungs zugrunde - der serbischen und byzantinischen zum Beispiel. Das alles sind Feststellungen, die den historischen Fakten gerecht werden, und – sozusagen – ihr genaues verbales Äquivalent darstellen. In diesem Sinne dürfen wir sie als Quellenhinweise von unbestreitbarem Wert betrachten.

Als zweites wesentliches Moment in der literarischen Tradition, das das Werk der beiden Brüder aus Thessaloniki mit Bulgarien verbindet, verdienen auch die Hinweise Beachtung, nach welchen Kyrill bulgarischer Abstammung und er selbst „bulgarischer Philosoph" gewesen sei, aber auch die Mitteilung, daß er - vor seiner Abreise nach Großmähren - bulgarische Slaven im Umkreis des Flusses Bregalnica zum Christentum bekehrt habe. Das sind zweifelsohne wichtige Hinweise, die Erwähnung verdienen, ungeachtet dessen, daß sie in der vorläufig frühesten und fundamentalen Quelle über das Leben und Wirken der beiden Brüder, den „Pannonischen Legenden", nicht enthalten sind. In diesem Fall darf die literarische Tradition, auch wenn sie jüngeren Datums ist, nicht unterschätzt werden, um so mehr, als sie nicht nur bulgarischen, sondern auch anderen Ursprungs ist.

Neben den zweifellos genauen und den mit großer Wahrscheinlichkeit als genau anzunehmenden Bezeugungen, die Kyrills und Methods Werk mit Bulgarien verbinden, können wir in der von uns erforschten Literatur auch unglaubwürdige und sogar ausgesprochen sagenhafte Elemente entdecken, wie es zum Beispiel bei einigen Episoden in der „Legende von Thessaloniki" der Fall ist. Von derselben Art ist die Mitteilung, daß Kyrill nach seiner Mission in Großmähren nach Bulgarien gezogen und er der Mann gewesen sei, der die Bulgaren zum Christentum bekehrt habe. Dieser Art ist auch die Mitteilung, daß die Christianisierung ein Werk Methods gewesen sei. Die Wurzeln dieser übertriebenen „Bulgarisierung" sind, meines Erachtens, in der Periode der byzantinischen Fremdherrschaft zu suchen, in der die Erinnerung an das Wirken der beiden Brüder schon wesentlich verblaßt und faktische Fehler nicht immer vermeidbar waren. Darin müssen wir aber zugleich auch ein anderes Beachtung verdienendes Moment sehen, nämlich das Streben des unterworfenen bulgarischen Volkes, die Figuren der beiden Aufklärer aus Thessaloniki in das Licht enger Verwandtschaft mit den Bulgaren zu rücken und sie als heilige Männer auszuweisen, die ausschließlich um das Wohl der Bulgaren besorgt und bemüht waren. Besonders aufschlußreich ist, daß in diesem Fall die Frage der „Christianisierung" in den Vordergrund gerückt wird, d.h. ein in den Vorstellungen des mittelalterlichen Menschen außerordentlich wichtiger religiöser Akt, mit dem - im Einklang mit der kirchlichen Lehre - jedes Volk den Weg zu seiner wahren und vollwertigen Geschichte einschlägt, der ihm die Aussicht auf geistige Vervollkommnung und Erhöhung erschließt. Deswegen wurden Kyrill und Method als „Bekehrer der Bulgaren zum Christentum" bezeichnet, die ihnen nicht nur das Alphabet und das Buch, sondern auch den christlichen Glauben gebracht haben. Und diese Behauptung hat fruchtbaren Verbreitungsboden nicht nur in bulgarischen Schriftdenkmälern gefunden, sondern auch in solchen serbischen, mährischen und tschechischen Ursprungs, wie wir anhand der angeführten Beispiele gesehen haben. Die literarische Tradition, die Kyrill und Method mit Bulgarien verband, entsprach generell einer objektiven historischen Wirklichkeit und hielt sich über Jahrhunderte. Mit dieser Tradition hat das bulgarische Volk auch die Schwelle zur Periode seiner nationalen „Wiedergeburt" überschritten - zu allererst mit der „Slavobulgarischen Geschichte" von Paisij von Chilendar, um sie dann später im Zuge des Kampfes um die nationale Selbständigkeit und die politische Befreiung noch stärker hervorzuheben. Diese Tradition ist auch in unseren Tagen lebendig geblieben. Kyrill und Method waren und bleiben im Bewußtsein des bulgarischen Volkes nicht nur große gesamtslavische Bildungsapostel, Aufklärer und Träger, allgemein-menschlicher und humaner Ideale. Sie sind auch seine ureigenen, seine bulgarischen Bildungsapostel und Aufklärer, die einen für jene Zeit beachtlichen Aufschwung in der Entwicklung seiner geistigen Kultur und seiner Bewährung als eigenständiges Volkstum in die Wege leiteten.

ANMERKUNGEN

[1] Vgl. D. Angelov, Slavjanskijat svjat prez IX-X v. i deloto na Kiril i Metodij. - Palaeobulgarica IX, 1985, No 2, S. 12.

[2] B. Angelov, Slavjanski izvori za Kiril i Metodij. - Izvestija na Dăržavnata biblioteka „Vasil Kolarov" - Sofia 1958, S. 196, 200, 202, 203, 204, 205, 206, 207, 213.

[3] A. Milev, Grăckite žitija na Kliment Ochridski. Uvod, tekst, prevod i objasniteli beležki. Sofia 1966, S. 78.

[4] Ibidem, S. 174.

[5] J. Ivanov, Bălgarski starini iz Makedonija. Sofia 1931, S. 312.

[6] Ibidem, S. 292.

[7] M. G. Popruženko, Sinodik carja Borila. Sofia 1928, S. 77 (Bălgarski starini 8).

[8] Lj. Stojanović, Stari srpski rodoslovi i letopisi. Beograd 1927, S. 157.

[9] B. Angelov, Iz starata bălgarska, ruska i srăbska literatura. 2. Sofia 1967, S. 23.

[10] A. Milev, op.cit., S. 80.

[11] Ibidem, S. 88.

[12] Ibidem, S. 174.

[13] J. Ivanov, Bogomilski knigi i legendi. Sofia 1925, S. 262.

[14] Annales Gradicenses. Ed. W. Wattenbach, MGH SS, XVII, S. 644.

[15] J. Ivanov, op.cit., S. 284.

[16] B. Angelov, op.cit., S. 64.

[17] Vgl. Kliment Ochridski, Săbrani săčinenija. Podgotvili za pečat B. Angelov i Chr. Kodov. Bd. 3, Sofia 1973, S. 59.

[18] Ibidem, S. 54.

[19] J. Ivanov, op.cit., S. 285.

[20] Text der Legende bei J. Ivanov, op.cit., S. 282.

[21] F. Šišić. Letopis popa Dukljanina. Beograd 1928, S. 300.

[22] A. Balan, Kiril i Metodij. 2. Sofia 1934, S. 203.

[23] Ibidem, S. 208.

[24] Vgl. S. Nikolova, Kirilometodievskite tradicii văv Vlachija, Moldova i Transilvanija. - Starobălgarska literatura, 12, 1982, S. 110.

[25] A. Balan, Kiril i Metodij. 2, S. 45.

[26] B. Angelov, Slavjanski izvori za Kiril i Metodij, S. 200, 202, 203, 204, 207, 209, 213.

[27] Vgl. K. Mečev, Za proizchoda na staroruskija letopisen razkaz „Skazanie o preloženii knig". - Istoričeski pregled 1974, No 2, S. 88.

[28] Vgl. Povest vremennych let. Bd 1. Tekst i prevod, podgotovka teksta D. S. Lichačeva. Perevod D. S. Lichačeva i B.A. Romanova. Moskva-Leningrad 1950, S. 22.

[29] A. Milev, op.cit., S. 88-89.

[30] Ibidem, S. 175.

[31] Ibidem, S. 176-177.

Der hl. Methodios und sein altslavischer Kanon auf den hl. Demetrios

Vor kurzem hat der bulgarische Forscher St. Kožucharov im Rahmen seiner Untersuchung „Metodievijat kanon za Dimităr Solunski (Novi danni za istorijata na teksta)"[1], in der er zwei neue Abschriften des slavischen Kanons auf den hl. Demetrios von Thessaloniki untersucht, noch ein neues Sticheron des Werkes gefunden. Das hat ihn dazu veranlaßt, die Frage zu stellen: „ ... hat Method lediglich einen Kanon auf Demetrios von Thessaloniki oder eine ganze Akoluthie geschrieben?"[2] Zur Beantwortung dieser Frage sei es zuerst nötig, „mit der größtmöglichen Vollständigkeit die hymnographische Tradition über Demetrios von Thessaloniki in den slavischen Manuskripten bis zur Mitte des 14. Jh. zu untersuchen und den byzantinischen gegenüberzustellen. Erst dann wird es möglich sein, präziser zu erfassen, was ... die slavischen Schriftgelehrten ... der Hymnographie des Demetrios von Thessaloniki neu hinzugefügt haben...", insbesondere, „ob der Kanon auf Demetrios von Thessaloniki ein Teil einer ganzen neuen slavischen Akoluthie auf den Schutzpatron von Thessaloniki ist, geschrieben höchstwahrscheinlich von Method."[3] Im Dienste der zukünftigen kritischen Ausgabe des Textes nimmt der Autor eine kurze Untersuchung der Abschriften No. 516 der Sammlung der Nationalbibliothek „Kiril i Metodij" in Sofia und No. 88 des Athosklosters Zographou vor, der er in fotomechanischer Reproduktion hinzufügt: von der Athoshandschrift nur den Kanon und von der Sofioter Handschrift den Kanon „ ... zusammen mit den sie umgebenden Texten der ganzen übersetzten Akoluthie".[4]

Der Kanon auf den hl. Demetrios von Thessaloniki wurde der Slavistik vor 123 Jahren bekannt, als nämlich 1865, in der von M. Pogodin herausgegebenen Sammelschrift über Kyrill und Method, A. V. Gorskij die neunte Ode des

Kanons publiziert (nach dem Cod. 435 der Moskauer Synodalbibliothek).[5] Gorskij stellt den Unterschied dieses Kanons auf Demetrios von Thessaloniki heraus, wobei er gleichzeitig den Inhalt der neunten Ode mit der Situation verbindet, in der sich Kyrill und Method während ihrer mährischen Mission befanden.

Eine vollständige Publikation des Kanons aufgrund einer russischen Abschrift aus dem Jahre 1096 nahm V. Jagić in der Ausgabe der Novgoroder Menäen für die Monate September, Oktober und November vor, wobei er bemerkt, daß er keine griechische Parallele der Arbeit gefunden habe und sich eines Vorschlages zur Autorschaft enthält.[6] Eine neue Publikation des Kanons erschien im Jahre 1917 im fünften Band des bekannten Synodalkatalogs von Gorskij und Nevostruev auf der Basis eines russischen Manuskriptes aus dem 12. Jh. Indem die Autoren aufs neue den Inhalt der neunten Ode mit den Lebens- und Werksumständen Kyrills und Methods verbinden, kommen sie zu dem Schluß: „Aus diesen Überlegungen heraus kann sich dieser Kanon auf die zeitweilige Tätigkeit der beiden Thessaloniker Missionare Kyrill und Method oder ihrer Schüler in Mähren oder Bulgarien bezogen haben."[7] A. Sobolevskij und N. Tunickij entgeht die Möglichkeit, daß der Kanon von den Schülern Kyrills und Methods geschrieben worden sein könnte, und J. Ivanov schlägt wegen der gleich hohen Wahrscheinlichkeit, daß der Verfasser Kyrill oder Method gewesen sein mag, vor, ihn für ein gemeinsames Werk der Brüder zu halten. Die Meinung J. Ivanovs übernimmt M. Genov.[8]

Eine neue Phase in der Erforschung des Werkes läßt sich in den Untersuchungen nach dem zweiten Weltkrieg beobachten. Dmitrij Čiževskij hat der Suche nach einer griechischen Parallele des Kanons viel Zeit gewidmet und kommt nach vergeblicher Suche zu dem Schluß, der Ursprung sei slavisch. Kategorisch verwirft er die Meinung, daß Kliment oder irgendein anderer Schüler der Brüder der Verfasser sein könnte, da aus dem Kanon geschlossen werden könne, daß der Verfasser aus Thessaloniki stamme. Čiževskij hält es für gleichermaßen wahrscheinlich, daß der Verfasser entweder Kyrill oder Method ist.[9]

Zugunsten der Autorschaft Kyrills spricht sich kategorisch V. Sl. Kiselkov aus, der sogar die Zeit der Niederschrift des Werkes präzisiert, nämlich zwischen 864 und 867, als die Brüder auf erste Hindernisse als Missionare in Mähren trafen. Kiselkovs Meinung hat sich niemand angeschlossen.[10]

Die Meinung, daß wahrscheinlich Method der Verfasser des Kanons ist, hat sehr viel mehr Anhänger. Zu dieser Frage äußert sich einige Male E. Georgiev, diese Meinung unterstützen u.a. P. Dinekov, B. St. Angelov, St. Kožucharov, Th. Butler[11]. Der Grund dafür, diese Möglichkeit vorzuziehen, findet sich im XV. Kapitel der Ausführlichen Vita Methods: „Danach, nachdem er den ganzen Lärm des Lebens abgelegt und all seine Sorge Gott anheimgestellt hatte, bestellte er zuerst von seinen Schülern zwei Presbyter, gute Schnellschreiber, und übersetzte schnell aus dem Griechischen ins Slavische alle biblischen Bücher zur Gänze mit Ausnahme der Makkabäer im Verlauf von sechs Monaten, angefangen im März bis zum 26. Oktober. Als er geendet hatte, erwies er Gott würdigen Ruhm und Ehre, der solch einen Segen und Erfolg verleiht. Und indem er zusammen mit seinem Klerus die heilige Liturgie abhielt, feierte er das Andenken des hl. Demetrios.“[12] Diese Mitteilung verbindet sich mit einer Bemerkung in der allgemeinen Lobrede auf Kyrill und Method, wo über Method gesagt wird: „ ... er schmückte die Kirchen mit Hymnen und geistlichen Gesängen.“[13]

Die Untersuchungen des Kanons wurden mit der Publikation von I. Pankevič „Ostrožnickie pergamennye otryvki XI-XII vv.“ fortgesetzt, in der aus einer ursprünglich aus westukrainischem Gebiet stammenden Abschrift Fragmente des Werks herausgegeben sind.[14]

1965 analysierte R. Jakobson den Text der beiden Kanones auf den hl. Demetrios von Thessaloniki anhand der Akoluthien in den Novgoroder Menäen für den Monat Oktober, und zwar den übersetzten Kanon und den slavischen; Jakobson untersuchte die Komposition und die metrische und grammatische Struktur der Texte.[15]

Musikhistorische Aspekte führte die Untersuchung von L. Mokrý ein, der den Kanon als Quelle für die frühe Geschichte des slavischen Kirchengesanges betrachtete, wobei er sich auf die philologischen Analysen R. Jakobsons stützte. Seiner Meinung nach ist der Kanon in großmährischer Zeit entstanden. Seine Abhängigkeit von der ältesten Schicht des slavischen Kirchengesanges sei unzweifelhaft, das byzantinische Vorbild dieses Gesanges sei bekannt.[16]

Nach Jakobson widmete G. Svane der metrischen Struktur des Kanons eine Untersuchung und schlug eine metrische Rekonstruktion der ersten Ode aufgrund der russischen Abschriften vor.[17]

Noch in den Sechziger Jahren behandelte J. Vašica erneut die Frage nach der Entstehung des Kanons in Mähren, seiner Verbreitung im IX.-X. Jahrhundert und nach seinen Abschriften in Bulgarien, wohin ihn die Schüler Kyrills und Methods mitgenommen hätten.[18]

In letzter Zeit befaßten sich mit dieser Problematik M. Velimirović, der eine musikalische Rekonstruktion dieses bedeutenden Werkes vorschlug,[19] Th. Butler,[20] der die Autorschaft des hl. Method unterstützt und der bereits zitierte St. Kožucharov[21]. Letzterer gibt folgende Einschätzung der Analysen: „Als Ergebnis dieser Untersuchungen bestätigt sich allmählich die Meinung, daß Method sein Verfasser (= des Kanons) ist, daß der Kanon in Großmähren entstanden ist etwa zu Beginn der Achtziger Jahre, daß es ein originales Werk der jungen slavischen Literatur ist, niedergeschrieben in Altbulgarisch entsprechend dem Genre Kanon der byzantinischen Hymnographie. Der Kanon wird als poetisches Werk analysiert, es wird seine Bedeutung für die Frühgeschichte der slavischen Musik entdeckt, es wird die metrische Organisation des Textes als ein gesanglich-poetisches Werk untersucht."[22]

Trotz der zahlreichen Untersuchungen hat eine Reihe von Fragen bisher noch nicht ihre Lösung gefunden. Die nachstehende Publikation möchte zur Klärung beitragen. Ich führe in die wissenschaftliche Diskussion erstmals vier neue Stichera ein, die zum altslavischen Werk gehören. Diese Gesänge zeigen, daß „der Kanon", wie er bis jetzt genannt wurde, Teil einer ganzen, neuen, slavischen Akoluthie auf den Thessaloniker Schutzheiligen ist. Diese hymnographischen Strophen bieten auch neue Argumente für die Autorschaft Methods sowie zur Hypothese, daß ein Teil der Schüler Thessaloniker waren.

Diese Stichera sind in der Sofioter Abschrift No. 516 an das Ende der Akoluthie gestellt. Ihr eindrucksvoller Inhalt, speziell ihr Refrain „Oh Demetrios, schütze die Sänger Deiner Heimat!", haben mich veranlaßt, eine griechische Entsprechung zu suchen. Alle meine Bemühungen waren bisher jedoch vergeblich.

In den vier Stichera kommt die Liebe des Verfassers zum Thessaloniker Schutzheiligen zum Ausdruck, den er bittet, die Sänger „seiner Heimat" zu beschützen.

Wer könnte eine solche Liebe und Verbundenheit zu seinem Landsmann und Schutzheiligen zum Ausdruck bringen?

Wenn man diese den obenerwähnten zwei Zitaten aus der Ausführlichen Vita des hl. Method („… er feierte das Gedächtnis des hl. Demetrios") und aus dem Lobpreis an Kyrill und Method, („er schmückte die Kirchen mit Oden und mit geistlichen Gesängen") gegenübergestellt, spricht die Zusammenstellung für den älteren Slavenapostel, d.h. für den hl. Method, als wahrscheinlichen Verfasser.

Über dieses Werk (d.h. nun bereits über die Akoluthie) kann im großen und ganzen folgendes gesagt werden:

In ihr wird ein starkes und tiefes Gefühl zur Heimatstadt mit ihrem Schutzheiligen Demetrios, „der die Stadt liebt" und „der die Heimat liebt", und zur Kirche des Heiligen, wo seine Gebeine liegen, zum Ausdruck gebracht; zugleich auch die Gefühle von Menschen, die sich von ihm

trennen mußten und aus Liebe zu ihrem Schöpfer in fremden Ländern und Städten umherschweiften, unter den rohen Soldaten der Heiden und Häretiker leiden und gezwungen sind, von Ort zu Ort zu wechseln.

All dies zeigt die Bedingungen, denen Method und seine Schüler ausgesetzt waren. Method hielt das seinem Bruder, dem hl. Kyrill, gegebene Versprechen, „ihr Werk fortzusetzen", wobei er verfolgt, ins Gefängnis geworfen, später dann befreit und mit seinen Schülern von Ort zu Ort gejagt wurde. Er befaßte sich mit der Hauptarbeit, der Übersetzung der Bibel, und bei Beendigung dieser Arbeit am 26. Oktober zeigt er seine besondere Zuneigung zum Thessaloniker Heiligen, indem er dessen Andenken (seinen Feiertag) begeht – so der Verfasser der Vita.

Das Werk bezieht eine extrem hohe Anzahl von biblischen Zitaten und Vergleichen ein, was darauf hinweist, daß es unmittelbar nach der Übersetzung der Bibel niedergeschrieben wurde. Es wird an die Wunder des hl. Demetrios bei den „Barbaren" erinnert, es wird seine Weisheit gerühmt; seine Tapferkeit als Heeresführer sei größer als die des alttestamentarischen Josua, er sei stärker als Samson und Gideon usw.

Die neuentdeckten Stichera stellen den Schlußteil des Werkes dar. In dieser Hymne lädt der Verfasser einige Male alle „Gläubigen" ein, (d.h. diejenigen Schüler, die trotz allen Unglücks und aller Verfolgung bis zum Schluß „Gläubige" geblieben sind), sich am Lobgesang ihres Schutzheiligen zu erfreuen, als des wahren Beschützers der Stadt, mit der Bitte an ihren Schutzheiligen und „Landsmann", sie während dieser Verfolgungen zu bewahren: „Oh Demetrios, schütze die Sänger Deiner Heimat" – 1. Sticheron.

Im zweiten Sticheron lädt der Hymnensänger erneut jene, die den Feiertag lieben, dazu ein, ihren Lobpreis auf den Schutzheiligen der Stadt Thessaloniki (Solun) zu wiederholen. An diesem Tag führt er selbst alle mit Ehrungen ein und vergibt himmlische Kränze an diejenigen, die ihn gläubig besingen. Das Sticheron schließt, indem es sich ein zweites Mal mit der wiederholten Bitte an den Heiligen wen-

det: „Oh Demetrios, schütze die Sänger Deiner Heimat!"
Im dritten Sticheron stimmt der Hymnensänger seine Schüler auf eine geistliche Erhebung an diesem geistlichen Fest mit starken literarischen Ausdrucksmitteln ein: „Laßt uns jetzt den Geist erheben, die wir an den Heiligen glauben", „laßt uns helle Kerzen anzünden", „laßt uns unsere heiligen Lippen zu einem Gefäß für den Heiligen Geist machen", „indem wir das Heilige im Glauben besingen"(resp.: „heilig ... singen"), „Oh Demetrios, schütze die Sänger Deiner Heimat!", „indem wir Dich jetzt rühmen, feiern wir Dein heiliges Andenken".

Im vierten und letzten Sticheron aus dieser Gruppe von Ainos-Stichera verflicht der vermutete Verfasser, der hl. Method, mit großer Zuneigung zu seinem Beschützer und Patron, dem Thessaloniker Heiligen Demetrios, seinen Lobpreis mit dem Erzengelgruß „Chaire"/„radui se", und verwendet stark emotionale Ausdrucksmittel wie „oh stets liebenswürdiger Beschützer der Stadt", „Licht der Heiligen", „Freude", „Beschützer der berühmten Stadt Solun", „Beschützer und Helfer aller Gläubigen", „wie einer, der seine Heimat liebt". Das Sticheron endet mit den Worten: „ ... Und uns, die wir Deinen Ruhm feiern, schenkst Du Deine prächtigen Kränze".

Die mehrmalige Erwähnung des Wortes „Kranz", „Kränze" wie auch der Refrain „Oh Demetrios, beschütze die Sänger Deiner Heimat" beleuchten die schwierige Situation, in der sich diejenigen befanden, die die Arbeit Konstantin-Kyrills fortsetzten. Der Hauptmitarbeiter war sein Bruder und Mitstreiter, der hl. Method, und die Hand, die mithin diese Gesänge verfaßt hat, ist die seinige, die Lippen aber sind die aller derjenigen, die an das heilige Werk Kyrills und Methods glauben. Bereits im ersten Tropar der ersten Ode des Kanons beginnt er mit den Worten: „ ... inspiriere mich, durch Gebete Dein Fest am heutigen Tage zu besingen". Nach der Ausführlichen Vita Methods ist dieser Tag der Tag der Beendigung der Bibelübersetzung in den Achtziger Jahren des 9. Jahrhunderts. Die Frage nach der Auslegung des Refrains „Oh Demetrios, beschütze die Sänger Deiner Heimat" ist von besonderem Interesse. Hatte der hl. Method nur sich selbst vor Augen oder weist er damit direkt auf seine Thessaloniker Schüler hin?

Wie jedoch in den hagiographischen Werken über Konstantin-Kyrill den Philosophen, die zu Lebzeiten und mit der Hilfe des hl. Method niedergeschrieben wurden, nur Flüchtiges oder fast nichts an den hl. Method erinnert, so wird auch in den Werken, die nur den hl. Method betreffen und die von seinen direkten Schülern niedergeschrieben wurden, nichts von ebendiesen Schülern erwähnt.

Über die Geschichte des Kanontextes, oder besser gesagt, der Akoluthie, kann man allgemein folgendes vermuten: Im Hinblick auf den Kanon des hl. Method kann die Möglichkeit nicht ausgeschlossen werden, daß seine Schüler die Stichera hinzugefügt haben. Dann wird auf der Grundlage dieser Stichera die Frage noch interessanter werden, ob die Schüler aus Thessaloniki stammten. Dies wird sich vielleicht bei einer zukünftigen kritischen Ausgabe des Werkes präzisieren lassen.

So nehmen wir an, daß diese Gesänge das Werk des Slavenapostels Method sind. Desgleichen nehmen wir an, daß dieser eine Akoluthie niedergeschrieben hat und nicht nur einen Kanon.

Das Manuskript No. 516, das die Abschrift enthält, ist ein Fragment aus einem serbischen Panegyrikon-Menaion für die Monate September, Oktober und November, von dem bisher nur $37^{1}/_{2}$ Blätter entdeckt sind. Es wird Ende 13./ Anfang 14. Jh. datiert. Betrachtet man die Struktur der hymnographischen Komposition, so dokumentiert das Menaion No. 516 eine zweite Etappe, nämlich die funktionale Systematisierung der Gesangstexte. Der Kanon Methods ist vor den übersetzten Kanon gerückt worden. Dieses Manuskript enthält auch eine Abschrift aus einer originalen altbulgarischen Hymnographie, der Akoluthie zur Εἰσοδία τῆς θεοτόκου. Dieses Faktum legt ebenfalls von der Echtheit des Werkes Methods Zeugnis ab.

ρи(д)те вси вѣрны нн҃ꙗ.
вѣло вьзыграимь.
ρи(д)те славнаго вьс҅хвалимъ.
ко градолюб҅ца крѣп҅ка.
ρидѣте вьспоимь димитриевы.
ьхранѣи пѣвци сꙋщеꙗ ѿчьства своего.
Ꙇн҃ꙗ всхвалѣюще
си празноуꙗмь. честноую паметь твою: –

Ꙇρи(д)те градолюца димитриꙗ.
ꙇразнолюбцы вьспоꙗ(м).
ꙇридѣте чѣтнь дн҃ь всѣ(х) вьводить.
ꙇρи(д)те вѣнцы нн҃ꙗ подаеть всѣмь на(м).
ѣрою поющимь.
ьхранѣи пѣвце сꙋщеѥ ѿечтва твоего.
Ꙇн҃ꙗ вьсхвалѣюще вси празноуꙗмь.
ькрасы се славне твоꙗ паме(т).

Ꙋумь вьзведѣмь вѣрны. нн҃ѣ кь ст҃(м)оу.
свѣще свѣтлие вьжезѣмь.
ꙋустны же вѣрныѥ сьтворимь.
ьсоу(д) дх҃оу ст҃омоу.
ьспѣвающе чт҃но сь вѣрою.
димитрие сьхранѣи пѣвци. сꙋщеѥ ѿчтва твоего.
ꙇн҃ѣ хвалюще празноуꙗмь.
прѣсвѣтлоую твою пам(е)(т).

Ра(д)уи се вселюбезне. градолюбьче димитриѥ.
ра(д)уи се свѣте ст҃ы.
ра(д)уı се радости.
ра(д)уı се крѣпости солоуню славном(б)у.
ра(д)уи се оутврж(д)ение и помощниче
зсѣмь вѣрнымь. ꙗко ѿчтвоулюб҅ца.
чамь празноующимь сла(в)у твою.
ꙇподаеши вѣнцы ⟨с⟩лавне: –

Kommt her jetzt, alle Gläubigen,
Wir wollen uns hell erfreuen!
Kommt und laßt uns preisen den ruhmreichen Demetrios
Als den wahren Beschützer der Stadt!
Kommt und laßt uns Demetrios besingen!
(Oh Demetrios,) beschütze die Sänger aus Deiner Heimat!
Jetzt, wo wir Dich besingen,
Feiern wir alle Dein ehrwürdiges Andenken.

Kommt her, die Ihr den Feiertag liebt,
Laßt uns den Beschützer der Stadt rühmen, Demetrios!
Kommt her, er führt heute alle ein mit Ehrungen!
Kommt her, er gibt jetzt uns allen (himmlische) Kränze,
Die wir ihn im Glauben besingen!
(Oh Demetrios,) beschütze die Sänger aus Deiner Heimat!
Jetzt, wo wir Dich besingen, wo wir alle feiern,
Schmücke Dir, Ruhmreicher, Dein Andenken!

Laßt uns jetzt den Geist erheben, die wir an den Heiligen glauben,
Laßt uns helle Kerzen anzünden!
Laßt uns unsere heiligen Lippen zu einem Gefäß für den Heiligen Geist machen,
Indem wir heilig im Glauben singen:
Oh Demetrios, beschütze die Sänger aus Deiner Heimat!
Die wir Dich jetzt lobpreisen, feiern wir Dein heiliges Andenken.

Freue Dich, immer liebenswürdiger Bewahrer der Stadt, Demetrios
Freue Dich, der Du das Licht der Heiligen bist!
Freue dich, der Du Freude bist!
Freue Dich, der Du der Beschützer der ruhmreichen Stadt Solun bist!
Freue Dich, Beschützer und Helfer
Aller Gläubigen als der, der die Heimat liebt,
Uns, die wir Deinen Ruhm feiern,
Schenkst Du prächtige Kränze!

ANMERKUNGEN

[1] Kožucharov, St. Metodievijat kanon za Dimităr Solunski. (Novi danni za istorijata na teksta). – Kirilo-Metodievski studii 3, Sofia 1986, 72-78.

[2] ebendort, S.75.

[3] ebendort, S.75.

[4] ebendort, S.78 bzw. Abbildungen 1-19.

[5] Gorskij, A.V.O drevnych kanonach svjatym Kirillu i Mefodiju. - In: Kirillo-Mefodievskij sbornik v pamjat' o soveršvšemsja tysjačeletii slavjanskoj pis'mennosti i christijanstva v Rossii. Izd.M.Pogodinym. Moskau 1865, 271-296.

[6] Jagić V. Služebnye minei na sentjabr', oktjabr' i nojabr', v cerkovno-slavjanskom perevode po russkim rukopisjam 1095-1097g. St. Petersburg 1886, 179-190.

[7] Gorskij, A.V., K.I.Nevostruev. Opisanie slavjanskich rukopisej Moskovskoj sinodal'noj biblioteki. Otdel III. Knigi bogoslužebnye, čast' 2, Moskau 1917, 21.

[8] Genov, M. Načalo i razcvet na bălgarskata literatura. Părvo bălgarsko carstvo. Sofia 1937, 15-16.

[9] Čiževskij, D. Neue Lesefrüchte. - Zeitschrift für slavische Philologie 24, 1955, 79-81.

[10] Kiselkov, V. Sl. slavjanskite prosvetiteli Kiril i Metodij. Sofia 1946, S. 384.

[11] Georgiev, E. Kiril i Metodij, osnovopoložnici na slavjanskite literaturi. Sofia 1956, 265; Dinekov, P. Stara bălgarska literatura. T. 1. Sofia 1950; Angelov, B. St. Iz starata bălgarska, ruska i srăbska literatura. Sofia 1958, 22; Bătlăr,T. Metodievijat kanon v čest na Dimităr Solunski. - Kirilo-Metodievski studii 4, Sofia 1987, 259 - 264.

[12] Kliment Ochridski. Săbrani săčinenija. T.3. Prostranni žitija na Kiril i Metodij. Sofia 1973, 191.

[13] Ebendort, T.1, Sofia 1970, 472.

[14] Pan'kevič, I. Ostrožnycki pergaminovi lystky XI–XII stolittja. - In: Jazykovedný sborník 5, 1951, 248-258.

[15] Jakobson, R. Methodius' Canon to Demetrius of Thessalonica and the Old Slavonic Hirmoi. - Sborník prací filos. fak. Brněnské univ. 14. Řada uměnovědná 9, 1965, 115-121.

[16] Mokrý, L. Der Kanon zur Ehre des hl. Demetrius als Quelle für die Frühgeschichte des kirchenslavischen Gesanges. - In: Anfänge der slavischen Musik. Bratislava 1966, 35-41.

[17] Svane, G.Kilka prób rekonstrukcji cerkiewnosłowiańskiej poezji liturgicznei. - Rocznik Slawistyczny 29, 1969, 29-38.

[18] Vašica,J.Původní staroslověnský liturgický kánon o sv.Dimitrijovi Soluňském. - Slavia 35, 1966, 513-524.

[19] Velimirović, M. The Melodies of the Ninth Century Canon for St. Demetrius. - In: Russian and Soviet Music. Essays for Boris Schwarz. Ann Arbor/Michigan 1984, 9-34.

[20] Bătlăr, op.cit.

[21] Kožucharov, op.cit.

[22] ebendort, S. 75.

[23] Conev, B. Opis na slavjanskite răkopisi v Sofijskata Narodna biblioteka. T. 2, Sofia 1928, 26.

Cod. Serd. (NBKM) slav. 516 f. 28v

Heinz Miklas

Materialien zur Erforschung des Werkes Methods und seiner Schüler

Einige Zeit nach seiner Rückkehr aus Schwaben[1] und vor seinem Treffen mit einem ungarischen Stammesfürsten[2] (jedoch nicht später als 879[3]) soll der Slavenapostel Method zunächst Teile der Bibel und dann einen Nomokanon sowie gewisse „otьčьsky knigy" (zur Gänze oder doch überwiegend aus dem Griechischen) übertragen haben, sich dabei der Hilfe zweier schnell schreibender Presbyter bedienend. Der umstrittenste Punkt in dieser sattsam bekannten Aussage des Method-Biographen (ausführliche Vita Methodii, c. 15) betrifft die Frage des oder der in einem Atemzug mit dem Nomokanon erwähnten Väterschrift(en). Fügt man die wichtigsten der zu ihrer Lösung herangezogenen Kriterien zusammen[4], so müßte es sich dabei um ein umfangreicheres Werk gehandelt haben, das folgenden Anforderungen genügt:

– Titel: recht allgemein gehalten resp. in der Überlieferung schwankend;
– Autorschaft: ein, eher aber mehrere autoritative, d.h. angesehene und kanonisch abgesegnete, Mönchsliterat(en) bzw. ein oder mehrere Kirchenväter[5];
– Aufbau: recht übersichtlich gereihte, d.h. am ehesten in durchgezählte Kapitel gefaßte, Sammlung kürzerer Einzelteile;
– Inhalt: exegetisch und (oder) hagiographisch, dabei auch dem gebildeten Laien gut verständlich und - sei es als Quelle oder fester Bestandteil - für liturgische Zwecke verwendbar;
– Übersetzungsaspekte: genealogisch oder typologisch mit dem kanonistischen Werk Methods zu verknüpfen und wie zu diesem, so auch zu Teilen der kyrillomethodianischen Bibelübersetzung (insbesondere des A.T. ohne Psalmen und Makkabäer) thematisch-inhaltlich sowie sprachlich in engerer Beziehung stehend;
– Überlieferung: dem Verfasser resp. Kompilator des sog.

Izbornik 1076 (genauer: seiner indirekten Hauptquelle, cf. später) womöglich bekannt und als eine von mehreren Quellen dienend.

Unter diesen Voraussetzungen kommt reinen Homiliarien und hagiographischen Sammlungen vom Typ eines Synaxariums oder Menologiums ebenso wie der Melissa sicherlich geringere Wahrscheinlichkeit zu, dem Opus Methodianum anzugehören, als einem einheitlichen oder gemischten Kompendium mit apophthegmatischen Zügen. Doch geht es mir hier nicht darum, eine Lanze für oder wider bisherige Lösungsvorschläge zu brechen. Denn solange ein beträchtlicher Anteil des einschlägigen Übersetzungsgutes noch ununtersucht oder doch nur oberflächlich geprüft ist, muß die Aussicht, das Problem mit einem kühnen Wurf zu lösen ebenso verfrüht erscheinen wie der augenblicklich um sich greifende Pessimismus, wonach die Frage eventuell nie mit Gewißheit zu beantworten sein wird. Es versteht sich dabei von selbst, daß eine endgültige Lösung, zumindest aber die maximale Eingrenzung denkbarer Möglichkeiten, lediglich auf dem Weg einer allseitigen und allumfassenden Analyse zu erreichen ist. Weniger selbstverständlich mag jedoch die Auffassung anmuten, daß diese Analyse mit ausgedehnten textologischen Vergleichen einzusetzen hat[6] und das Material der *Anastasiana sinaitica* am ehesten dazu geeignet ist, die erlahmte Diskussion über Methods Väterbuch wieder in Gang zu bringen.

* * *

Zu urteilen nach den erhaltenen handschriftlichen Zeugnissen erfreuten sich die (Zu-)Schriften eines bald kurz als *Sv. Anastasii*, bald als *Sv. Anastasii sinaiskii* bezeichneten bzw. seltener auch mit dem Zusatz „sъněrenyi mъnichъ styę gory sinaiskaago" (ὁ ταπεινὸς μοναχὸς τοῦ ἁγίου ὄρους Σινᾶς) belegten Sinaiten fast ebenso großer

Beliebtheit bei den aksl. Übersetzern wie das Werk des Ioannes Chrysostomos, dessen verwickelte Überlieferung sie teilen. Wer sich hinter diesen Zuschriften jeweils verbirgt, ist gegenwärtig noch nicht klar. Im Verein mit M. Richard dürfen wir vorerst zumindest von zwei Mönchsautoren ausgehen, einem älteren Anastasios (7. Jh.?) und einem jüngeren Ps.-Anastasios (8./9. Jh.)[7]. Mit den hier relevanten Quaestiones und Narrationes der sinaitischen Anastasi(o)i am häufigsten verknüpft und bisweilen auch verwechselt finden sich thematisch entsprechende Spuria des Patriarchen Athanasios I. von Alexandreia (3./4. Jh. - cf. CPG 2090 sqq., insb. 2257-58 u. 2260-61), was die Gefahr weiterer Fehlattributionen wenigstens an Patr. Anastasios I. von Antiocheia (6. Jh., cf. CPG 6944 sqq.) in sich birgt. Die Zugehörigkeit zum „schwarzen" Klerus und Verehrung als Kirchenväter haben freilich alle genannten Autoren gemein.

Die gesicherte slavische Anastasios-Überlieferung setzt bekanntlich vor 927 (am ehesten um 914-919) ein mit der Zar Simeon gewidmeten Übertragung eines umfangreichen byzantinischen Sammelwerks, deren frühester Beleg folgenden Gesamttitel trägt (Izbornik 1073, f. 4r)[8]: „Sъborъ otъ mnogъ o͠cъ . tьlkovanija o nerazoumьnyichъ slovesьchъ. vъ euaggelii i vъ aplě i vъ iněchъ k' nigachъ. vъkratьcě sъloženo. na pamętь i na gotovъ otvětъ". Einige Zeit darnach dient dieser Titel dem anonymen Kompilator einer verwandten slavischen Sammlung zur Benennung eines größeren Einzelabschnitts von rund 35 kurzen, darunter auch Anastasios-Exzerpte der Simeonschen Kollektion umfassenden Kapiteln (*Knjažij izbornik, Abschnitt 9)[9].

Im besten bisher bekannten Zeugen (Meleckij sbornik, ff. 69r-88v)[10] lautet die Überschrift des nun um zwei Stücke geringfügig verkürzten Teils (c. 25): „Sъborъ ω(t) mnogò ω͠cъ tlьkovania. ω nerázum'nych sloveśechъ vъ eυ (g̅)-lii. vo inechъ knígachъ. vъkratcěchъ sъlóźéno". Die Widmung der zweiteiligen, jedoch in ihrer ältesten erhaltenen Version in einen Band gefügten Simeonschen Sammlung spricht von derselben als „mnogostrъpъtьnych sichъ

knigъ" (cf. Izbornik 1073, f. 2r). Obwohl von den 266 auf uns gekommenen Folia dieses Denkmals über 190 auf eine nicht ganz vollständige Fassung der Collectio 88 quaestionum des Ps.-Anastasios[11] entfallen (ff. 27r-120v, 123r-127r, 129r -223r resp. cc. I. 16-230 [„100" bis], Pinax II partis, cc. II. 1-155 [„15 <4>"]: CPG 7746, ca. Qu. 1-20, 20-21inc., 24des.-48, 52des., 53-59, 142-151, 60-70, 128, 71 -74, 152-154 [originaliter etiam Pinax I et Qu. 22-23]), wird in der besagten Widmung nur der erste und bekannteste aller vorkommenden Autoren namentlich erwähnt („prěmǫdrago vasilia", ibidem); und selbst das - desgleichen in der Überschrift des ersten Abschnitts („s̅taago vasilia" - Izbornik 1073, f. 4r) - ohne Herkunfts- (Kappadokier), Amts- (Erzb. v. Kaisareia) oder die üblichere Ehrenbezeichnung (der Große). Dabei war der Verfasser des Hauptteils sowohl dem abg. Übersetzer als auch dem späteren Kopisten durchaus geläufig; denn sie verweisen auf ihn mit dem Titel: „Anastasijevi otъvěti. protivou nanesenyimъ jemou. otъvětomъ. ně otъ kakyichъ pravověrъnyichъ. o različьnyichъ glavicznachъ" (Izbornik 1073, f. 27r). Ebenfalls bewahrt hat sich diese Überschrift, freilich unter Abänderung des Namens, als Titelform eines wiederum slavischen Derivats aus verschiedenen früheren Übersetzungsversionen, vgl.: „Aϑanasievi ω(t)věti. protivou nanesenyimъ jemou otъvětomъ. ω(t) někychъ pravověrъnyichъ. o različьnychъ glaviznachъ" (Izbornik 1076, ff. 114v-133v, 188r-227v) bzw. „Aϑanasievi ω(t)-věti protívu nanesenymъ emu ω(t)věto(m) ω(t) někichъ právověrnychъ ω različnychъ glávicznachъ" (Meleckij sbornik, ff. 90r-107r)[12].

Inwieweit der Verweis auf Athanasios hier gerechtfertigt ist, wird sich noch zeigen. Sein Initiator ließ sich jedenfalls von demselben Prinzip leiten, dem auch die Nennung Basileios' in der gehabten Widmung an Zar Simeon gehorcht, da unter den rund 16 identifizierbaren Athanasiana der beiden Zeugen zugrundeliegenden Fassung zwar keines an den Anfang gestellt, die einleitende Frage jedoch dem Gesprächspartner des Athanasios, Antiochos (Vъpro-(s̅) antiocha - Izbornik 1076, f. 114r), in den Mund gelegt ist. Woher wiederum die Kontamination der in Wahrheit auf Ps. -Anastasios zurückzuführenden (und in der hierfür benutzten Quelle des Simeonschen Sammelkodex ihm auch tatsächlich zugewiesenen) Erotapokrisis und des Namens Antiochos rührt, wird offenkundig, wenn wir uns eine der zahlreichen Titelformen für die zweite und Hauptquelle des abg. Kompilators vor Augen halten, vgl. nur : *„Iže vъ sīchъ ѡc̄a našego aѳanasia archiep(s̄)kpa aleѯandrъskago. kъ andiochou knęsou. o mnosěchъ i potrěbnychъ iskanichъ. vъ bž(s̄)tvnychъ pisaniichъ. nedooumĕemychъ. i ѡ(t)ъ vъsěchъ christianъ vĕdĕti dlъžnouemotъ“* (Sbornik des Ioann Aleksandr, f. 105v)[13]. Vielleicht nicht für die Übersetzung dieses Werks (*Quaestiones ad Antiochum ducem*, CPG 2257), wohl aber für die Übertragung der ersten *Oratio contra Arianos* (CPG 2093: I.) verantwortlich zeichnet einer der bekanntesten und produktivsten Schüler Methods, der Presbyter Konstantin (Preslav, a. 906[14]). In der glücklich erhaltenen Subskription einer bald darauf verfertigten Abschrift erwähnt ihr Schreiber, der mutmaßliche Neffe Boris' I. Todor Doks (Dux), auch den Auftraggeber von Übersetzung und Kopie (*„pѡvĕleniem' knѕ̄ náše(ḡ) bólga(r)ska. ímene(m) simeóna“*) und bezeichnet die vier Kapitel umfassende Rede als *„Sia knigy blḡoč(s̄)tnya. naricaemya afanasii“*[15]. Es bedarf keines zusätzlichen Hinweises auf die Pandekten des Nikon (oder andere voluminöse Übersetzungswerke), um zu zeigen, daß in solchen Fällen der Plural *kъńigy* (βίβλος, βιβλίον; γραφή; λόγοι) in die Nähe von *glavy, glavizny* (κεφαλαί, κεφάλαια) rückt bzw. überhaupt die Bedeutungen „Schrift(stück)“ und „Abschnitt, Kapitel“ sich überschneiden[16].

Umfang, Anordnung und Zählung der Anastasiana sind in der Überlieferung stärkeren Schwankungen unterworfen, verfügen jedoch wie ihr Inhalt über Besonderheiten, die dieses Genus sowohl zur Erstellung einer individuellen Kleinsammlung als auch zur sporadischen Entnahme, Unterstützung einer eigenen Darlegung und damit zum Einbau in patristische Großkompilationen vom Typ der ebenerwähnten Pandekten, der Synagoge des Paulos

Euergetinos, aber auch anonymer slavischer Derivate wie des Izmaragd mit relativ fester oder einer Zlataja cep' mit lockerer Struktur besonders geeignet machen. Vom vorhandenen slavischen Material ist bislang nur die Tradition der Coll. 88 qu. im Bestand der Abkömmlinge des verschollenen Simeonschen Sammelkodex etwas eingehender untersucht[17], der Rest trotz Vorliegens einzelner Editionen lediglich zu einem geringen Teil identifiziert bzw. behandelt; was nicht zuletzt auch für die oben angeführte Version der *Atanasievi otveti* gilt. Bevor wir uns ihr zuwenden, lohnt sich ein Blick auf das von Kuev (p. 285-304) gesammelte handschriftliche Korpus. Es handelt sich dabei um weitere 49 Zeugen für Anastasios-Erotapokriseis, die von éinem bis zu 438 Kapiteln zählen und in Sammelkodizes allgemeiner Natur, Paterika (No. 1, 3, 6, 19), Nomokanones (No. 4, 27₁), Euchologia (No. 13, 17, 36) und einen Zlatoust (No. 40) eingebettet sind bzw. in zwei Fällen fast die ganze Handschrift einnehmen (No. 22: 438cc., No. 34: 92 Qu. [!]). Obwohl damit der Fundus an slavischen Anastasios-Erotapokriseis noch lange nicht erschöpft ist, vermittelt eine erste Vorordnung des nach seinem ungefähren Alter (14.-18. Jh.) dargebotenen Materials schon einen guten Einblick in die Vielzahl und Verzweigtheit existierender Versionen. Ich füge dabei den nach Titel und Incipit gereihten Zeugen die jeweilige Nummer der ersten (oder einzigen) Quaestio nach der Zählung der Gretser-Migne-Ausgabe (PG 89, coll. 312-824) bei oder, wo dies nicht möglich ist, den Hinweis auf eine verwandte Textstelle; in Klammer angefügte Ziffern beziehen sich auf die Gliederung der genuinen *Collectio 103 qu.* bei Richard 1969, 42-50[18]:

2 (6) Tit.: – ; Inc. *K'to sǫt'istin'ni poklon'nici, iže ni v'gorě..* Kuev, No. 12 (cf. p. 308: qu. 10).

6 (52) Tit. : – ; Inc. *Dobro li ispovědati grěchy svoę duchov'nym'...* Kuev, No. 40b.

12 (83) Tit.: *Stḡo anastasia sinaiskyę gory. v'pros'.* Inc. *Č'to est' mammona neprav'dy...* Kuev, No. 31.

14 (58) Tit.: *In' v'pros'.* Inc. *Kamo est' pol'za prinositi imĕnie..* Kuev, No. 18, 40a.

20 (62) Tit.: – ; Inc. *Znamenia i čudotvorenia i proročstva byvaǫštaa ot' s'protiv'na* ...
Kuev, No. 15 (cf. Richard 1969, sub No. sowie Pandekten[23], ff. 317r–318v sub c. 43).

22 (42) Tit.: – ; Inc. *Kaa s'grěšenia praštaǫt' sę po s'mr'ti*...
Kuev, No. 42b.

64 (51) Tit.: *Stgo anastasia sinait'skago d'va v'prosy i otvěta.* Inc. *Gospodu glagolǫštu, jako ne v'chodęštaa v' usta*...
Kuev, No. 30 (cf. p. 314: qu. 18).

79 (7) Tit.: *V'prosi i različ'ni ot'věti ot' glav'nych' i različ'nych' lic' k' oťcu anastasu. im' že i s'kazania s'tvori. ne ot sebe. no ot' v' kušenia i počitania stych' ot'c' pisania.* Inc. *Ašte k'to nevěr'n'. ili židovin' ili sama ŕanin'* ...
Kuev, No. 21 (=Meleckij sbornik, cf. Veder 1983, 158, 162 et Veder/Nowak, 307: u. 1030-1121/23).

80 (8) Tit.: *Inii v'prosy različ' nii i ot' m' nogich' različ' nych' oglavleniich'. ot' različ nych' ot'c' k' oťcu anastasiu. im' že i s'kazania s'tvori, ne ot' sebe, no ot' iskušenia i počitania stych' ot'c' pisania*... Inc. *Kako est' rečeno. jako v' v'sěch' jazycěch'*...
Kuev, No. 29 (cf. p. 304: qu. 1).

83 (11) Tit.: *V'prosi k' oťcu anastasiu o pol'zi dušę.* Inc. *Ašte člověk' tvorit' grěch'. to tvorit' dobro*...
Veder/Nowak, 307sqq. (cf. sub 79 sowie Kuev, 304-305: qu. 2).

93 (24) Tit.: *V'pros' stgo anastasia.* Inc. *Č' to est' eže neprěstano moliti sę*...
Kuev, No. 42c.

137 (94) Tit.: – ; Inc. *Imat' li ustav' konec' žitia sego*...
Kuev, No. 45 (cf. p. 315: qu. 21).

Add. 3 Tit.: *Stgo anastasia sinaiskago. v'pros' o pričęštenii.* Inc. *Ašte dobro est' v'segda pričęštati sę stych' i životvoręštich' tain'* ...
Kuev, No. 14, 16, 38 (cf. CPG 7746 sub No. sowie Kormčaja[25], c. LXIX. 1).

Add. 5 Tit.: *Iže v' stch' ot'ca našego anastasia gory sinaiskyę v'pros' (o neizglagolan'nych' pomyslech'*

chul'nych'). Inc. *Ot'kǫdu duša člověč(' sk)a m' nogaždy glagolet' někyę*...
Kuev, No. 2-3[19], 8-10, 19, 24, 26, 27₂, 28, 41, 43 (cf. CPG 7746 sub No.).

Add. 6 Tit.: *Stago anastasia sinaiskago v'prosi o različ'nych' vinach'. (V'pros' v'toryi o iudeoch' i ellině ch'*, c. 69). Inc. *Apostolu glagolǫštu, jako slava i č'st'*...
Kuev, No. 44 (cf. Kormčaja, c. LXIX. 2 u. allg. PG 28, col. 659 C).

Add. 7 Tit.: *Stgo anastasia v'pros'.* Inc. *Ašte k'to zavěštaet' sebe/sebě na dobro dělo*...
Kuev, No. 4, 11, 13, 17, 36, 39 (cf. Meleckij sbornik, f. 102r-v: qu. 27 und Veder 1982, 157 sub u. 700-928).

Add. 8 Tit.: *Anastasia sinaiskago. v'pros'.* Inc. *Ašte k'to sramlaę sę rešti člověku*...
Kuev, No. 25, 32[20] (cf. Pandekten, f. 412r sub c. 51).

Unter den verbleibenden Nummern gehören neun allgemein zur Tradition der mit Qu. 1 (1) beginnenden Fassungen der Coll. 88 qu. (No. 1, 5-7, 33-35, 42a und wohl auch 22); der Rest läßt sich noch nicht einordnen (No. 20 u. 23) oder gehört gar nicht hierher.

Es ist nun nicht schwer zu erkennen, daß das Gros der erfaßten Zeugen und Zeugengruppen außerhalb der Simeonschen Tradition der Coll. 88 qu. steht und in sich wiederum in vier *Überlieferungsstränge* zerfällt. Wir wollen sie der Reihe nach durchgehen:

1. Zumindest die Zeugen mit Qu. 2 (6), 64 (51), 79 (7), 80 (8), 83 (11) und 137 (94) am Beginn oder als einziger Erotapokrisis zählen zum Bestand einer Sammlung, die nach Ausweis des a. 1348 von Lavrentij geschriebenen Sbornik Ioann Aleksandrs („L", ff. 160v-182r) und des osl. Meleckij sbornik („M", ff. 119r-133r resp. u. 1030-1121) einmal 31 Fragen und Antworten umfaßt haben dürfte oder aus einer noch größeren Kollektion schon in abg. Zeit herausgelöst wurde. Welche der beiden Möglichkeiten zutrifft, läßt sich deshalb noch nicht sagen, weil eine der beiden Hss. gemeinsamen Erotapokriseis in der genuinen Coll. 103 qu. keine Entsprechung kennt (cf. No. 22)

und umgekehrt auch Zeugen wie der Qu. 93 (24) zugewiesene existieren, die zwar nicht der (griech.) Coll. 103 qu., wohl aber den Versionen L und M abgehen. Da die 29 Stücke des älteren Zeugen bereits ediert vorliegen (Kuev, 304-321), genügt es, hier eine Auflistung der vertretenen Fragen und Antworten zu geben[21]; zu Incipit und Titelform vgl. bereits höher.

*Versio slav. 31 quaestionum

No.	1	2	3	4	5	6	7	8	9	10	11	12	13
Qu.p	79	80	81	83	84	87	9	8	40	3	98	2	134
Qu.	(7)	(8)	(9)	(11)	(12)	(15)	(18)	(25)	(98)	(33)	(34)	(6)	(89)
L:	-	1	-	2	3	4	5	6	7	8	9	10	11
M:	1	2	3	4	5	6	(7?)	8	-	9	10	11	12

No.	14	15	16	17	18	19	20	21	22	23	24	25	26
Qu.p	18	7	101	11	103	104	64	136	56	137	138	60	55
Qu.	(30)	(41)	(43)	(45)	(46)	(48)	(51)	(92)	(-)	(94)	(95)	(96)	(99)
L:	12	13	14	15	16	17	18	19	20	21	22	23	24
M:	13	14	15	16	17	18	19	20	21	22	23	24	25

No.	27	28	29	30	31
Qu.p	139	90	23	109	17
Qu.	(100)	(20)	(23)	(59)	(101)
L:	25	26	27	28	29
M:	–	27	28	26	29

Qu.p= Ps. -Anastasios im Bestand der PG-Fassung

Qu. = (die im allg. hier einschlägige) genuine Coll. 103 qu. nach Richard 1969

2. Der zweite Überlieferungsstrang ist in diesem Zusammenhang lediglich deshalb von Bedeutung, da er über den Vergleich mit den anderen zur Aussonderung der ältesten Übersetzungsschichten beiträgt. Die gemeinten Exzerpte in den *Pandekten* (Hermeneiai) des Nikon vom Schwarzen Berge[22] bilden zwei Gruppen: Quaestiones et Alia. Ersteren können wir mit ziemlicher Sicherheit die obigen Zeugen für 6 (52), 12 (83), 20 (62) und Add. 8 zuordnen. Ich zitiere nun alle mir bisher geläufigen Incipia in alphabetischer Reihenfolge nach der einzigen verfügbaren Druckversion[23], von denen ein größerer Teil auch im Inhaltsverzeichnis der Großen Lesemenäen des Makarij ausgewiesen ist (VMČ sub 30. IV., cf. Iosif <II>, 108-122):

Quaestiones:

16 (65)	Apostolu glagolǫštu. jako vlasti mirskyę...	(c. 41, f. 305v)
3 (33)	Ašte k'to s'grěšiv' pokaet' sę i paky v'...	(c. 52, f. 433v)
?	Ašte k'to sramlaę sę rešti svęšten'niku člověku...	(c. 51, f. 412r)
?	Ašte k'to ustavit' v' sebě s'tvoriti vešt'. eže...	(c. 14, f. 100v)
60 (96)	Ašte oko tvoe, ili rǫka tvoa. s'blaznaet' tę...	(c. 7, f. 48v)
26	Ašte v'ša elika s'tvori bog' dobra zělo, kako po...	(c. 62, f. 538r)
12 (83)	Č'to est' mamona neprav'dy...	(c. 22, f. 166r)
7 (41)	Dobro li est' čęsto pričęštati sę, ili po...	(c. 53, f. 448v)
6 (52)	Dobro li ubo est' eže ispovědovati grěchy...	(c. 51, f. 405v)
63 (32)	Gospodu glagolǫštu, im' že ašte ostavite...	(c. 7, f. 51r)
14 (58)	Kako luč' še est' prinositi iměnia k'...	(c. 21, f. 160v)
43	Kako razuměet' sę. něst' bo blago v' člověcěch'...	(c. 62, f. 538r)
31	Kako stanet' diavol' pred' bogom' s' ag'gli.	(c. 2, f. 5r)
9 (18)	Kolicy nravi ostavlenia sǫt', ili v' skr'bi...	(c. 41, f. 308v)
13 (55)	Koliku měru ot' svoich' iměnii dl'ž'n' est'...	(c. 21, f. 161r)
22 (42)	Kotoraa s'grěšenia proštaǫt' sę po s'mr'ti...	(c. 52, f. 434r)
(99) 55	Nečii otstǫpl'še ot' boga, i svętyę cr'k've.	(c. 32, f. 234v)
10 (73)	Otkǫdu zrim' někia věr'ny teles'nya s'grěšenia.	(c. 41, f. 310r)
(41) 100	Ubo dobro li est' pričęštati sę po v'sę...	(c. 53, f. 444r)
17 (101)	Ubo v'ša zlaa, elika tvoręt' nam' člověci, po...	(c. 41, f. 306r)
18 (29-30)	V'si li ubo iže ot' vysoty padaǫštii,...	(c. 41, f. 311r)
20 (62)	Znamenia i čudotvorenia i proroč'stva...	(c. 43, f. 317r)

Narrationes etc.:

CPG 7758 A17		
	Čudnyi ioann' savaitin' ispověda...	(c. 39, f. 293r)
BHG[n] 1449e	Glagolet' styi marko o prilogoch' sataniněch'.	(c. 52, f. 433v)
CPG 7750	Ne sǫdim' ubo bratii, molǫ vy, jako...	(c. 40, f. 301r)
BHG[n] 1450m (CPG 7751)		
	Pri mavrikii byst' někii načęl'nik'...	(c. 52, f. 428r)
?[24]	Reče styi anastasii sinaiskii. jako mǫž' někii...	(c. 39, f. 293v)
?	Tri v' pisanii volę obrětaem' glagolemy,...	(c. 18, f. 140v)

3. Den dritten Überlieferungszweig, dem offenbar die Add. -Qu. 3, 5, 6-7 angehören, kann man vorerst allgemein als *kanonistischen* ansprechen, da diese Anastasiana-Gruppe außerhalb von Sammelhss. allgemeiner Art am geschlossensten in Nomokanones und von ihnen abhängigen Euchologia anzutreffen ist. Eine engere Beziehung zur apophthegmatischen (Paterika-) Tradition steht jedoch außer Zweifel. Wie groß dieser Bestand ist und wo seine Grenzen liegen, läßt sich mangels vorhandener Editionen und genauerer Beschreibungen noch nicht feststellen. Verweisen möchte ich nur auf drei Kurzversionen, die diese überwiegend aus Erotapokriseis zusammengesetzte, überaus alte Schicht in unterschiedlichem Maße bewahrt haben resp. als Zeugen der kanonistischen Tradition gelten dürfen:

(a) *Coll. 14 qu. in nomocanone palaeo-russico*[25]:

Tit.: *Sťago anastasia sinaiskago, v'prosi o različ'nych' vinach'.*

(1) *V'pros' pr'vyi o pričęštenii.* Inc. *Ašte dobro est' v'segda pričęštati sę...*
Kormčaja, c. LXIX. 1 - cf. CPG 7746: Add. 3 (und allg. CPG 7746: Qu. 7 [41]; 7750; 7758 B 8 [BHG[n] 1444vd, Prol.], 7758 C 11 / BHG[n] 1448ca ?).

(2) *V'pros' o iudeoch', i elliněch'.* Inc. *Apostolu glagoĺǫštu, jako slava i č'st', i mir'...*
Kormčaja, c. LXIX. 2 - cf. supra (Add. 6).

(3) *V'pros' o pokaanii.* Inc. *Glagoĺǫt' něcii, jako to est' pokaanie grěcha...*
Kormčaja, c. LXIX. 3 - cf. infra [26].

(4) *V'pros' o gr'dosti.* Inc. *Kyi grěch' tvorit' molit'vy našę nepriat'ny bogu...*
Kormčaja, c. LXIX. 4 - cf. infra.

(5) *V'pros' o s'měrenomǫdrii (s'mirenom.).* Inc. *Kaa est' s'měrenaa (s'mirenaa) mǫdrost', proštaę člověka...*
Kormčaja, c. LXIX. 5 - cf. allg. CPG 7746: Qu. 135 (91) und Kuev, 274 (qu. 90).

(6) *V'pros' o pokaanii.* Inc. *Něcii m'nogaždy ot'sěkaǫšte sę ot' grěcha...*

Kormčaja, c. LXIX. 6 - cf. infra.

(7) *V'pros' o bogat'stvě.* Inc. *Kako est' razuměti gospod'ne slovo glagoĺǫšte, s'tvorite sebě...*
Kormčaja, c. LXIX. 7 - cf. allg. CPG 7746: Qu. 12 (83).

(8) *V'pros' o milostyni.* Inc. *Ašte k'to ne usr'ď'ně, no nǫdę sebe podaet'...*
Kormčaja, c. LXIX. 8 - cf. infra.

(9) *V'pros' o pokaanii.* Inc. *Ašte v' grěsěch' s'starěv' sę člověk'. zavěštaet'...*
Kormčaja, c. LXIX. 9 - cf. infra.

(10) *V'pros' o znameniich'.* Inc. *Noeę (Koę ?) radi viny ne byvaǫt' d'nes' m'noga znamenia....*
Kormčaja, c. LXIX. 10 - cf. Kuev, 296 (sub No. 3) und allg. CPG 7746: Qu. 20 (62).

(11) *V'pros', jako nevin'n' zlym' bog'.* Inc. *Něcii slyšašte blagověstie glagoĺǫšte, jako...*
Kormčaja, c. LXIX. 11 - cf. allg. CPG 7746: Qu. 17 (101).

(12) *V'pros', kyi grěch' ljutěi (šii), i neudob' očěstim' pače iněch'...*
Kormčaja, c. LXIX. 12 - cf. infra.

(13) *V'pros' o proštenii.* Inc. *Ot' kǫdu uvěst' člověk', jako prostil' i est' bog' grěchov' ego.*
Kormčaja, c. LXIX. 13 - cf. CPG 7746: Add. 4 (und allg. Qu. 106 [50])[27].

(14) *V'pros' o tělě christo(so)vě.* Inc. *Kako est' razuměti o tělě christo(so)vě, visęšti...*
Kormčaja, c. LXIX. 14 - cf.?

(b) *Excerpta (1+5)* in cod. Mosq. (GIM) Synod. slav. 531, ff. 283r sq. et 295v-318 [28]:

(0) *V'pros'. o iuděoch'. i eľliněch'.* Inc. *Apostolu glagoĺǫštu...*
Cf. supra (3a2).

Tit.: *Iže v' sťych' ot'ca našego anastasia sinaiskago. v'prašania. i glaviz'ny.*

(1) *V'pros' o z'lych' pomyslěch'.* Inc. *Ot' kǫdu duša...*
Cf. supra (Add. 5) und Beneševič 1905, 117.

(2) *Togožde. V'pros' o eže ne sǫditi.* Inc. *Kotorym' /-ěm' obrazom' možem' /(-t') ne sǫditi...*

Cf. Richard 1975, 148sq., 154sq. (b 42 = app. 18) und allg. CPG 7750, 7746: Qu. 70.

(3) *Togožde. O različ' nych' obrazěch' s' paseniu i o pokaanii.* Inc. *Rečeno byst' ubo sice prěžde malom'* ...
Cf. Pitra II, 246 (26.) und allg. CPG 7746: Qu. 104 (48).

(4) *V' pros'.* Inc. *Ašte dobro est' v' segda pričęštati sę...*
Cf. supra (3a1: Add. 3).

(5) *V' pros'.* Inc. *Kako dl' ž'ni esmy ne blaznęšte sę priimati sīch' tain'* ...
Cf. H. Miklas, Ein Steckbrief zu: Anastasius Sinaita, De presbyteris peccantibus et de sacra communione, in: Studia slavico-byzantina et mediaevalia europensia II. (im Druck) sowie Richard 1975, 148sq., 154 (b 41 = app. 17).

(c) *Capita 2 in nomocanone palaeo-bulgarico (cum synt. 14 tt. sine scholiis):*

(1) Tit.: *Prěsīaago anastasia. patriarcha antiochiiskaago s' kazanie. jako velie an'gel'skoe i čistitel'skaago dostoania. jako nev'zmož'no osǫždati. ierea ot' prost'ca. n' ot' vęšt'šaago svętiteɫa. jakože i kanoni rěšę o bož stv'něi racě i o mǫčenicě.* Inc. *V' cr'k' v' nem' s' kazanii. filona filosofa...*
Beneševič 1906, 637-640 – cf. CPG 7750 (App.), BHG[n] 1322v sowie weitere griech. u. slav. Zeugen bei Beneševič 1905, 117, 268, 282, 285-286; 1914, 93-94, 164, 171; Richard 1975, 148sq., 154 (b 39); Sreznevskij, 32, 151.

(2) Tit.: *Togožde sīaago anastasia pověst' svęšten'na o papeži rim' stěm'. grigorii. d'voeslov'ci. i o čudotvor'ci.* Inc. *Pověda nam' někyi star'c. imen'm' petr'* ...
Beneševič 1906, 641-643 – cf. BHG[n] 721b sowie Beneševič 1905, 117, 285-286 ; 1914, 100; Sreznevskij, ibid.

(c') *Item in nomocanone palaeo-serbico (cum synt. 14 tt. cum scholiis)* [29]:

(1) Tit.: *Sīago anastasia patriarcha antiochiiskago ukazanie, jako velik' i ag'gel'skyi est' archierěiskyi san' i jako nev'žmož'no svętiteɫu ot' rim'skago člověka sudimu byti, no ot' bol'šago svętiteɫa, jakože i pravila rekošę.* Inc. *V' cr'k'v'něm' pisanii filona filosofa...*

Troicki, 88-89 et Reg.(c. 52.1); Sreznevskij, 74, 151 (c. LII. 1), Beneševič 1905, 286/3 ; Ščapov 1976, 148 (No. 89: p. 401-402).

(2) Tit.: *Togožde sīago anastasia s'povědanie o papě rʋm'scěm' grigorii besědov'nicě i čudotvor'ci.* Inc. *S'kaza nam' prezvʋter' imenem' petr'* ...
Troicki, ibid. (c. 52.2); Sreznevskij, ibid. (c. LII. 2); Ščapov 1976, 148 (No. 89: p. 402-403).

4. Der letzte Komplex, den die höher angeführten Zeugen nach den vorhandenen Angaben eher vermuten als nachweisen lassen, wird überwiegend zum Bestand der anonymen Väterkapitel des *Azbučno-Ierusalimskij paterik* (hier: CPG 5612) gezählt und findet sich da teils integriert in die Abschnitte AIPi 7 und 9, teils unter den 122 Stücken der umfangreichsten Version des Supplementärteils (AIPs A nach Capaldo, 34). Ich führe die mir bisher bekannten Stücke in abweichender Reihenfolge an, um den Vergleich mit den übrigen Anastasiana zu erleichtern, und verweise auf die entsprechenden Incipia bei van Wijk (p. 69-70) bzw. Capaldo (p. 35-36):

Quaestiones:
CPG 7746: 2 (6) = AIPs A 2

Narrationes:

CPG 7758 A:	4 (=Nau)	5 (=Nau)	6a-b (=Nau)	6c, 34, 7 (=Nau)
AIP:	s A 24	s A 9	s A 34	s A 35
CPG 7758 A:	8 (=Nau)	10 (=Nau)	11 (=Nau)	12 (=Nau)
AIP:	s A 38	s A 40	s A 41	s A 42
CPG 7758 A:	13 (=Nau)	14 (=Nau)	15 (=Nau)	16 (=Nau)
AIP:	s A 43	s A 44	s A 10	s A 11
CPG 7758 A:	17 (=Nau)	18 (= Nau)	19 (=Nau)	20 (=Nau)
AIP:	i 9. 14 (f. 148r)	s A 45	s A 46	s A 47
CPG 7758 A:	21 a (=Nau)	21b (=Nau)	22 (=Nau)	23 (=Nau)
AIP:	s A 48	s A 49	s A 50	s A 52
CPG 7758 A:	27 (=Nau)	27 (=Nau)!	29 (=Nau)	30 (=Nau)
AIP:	i 7.7 (f. 141v)	s A 54	s A 6	s A 53
CPG 7758 A:	31 (=Nau)	32 (=Nau)	33 (=Nau)	35 (=Nau)
AIP:	s A 51	s A 39	s A 36	s A 33
CPG 7758 A:	36 (=Nau)	37, 3 (=Nau)	40 (=Nau)[30]	42

AIP: s A 21   s A 22 et 55 ! s A 14   s A 37
BHG^n31: 1444y (Nau 56) 369n   1322yb et app. 1440pb
AIPi: 9.16a (B f. 283v) 9.16b (f. 149r) 9.17 (f. 149v) 9.18 (f. 151r)

Eine kleinere Gruppe von Stücken, darunter auch den Vergleichspartner zu Kuevs No. 42c (Teil der genuinen Coll. 1 ?), treffen wir darüber hinaus in Hss. des sog. *Svodnyj paterik*. Da es sich dabei in vergleichbaren Fällen stets um eigene Rezensionen dreht, denen zumindest teilweise auch gesonderte Übersetzungen zugrundeliegen, benötigen wir auch diesen Bestand zum Vergleich. Die folgende Aufzählung, die sicherlich noch ergänzt werden kann, berücksichtigt: die aus dem Cod. Athon. Zogr. 83 (Il. 164) gezogenen Incipia von Nikolova (p. 390-396), denen in Klammer die jeweilige Kapitelnummer der vorliegenden Teiledition beigefügt ist (Nikolova, 147sqq.); die ältere Zählung von Jer'omin („E."); sowie die Rec. „a" (nach Jer'omin) in den Lesemenäen Makarijs (Stellenverweise auf VMČ, 31. XII. bei Iosif <I>, 275-295):

Quaestiones:
CPG 7746: 93 (24) = SvP 252 (- ; E. -; -).

Narrationes:

CPG 7758: A 5 (=Nau)   A 10 (=Nau)   A 17 (=Nau)
SvP: 62 (=; E. 58; f. 746v) 42 (=; E. 38; -) 176 (-; E. 209; f. 819r)

CPG 7758: A 40 (=Nau)   C 9
SvP: 54 (=; E. 50; f. 744v) 78 (=; E. 73; f. 758v)
BHG^32:   1322v (Nau 54)   1444x
SvP: 216 (147; E. 97; f. 773v) 217 (148; E. 98; f. 774r)
BHG^(n):   1448c (Nau 52)   1450m (cf. CPG 7751)
SvP: 218 (149; E. 99; f. 774r) 236 (167; E. 114; f. 784v)

Auf der Basis der betrachteten Überlieferungsstränge ist es nun möglich, eine Anzahl von Einzelkapiteln und Kompilationen solcher Sammelhss. erstmals zu identifizieren oder näher zu bestimmen, welche nicht nur das hohe Alter der darin verankerten Anastasiana unter Beweis stellen, sondern auch Licht auf die relative Chronologie ihrer Übersetzung werfen. Zu den wichtigsten dieser

Handschriften, von denen einige schon höher gestreift wurden, gehören[33]:

I = Izbornik a. 1076 (Cod. Lenin. Ėrmit. 20)
T = Troickij sbornik s. 12/13 (Cod. Mosq. GBL F. 304, 12 et F. 310, 963)
B = Berlinskij sbornik s. 14 in. (Cod. Berol. Wuk 48 et Lenin. GPB 0.p.I.15)
M = Meleckij sbornik s. 16 ex. (Cod. Kijev. CBAN Mel. m./p. 119)
U = Cod. Mosq. GIM Uvar. 4°-157 s. 17

Alle fünf Kodizes sind durch mehrere signifikante Parallelen mit einander verknüpft, deren Hauptursache mit Veder 1983 in der Existenz einer abg. Kompilation aus bereits existierenden Einzelwerken und Sammlungen gesehen werden darf. Die Eckdaten dieses am ehesten von Simeons Nachfolger auf dem Zarenthron, Petr I., veranlaßten oder geschaffenen „Knjažij izbornik", liegen nach derzeitigem Ermessen zwischen 927 (jedoch kaum vor 920) und 968 (jedoch nicht nach 970)[34]. In jedem Falle innerhalb dieser Grenzen zu suchen ist die Zusammenstellung der *Atanasievi otveti*, die uns in I, M und U begegnen und nach Veders vorläufiger Rekonstruktion den 12. Abschnitt des Knjažij izbornik gebildet haben. Obwohl sich ihr Urbestand aufgrund redaktioneller Änderungen (M und U sind identisch, I weicht ab) und sekundärer Verluste noch nicht zur Gänze ermitteln läßt, geht ihr Kern recht gut aus einer Gegenüberstellung der in I und M (U) erhaltenen Stücke hervor. Vergleiche also in der Reihenfolge ihres Auftretens[35]:

No. 1-7, 8, 9-10, 11, 12-26, 27, 28, 29, 30, 31, 32, 33-34, 35...
I: 1-7, –, 8-9, –, 10-24, –, 25, –, 26, 27, 28, 29-30, 31...
M: 1-7, 8, 9-10, 11, 12-26, 27, –, 28, 29, –, 30, – –, 31...

Sechzehn dieser Erotapokriseis finden im bisher erörterten Anastasios-Material eine Entsprechung; der Rest gehört

Athanasios oder ist vorerst unklar (No. 22-24, 36-). Ich führe nun die relevanten Anastasiana mit den entsprechenden Seitenangaben der I-Edition (bzw., wo nicht anders möglich, den Stellenangaben zu M) an und beziehe auch T und B in den Vergleich ein:

(1) (I, p. 486-490): Qu. 1 (1) - cf. Izbornik 1073, c. I. 16.
(2) (I, p. 490-499): Qu. 2 (6) - cf. 1.12 et 4: AIPs A 2; (Izbornik 1073, c. I. 35)
(5) (I, p. 512-520): Qu. 18 (30) - cf. 1.14.
(13) (I, p. 529-530): Qu. 98 (34) - cf. 1.11.
(15) (I, p. 535-536): Qu. 109 (59) - cf. 1.30.
(25) (I, p. 553-559): Qu. 5 (47) - cf. Izbornik 1073, c. I. 62.
(26) (I, p. 559-562): Qu. 14 (58) - cf. Izbornik 1073, c. I. 175-176.
(27) (M, f. 102r-v): Add.-Qu. 7 - cf. supra [36].
(28) (I, p. 562-580): Add.-Qu. 3[37] - cf. 3a1 et 3b4; B, c. 7.83-90 (de p. 574 *Ibo*).
(29) (M, f. 102v [inc. mut.]-103r): cf. 3b2 (=rec. brevis$_1$); in rec. longa sive aucta (B ff.45v sqq., M ff. 201v-205v, U ff. 185r-192[38]) cf. B, c. 7. 106-107, 108a-109a; (in rec. media cf. [sub 4]: AIPi 9.17ba)
(30) (I, p. 580-583): cf. 3a6 et B, c. 4. 66-68 [39].
(31) (I, p. 583-586): cf. 3a9.
(32) (I, p. 586-588): cf. 3a8.
(33) (I, p. 588-591): cf. 3a4.
(34) (I, p. 591-596): cf. 3a12.
(35) (I, p. 596-602): Add. -Qu. 4 - cf. 3a13 [40].

Im Vorlagematerial der Atanasievi otveti müßten ferner zumindest noch folgende Stücke enthalten gewesen sein:

(3a3) cf. B, c. 4.69-72.
(3b1) Add.-Qu. 5 - cf. T, u. 490-494 [41].
(3b3) cf. M, u. 1766-67 (ff. 205v sqq.) et U, ff. 192v-201.
(3b5) cf. rec. aliam in B, c. 7.91-96 [42].

Über die bisher bekannten Quellen (i.e. Simeonsche Übersetzung der Coll. 88 qu. und die hier aus der Betrachtung ausgeklammerten Athanasiana) hinaus standen dem abg. Kompilator somit zwei weitere zur Verfügung, deren Gesamtumfang sich derzeit noch nicht genau abschätzen läßt. Gewiß ist freilich, daß ein Teil der restlichen Anastasiana im apophthegmatischen Material zu suchen ist. Dabei erregt besondere Aufmerksamkeit, daß gerade im Konvoi der kanonistischen Überlieferungsgruppe mehrere apophthegmatisierte Anastasios-Narratiunculae auftreten, über die dieser Zweig am engsten mit den Familien „Pa" (CP) und „Č" des sog. *Skitskij paterik* (CPG 5610, cf. Veder 1981b) in Berührung tritt. Da sich die einschlägigen Stücke zumeist in mehr als einer Übertragung nachweisen lassen und die Abhängigkeitsverhältnisse nicht in allen Fällen gelöst sind, stelle ich zunächst die Anastasiana ohne besondere Rücksicht auf die Übersetzungsrezension zusammen und füge daran einige Schlüssel-Apophthegmata aus ihrer näheren Umgebung, um die besagte Verbindung zu verdeutlichen (Zuweisungen wie „AIP", „SvP" etc. drücken natürlich nicht viel mehr aus als, daß die betreffende Rezension im jeweiligen Überlieferungszweig vorkommt):

CPG 7758 A 17 (=Nau) /5561-62 (J 761): cf. sub 4 (AIPi 9.14, SvP 176); Prolog[43] et VMČ (ed. Okt. 19-31, SPb. 1880, 1737sq.) sub 22. X.; B, c. 5.3-4 [44]. Versio alia in SvP 87 (=; E. 82).

CPG 7758 A 27 (=Nau)/5561-62 (J 763): cf. sub 4 (AIPi 7.7, AIPs A 54).

CPG 7758 B 7 (Nau 49; BHG^n 1444vd) /5561 N 640: cf. Prolog et VMČ (Iosif <II>, 435) sub 25. VIII.; B, c. 7. <97>-99 [45].

CPG 7758 C 9 (BHG 801, 801 b-c[46]): cf. M, u. 1768 (ff. 210v-212r), U, ff. 201v-203v, cod. CBAN Lit. SSR 207, ff. 402v sq.[47]; Prolog et VMČ (ed. Dek. 1-5, Moskva 1901, 47-49) sub 2. XII. Rec. aliam cf. sub 4 (SvP 78).

CPG 7750 app. (Nau 54; BHG^n 1322v): cf. sub 4 (SvP 216) et recc. alias sub 3c1.

BHG^n 721b (Nau 57): cf. Prolog et VMČ (Iosif <II>, 409sq.) sub 13. VIII. Recc. alias cf. sub 3c2.[48]

Vergleiche nun dazu:

CPG 5610 J (exc.): *Knjažij izbornik, c. 9.13; I, p. 638-641 etc. [49]

CPG 5610 M: T, u. 510-522.

CPG 5562 XVIII. 42/5561 N 85: cf. SkP (=CPG 5610), c. 18.42, ScP (=CPG 5613), u. 134, SiP (Veder 1981c, sub [26]) et rec. aliam in B, c. 4.73-75.

* * *

Was darf man nun diesem Befund entnehmen? Lassen wir zuerst andere zu Wort kommen:

Es war zu sehen, daß eine der Quellen der in der Urvorlage des Izbornik 1076 enthaltenen Atanasievi otveti (sei es über ihren Prototyp oder über eine Abschrift) auch die Basis für c. 68 der vor dem 7.IX.1649 (hier wohl anhand des ein halbes Jahrhundert früher geschriebenen Cod. GIM Voskr. bum. 28, c. 87) zusammengestellten russischen Iosif-Kormčaja abgegeben hat. Nicht aufgrund dieses, aber einer Reihe vergleichbarer Abschnitte bemerkte der Haupterforscher der Kormčaja-Drucke (Žužek, 101) im Jahre 1964: „True, the printed *Kormčaja* belongs to the *Rjazanskaja* family, but the fact of the insertion of the above mentioned texts (sc. cc. 46, 50-51, 56-71 etc., H. M.) should not be lost sight of, especially in so far as the *Zakon sudnyj* (ch. 46), the *Ecloga* (ch. 50), and ch. 51 on the Sacrament of Marriage, are concerned. They belong to those chapters which were most frequently used in the Russian Church..."

Außer den eigentlichen Nomokanones gehören frühe Sammelkodizes vom Charakter eines Troickij und Berlinskij sbornik zu den wichtigsten Zeugen für die altslavische kanonistische Tradition. Zugleich sind diese Zeugen jedoch auch der frühesten slavischen Paterika-Literatur verpflichtet, und zwar nicht zuletzt durch ebendiese Anastasiana, welche auch die relevante Quelle der Atanasievi otveti aufgewiesen hat. Eine der apophthegmatisierten Anastasios-Narrationes (CPG 7758 A 17 in der Fassung SvP 176) diente seinerzeit Jer'omin (1927b, 72) zum Beweis für die Abhängigkeit des Svodnyj paterik von dem

überwiegend als ältesten angesehenen Skitskij paterik, wobei er die Codd. Lenin. GPB Tich. 552 ff. 104v-105v und Pog. 875 ff. 108v-109v zum Vergleich heranzog [50].

Unter den Anastasios zugeschriebenen Texten trifft man in griechischen wie auch altslavischen kanonistischen Sammlungen am häufigsten die sog. *Apodeixis* (BHG[n] 1322 v) und *Diegesis* (BHG[n] 721b). Beide haben wir im altbulgarischen Nomokanon registriert, dessen Übertragung spätestens in jene Zeit fällt, in der auch die Anastasievi otveti kompiliert wurden (ca. 920-968). Schon Sreznevskij (p. 32) bemerkte, daß die beiden Stücke darüber hinaus „v Paterikě i v drugich nazidatel'nych sbornikach" Eingang gefunden haben; allerdings - wie Beneševič bald darauf feststellte (1905, 286/Anm. 3) - in einer anderen, älteren Übersetzung („drevnij slav. perevod"), wie u.a. die Diegesis im finnischen Prolog-Fragment Lenin. BAN SSSR 4.9.31 (Finl. 32), No. 3 f. 5r bezeuge [51].

Obwohl noch nicht das gesamte kirchenslavische Anastasios-Korpus gesichtet und ausgewertet ist [52], spricht also nichts gegen, vieles aber für die Möglichkeit, daß Method wenigstens für sein „Väterbuch", eher aber für Väterbuch und Nomokanon [53], Anastasiana übertragen hat. Zumindest dürfen wir aus dem vorgelegten Material auf die Existenz von mehr als sieben *Übersetzungsschichten* schließen, von denen die Mehrheit in die altkirchenslavische Periode fällt. Im Einzelnen sind dies:

(A) die ksl. Nikon-Schichten (12. -14. Jh.);

(B) die Schicht des serbischen (Sava-) Nomokanons (ca. Wende 12./13 Jh. resp. vor 1219);

(C) die Übersetzung der ps.-anastasischen *Coll. 88 qu.* innerhalb des Simeonschen Sammelkodex (1. Viertel 10. Jh.);

(D) die Übertragung einer mindestens 31 Erotapokriseis umfassenden und fast ausschließlich der genuinen *Coll. 103 qu.* entnommenen Sammlung mit zahlreichen Parallelkapiteln zu (C) - (vor 969);

(E) die Schicht des altbulgarischen Nomokanons (10. Jh.);

(F) eine primär oder ausschließlich aus den *Narrationes 42* (CPG 7758 A) gespeiste und geschlossen nur in Zeugen des AIP tradierte Schicht (10. Jh.?);

(G) eine gemischte, aus Quaestiones und Narrationes rekrutierte Schicht, die teilweise in kanonistischen, teilweise in apophthegmatischen (oder von ihnen derivierten) Sammlungen auftritt und sicherlich (E), mit überaus hoher Wahrscheinlichkeit aber auch (C) an Alter übertrifft.

Von allen bisher vorgelegten Hypothesen über den Charakter von Methods Väterbuch bestätigt unser Befund am ehesten die mit dem Namen N. van Wijks verknüpfte Ansicht, ohne grundsätzlich den Auffassungen von N.K. Nikol'skij, A. I. Sobolevskij u.a. sowie S. Nikolova zu widersprechen. Ich möchte damit lediglich zum Ausdruck bringen, daß es sich dabei um eine apophthegmatisch-exegetische Sylloge gehandelt haben kann, welche neben dem Kern dessen, was als Urbestand des Skitskij paterik (erst noch) auszusondern ist, auch Teile oder Exzerpte anderer Väterschriften (etwa der Dialoge Gregors d. Gr. oder der Narrationes des Anastasios Sinaites) enthalten hat und teilweise in Handschriften des Svodnyj paterik überliefert ist. Auf alle Fälle wird man sich vom methodischen Zwang befreien müssen, Methods Väterbuch ausschließlich im Kreise jener Werke aufspüren zu wollen, die auf der Basis einer einzigen griechischen Quelle geschaffen wurden (wie schon in I. Goševs Stellungnahme zum Thema impliziert).

ANMERKUNGEN

[1] Siehe zuletzt A. ZETTLER, Methodius in Reichenau, in: Symposium Methodianum, 367-379.

[2] Hierzu G. SCHUBERT, Methods Werk in Pannonien und die Magyaren nach der Landnahme, in: op. cit., 293-305.

[3] Den Terminus ante quem liefert uns Papst Johannes' VIII. Bulle „Industriae tuae". Als wahrscheinlichster Zeitraum für die Übertragung von Nomokanon und Väterbuch verbleiben demnach die Jahre 875-879.

[4] Vergleiche nur R. POPE, in: D. ARMSTRONG/R. POPE/C. H. VAN SCHOONEVELD, The Old Church Slavonic Translation of the Ἀδρῶν ἁγίων βίβλος in the Edition of Nikolaas van Wijk. The Hague/Paris 1975, 1-24, NIKOLOVA, 21-22, G. PODSKALSKY, Christentum und theologische Literatur in der Kiever Rus' (988-1237). München 1982, 58-61 und J.M. REINHART, Die „Dialoge" Gregors des Großen in der kirchenslavischen Literatur, in: Österr. Osthefte 27 (1985), 231-249 (jeweils mit weiterf. Literatur).

[5] Die Unterscheidung spielt freilich nur dort eine gewisse, allerdings nicht zu überschätzende, Rolle, wo das Genus der (häufig anonym tradierten) Apophthegmata gefragt ist.

[6] Wie erst kürzlich, mit dem Blick in die richtige Richtung, von VEDER und NOWAK hervorgehoben wurde.

[7] Cf. allg. H.-G. BECK, Kirche und theologische Literatur im byzantinischen Reich (Byz. Handb. 2.1 = Handb. der Altertumswiss. XII/2.1). München 1959, 442 sqq., RICHARD 1969 et 1975 sowie CPG sub 7745-81.

[8] Als Grundlage dieser Übersetzung diente eine griechische Hs. vom Typus der (mir freundlichst von F.J. Thomson, Antwerpen, mitgeteilten) Codices Paris. Coisl. 120, Vat. gr. 423, Mediol. Ambros. L 88 sup., Patmiac. 109 (s. 10), Paris. gr. 922 (s. 11), Paris. Coisl. 258 (s. 12), Athon. Laurae G 115 (s. 13), Scorial. gr. R. III. 2 und Paris. gr. 1259 A (s. 14). Zur Entstehungszeit vgl. L. P. ŽUKOVSKAJA, Izbornik 1073 g. Sud'ba knigi, sostojanie i zadači izučenija, in: V.A. Rybakov (Otv. red.), Izbornik Svjatoslava 1073g. Sbornik statej. Moskva 1977, 5-31 und neuerdings I. LEVOČKIN, O pervonačal'nom oformlenii Izbornika 1073g., in: Palaeobulgarica XII (1988) 4, 59-63, der nicht ohne Grund ein glagolitisch geschriebenes Original ansetzt. Zum ältesten Zeugen (Cod. Mosq. GIM Synod. sl. 1043) siehe die Neuausgabe (=IZBORNIK 1073), SK 4 sowie den Eintrag von O.V. TVOROGOV, in: Slovar' knižnikov I, 194-196. Mit der Kollation griech. Quellen befaßt sich dzt. M.V. Bibikov (Moskau).

[9] Cf. VEDER 1983, 26-28, 36-37.

[10] Cf. VEDER 1982, 156-157, 161-162 (u. 493-679); 1983, 18, 21. Zur ähnlichen, jedoch nicht identischen, Titelform im ältesten Zeugen vgl. IZBORNIK 1076, 605 (f. 228r).

[11] Hier und im Folgenden halte ich mich an die Gruppierung von RICHARD 1969 (ungeachtet möglicher Divergenzen in den jeweiligen griech. Grundlagen der slavischen Übersetzungsfassungen).

12 Cf. VEDER 1982, 157-158, 163 (u. 700sqq.); 1983, 21, 29, 34sqq.

13 i.e. Cod. Lenin. GPB F. I. 376, ed. KUEV (hier p. 244-287). Welche der erhaltenen Versionen den hier einschlägigen Vorlage-Bestand des Knjažij izbornik am besten bewahrt hat, bleibt noch zu untersuchen. Das von KUEV (p. 219sqq.) gesammelte Material bietet dazu eine gute Ausgangsbasis; angefügt seien noch SREZNEVSKIJ, 35, 103, BENEŠEVIČ 1987, 39-42, ŠČAPOV 1978 (Reg.), Cod. CBAN Lit. SSR 207 ff. 159r-197 (c. III.1) bei DOBRJANSKIJ, 351 (No. 240) und der Verweis auf weitere griech. Quellen (im Text).

14 So jedenfalls nach der üblichen Umrechnung der Subskriptionsangaben , cf. V. GJUZELEV, in: P. Dinekov (Gl. red.), Kirilo-Metodievska enciklopedija v tri toma. I. Sofija 1985, 231 sq.; allg. zum Problem der Datierung cf. I. DOBREV, Kak da tălkuvame datite v starite pismeni pametnici, in: Paléographie et diplomatique slaves <1> (Balcanica III, Etudes et documents 1). Sofia 1980, 153-165. Zur Übersetzung vgl. auch K. KUEV, in: G. Canev (Gl. red.), Rečnik na bălgarskata literatura. 2. Sofija 1977, 238sq. und D. PETKANOVA, Starobălgarska literatura. I (IX-XII vek). Sofija 1986, 135-137.

15 Cf. IOSIF <II>, 138sq. (ff. 80v-151v mit Text der - vorangestellten - Subskription).

16 Zum Bedeutungsspektrum siehe u.a. L. SADNIK/R. AITZETMÜLLER, Handwörterbuch zu den altkirchenslavischen Texten. Heidelberg 1955, 49, Slovník jazyka staroslověnského. Praha 1958sqq., s.v., F. v. MIKLOSICH, Lexicon palaeoslovenico-graeco-latinum. Emendatum auctum. Repr. Aalen 1977, 293 und Slovar' russkogo jazyka XI-XVII vekov. 7. Moskva 1980, 195-197.

17 Vgl. die Bibliographie von JU.K. BEGUNOV, in: Naučnyj apparat... (Beiband zu IZBORNIK 1073). Moskva 1983, 75-79, G. MIHĂILĂ, Spiski sbornika carja Simeona v Biblioteke Rumynskoj Akademii, in: Palaeobulgarica XI (1987) 3, 3-20 und Anm. 8. Nähere Aufschlüsse darf man sich von der in Vorbereitung befindlichen kritischen Edition der BAN (Sofia) erwarten.

18 Die Schreibung der Zitate ist bewußt vereinfacht und teilweise normiert; notiert seien nur die gröbsten Abweichungen von bisherigen Gewohnheiten: o/ω = o, ou/u = u, e-Var. /je = e, ja im Wortinneren = a (nach C gilt Ća), jǫ = ǫ (nach C gilt Ćǫ), ję = ę, Jer/Jor (Pajerčik) = '; Zelo/z = z; Supralineare m.A. von ' und ‾ sind eliminiert, Abkürzungen größtenteils aufgelöst.

19 Der unter No. 3 geführte SvP aus dem 15. Jh. (Cod Vind. sl. 36 et 182, cf. BIRKFELLNER, 263sq. et 266 [No. II/97+99]) enthält auf ff. 118r-124 fünf Erotapokriseis, darunter als letzte: Koę radi viny ne vědet' d'n's'... (cf. 3a10).

20 Gemäß GORSKIJ/NEVOSTRUEV II. 3, 774 folgt hier als weitere Erotapokrisis: O sǫštim' eže po obrazu i po podobiju, Inc. Priide (m) ubo na sǫštee eže... - Qu. 24. Zur selben Erotapokrisis siehe u.a. Cod. CBAN Lit. SSR 207 f. 666r-v (c. VI. 4) bei DOBRJANSKIJ, 384 sowie VMČ sub 29.II. bei IOSIF <I>, 505, sub 31. VII. (Zlataja cep', c. 45 [44]) und sub 31. VIII. bei IOSIF <II>, 375 (f. 1009r) resp. 459 (f. 1349v).

21 Identisch mit M zu sein scheint der (auch später herangezogene) Cod. Mosq. GIM Uvar. 4° -157 ff. 62r-83v, wozu cf. (Archim.) LEONID, Sistematičeskoe opisanie slavjano-rossijskich rukopisej sobranija grafa A.S. Uvarova... 4. Moskva 1894, 250 (No. 1888) und VEDER 1982, 159. Zu den Erotapokriseis 1 und 3 siehe den Anhang (I.).

22 Zur reichen und in drei Rezensionen zerfallenden Überlieferung der Pandekten cf. H. MIKLAS, Zur kirchenslavischen Überlieferung der Häresiengeschichte des Johannes von Damaskus, in: FS für L. Sadnik zum 70. Geburtstag (MLS XV). Freiburg i.Br. 1981, 323-387 (hier p. 351-358), A. SJÖBERG, Two Slavonic Parchment Folios in the Uppsala University Library, in: Cyrillomethodianum 8-9 (1984-85), 199-201, F.J. THOMSON, The Problem of the Reception of the Works of John IV Ieiunator of Constantinople Among the Slavs: Nicon of the Black Mountain and Cirycus of Novgorod, in: Palaeobulgarica XI (1987) 1, 23-45 und D.M. BULANIN sowie M.S. KRUTOVA/N.N. NEVROZOVA, in: Slovar' knižnikov I, 292sqq. et 184-187 (hier p. 185sq.).

23 i.e. die auf der Grundlage einer von Dometijan im Dreifaltigkeitskloster zu Gustyn/Pril. a. 1670/72 vorbereiteten Version gedruckte Gesamtausgabe von Počaev 1795 („Kniga bogoduchnovennaę sobrannaę i spisana... Prepodobnym otcem našim Nikonom... ").

24 Cf. VMČ sub 21. III. bei IOSIF <II>, 22 (f. 351r): Slovo stgo ot'ca anastasia sinaiskago. eže ne osǫždati nikogože.

25 Die Angaben beziehen sich zumindest auf einen Ableger der „Danilovskaja podgruppa" der primär auf der athonitisch-serbischen (Sava-) Krmčija fußenden handschriftlich-osl. Nomokanon-Tradition (bei ŠČAPOV 1978, 135-155 et 266sq. [No. 32: c. 87]) sowie auf die in insgesamt 10 Auflagen nachgewiesenen Druckfassungen von 1650-1834 (wozu ŽUŽEK, 99 et 64-65). Hier zugrundegelegt wird jeweils die Erstauflage des Nikon-Drucks (Moskva 1653, ff. 622v-633v); im Erstdruck Iosifs entspricht der Abschnitt c. LXVIII.

26 Der bei KUEV, 302 unter No. 32 zitierte Cod. Vind. sl. 59, der mit Vind. sl. 36 eine Einheit bildet, enthält auf f. 191r-198v eine Fassung von 10 (?) Erotapokriseis, darunter unsere qqu. 1-6 et 8, vgl. auch BIRKFELLNER, 163 (No. II/54-55).

27 Der von CPG gegebene Editionsverweis ist zu korrigieren: cf. N. SUVOROV, K istorii nravstvennago učenija v vostočnoj cerkvi, in: VizVrem 10 (1903), 31-62 (hier p. 61-62 auch slavisch nach dem Iosif-Druck).

28 Cf. GORSKIJ/NEVOSTRUEV II. 3, 20-21 (No. 225).

29 Ich führe diese späte Übersetzung wieder zum Vergleich an. Mit besonderer Rücksicht auf das Weiterleben der beiden Nomokanones im osl. Raum vgl. wieder ŠČAPOV 1978 (insb. p. 48, 137, 160).

30 Zu prüfen wäre, ob diese Rez. mit der Übersetzung aus BHGⁿ 1318 im Cod. Suprasliensis, f. 85r-v übereinstimmt, wozu cf. J. ZAIMOV/M. CAPALDO, Suprasălski ili Retkov sbornik. 1. Sofija 1982, 167-168 (inc. mut. de NAU, 86/12). Unabhängig und stark gekürzt ist auf jeden Fall die Fassung im SvP, cf. NIKOLOVA, 223.

31 Zu den folgenden cc. cf. RICHARD 1975, 149 (b 41), 149, 151, 155 (b

42) und CPG 7750. Auf AIPi 9.17a (=BHG^n 1322yb) folgen Anhänge, die nur z.T. ediert sind, so insb. das Stück über Philemon (ed. RICHARD 1975, 151 [b 42 § 2]); ihm vorangestellt ist ein in mehreren griech. Zeugen (z.B. dem Cod. Vind. theol. gr. 60 f. 284r) zusammen tradiertes Stück über Judas. Allg. zu diesem Teil 9.17b vgl. Berlinskij sbornik, c. 7.107a-109b (in der Abfolge 7.108a-109b, 107a-108). Vgl. auch Anm. 42.

[32] Zu den beiden cc. vgl. ferner RICHARD 1975, 148, 154 (b 39-40) und die obigen Angaben.

[33] Zu den betreffenden Codd. siehe: IZBORNIK 1076, SK 5, O.V. TVORO-GOV, in: Slovar' knižnikov I, 196-198 und W. VEDER, K izučeniju Izbornika 1076 goda i ego antigrafa, in: Paléographie et diplomatique slaves 2 (Balcanica III, Etudes et doc. 4), Sofia 1985, 145-166; TROICKIJ SBORNIK und SK 163-164; BERLINSKIJ SBORNIK; VEDER 1982 und Anm. 20; allg. vgl. VEDER 1983.

[34] Die Daten ergeben sich einerseits aus der Abhängigkeit des Knjažij izbornik vom Simeonschen Sammelkodex und andererseits aus der Einnahme Preslavs durch die Truppen Svjatoslavs I. Igorevič (gest. 972). Auf eine direkte oder indirekte Verbindung mit dem 927 zur Macht gelangten Petr weist auch das seiner Frau zugeschriebene Slovo o poste i molitve in T (u. 189-208 resp. ff. 56v-59r) und B (nur 1. Teil: c. 1.125-129 resp. ff. 8v-9v). Allg. vgl. in diesem Zusammenhang besonders W. VEDER, La basse littérature du Premier empire bulgare, in: Atti del 8° Congresso int. di studi sull' alto medievo, Spoleto 3-6 nov. 1981. Spoleto 1983, 359-367 (hier bes. p. 362).

[35] Ich gebe die einzelnen Stücke nach einer möglichen Ursprungs-Abfolge an, wobei für unsicher erachtete Passagen eliminiert sind (innerhalb M 11' auf ff. 96r9-97r7); allg. vgl. VEDER 1983, 21. Weitere hoffnungsvolle Zeugen für die endgültige Rekonstruktion der Sammlung bei KUEV, 220sqq. (cf. insb. zu qu. 4: No. 38 = 109).

[36] Eine am Schluß erweiterte Version bietet der Cod. Mosq. GIM Syn. sl. 310 bei GORSKIJ/NEVOSTRUEV III.1, 222 (No. 377).

[37] Die in I vorliegende Version entspricht weitgehend, aber nicht völlig, dem griech. Text von G. HOFMANN, Textus byzantini de ss. eucharistia, in: XXXV Congresso Eucaristico Int. 1952, Sesiones de estudio II. Barcelona 1953, 704-712 (hier p. 705-708: Cod. Vat. gr. 1600 ff. 159r-161 r): Abweichungen ergeben sich insbes. bei HOFMANN, 706/2. Abs. (Lautung) und Z. 29-38 (fehlt slav. ab Διόπερ).

[38] Zu M (u. 1764-65) und U vgl. wieder VEDER 1982, 159, 164. Dieselbe Rezension liegt offenbar in den eigenwilligen Izmaragd-Zeugen der 4. Rez., Codd. CBAN Lit. SSR 207 (ff. 266r-270 [c. V. 3]) und Lenin. GPB F.I. 228, vor, vgl. DOBRJANSKIJ, 354, K. KALAJDOVIČ/P. STROEV, Obstojatel'noe opisanie slavjano-rossijskich rukopisej, chranjaščichsja v Moskvě, v bibliotekě.... grafa Fedora Andreeviča Tolstova. Moskva 1825, 7 (Otd. I. 13) und JAKOVLEV, 291-292. Weitere Kurzversionen finden sich unter dem Namen des Athanasios im osl. Prolog und in den VMČ sub 2.III. (Rec. brevis$_2$ - cf. nur IOSIF <II>, 3), im gedruckten Zlatoust als Slovo auf den 17. Sonntag nach Allerheiligen (cf. die Ausgabe von Supraśl 1797, ff. 285r-286v: c. 95) sowie unter dem

Namen des Epiphanios (von Kypros ?) im Merilo pravednoe (Rec. brevis$_3$ - cf. R. SCHNEIDER, Die moralisch-belehrenden Artikel im altrussischen Sammelband Merilo pravednoe [MLS XXIII]. Freiburg i.Br. 1986, 124-126 [ff. 48v-49v]). Vgl. auch Anm. 41.

[39] Dieses und das folgende Kapitel gingen auch in den Izmaragd der 2. Rez. ein, cf. JAKOVLEV, 182 (cc. 77-78) und die Edition von ARCHANGEL'SKIJ 4, 71-73 (mit Paralleltext aus I). Zu weiteren Anastasiana in der Izmaragd-Tradition vgl. Anm. 38 und 40-42.

[40] Weitere Zeugen tauchen wiederum auf Cod. CBAN Lit. SSR 207 auf ff. 338r-339v (c. V.65) und f. 667 (c. VI.<5>) auf, cf. DOBRJANSKIJ, 359, 384.

[41] i.e. ff. 189r-193v als Anhängsel an eine Kurzfassung von Athanasiana (Qu. 5, 7, 10-11), wie sie ausführlicher (mit 30 und mehr qqu.) in M, ff. 154v-162v (u. 1353-1415), U, ff. 116v-129 und Cod. Mosq. GBL F. 29, 1549 ff. 428sqq. vorliegt, cf. KUEV, 219sqq. (No. 2, 36, 91) und VEDER 1982, 158, 159, 164 bzw. 1983, 22. Die unter CPG 7746 erwähnte griech. Edition von A. PAPADOPOULOS-KERAMEUS, Analecta (H)ierosolymitikēs stachyologias. 1. SPb. 1891, 400-404 (XVII.) aus dem Cod. Hieros. Sabbae 408 ff. 66r-71r stimmt mit dem slav. Text überaus gut überein, läßt jedoch imVergleich zu T im zweiten Teil mehrere Partien vermissen; vgl.: p. 402/4 αὐτόν] + T f. 190v11 i- 22 imam', p. 402/10 ἔχωμεν] + T f. 191r4n' - 17 ĕlvĕ' skou, p. 402/31] + T f. 191v12 těmže - 192r10 nim'. Wenigstens ein Teil dieser Abweichungen beruht wohl auf Kopierfehlern des griech. Schreibers resp. seiner Vorgänger. Allg. vgl. auch Anm. 19.

[42] Die B-Fassung hängt mit der von 3b5 offenbar zusammen, ohne daß sich vorerst sagen ließe, wie - hat der Kompilator den Text frei gestaltet? Die Stücke 3b5 und 3b2 verarbeiten z.T. wörtlich Anastasios' Homilia de s. synaxi (CPG 7750), welche wiederum auszugsweise in einschlägigen slavischen Sammlungen auftritt; vgl. nur zu PG 89, coll. 837-849 (mit Auslassungen): Izmaragd, Rec. 1 (c. 48), 2 (c. 18), 3 (c. 51) 4 (Cod. CBAN Lit. SSR 207, f. 264r-v: c. V.1) bei JAKOVLEV, 19, 34-35, 174 (wozu cf. VMČ sub 31. VII. bei IOSIF <II>, 350), 285, 292, DOBRJANSKIJ, 354 und Ed. ARCHANGEL'SKIJ 4, 59 resp. PONOMAREV III, 77-78; Izmaragd, Rec. 1 (c. 47), 2 (c. 17), 3 (c. 50), 4 (cod. cit., f. 265r-v: c. V. 2) ibidem und Ed. ARCHANGEL'SKIJ 4, 54 resp. PONOMAREV III, 80-81, ebenso Prolog sub 19. III. (wie z.B. in der Ed. Moskva 1817: <2>, ff. 59v-60r); Izmaragd, Rec. 4 (cod. cit., f. 483r-v: c. V. 219) bei DOBRJANSKIJ, 372, ebenso in Prolog et VMČ sub 5. IV. (so bei IOSIF <II>, 68), ed. PONOMAREV IV, 140-141 resp. VMČ Apr. 1-8, Moskva 1910, 141-143 (sub 4. IV.). Zum 2. Stück vgl. (mit PONOMAREV III, 80/31-81/14 und PG 89, 849) die abweichende Rezension von BHG^n 1440pb in AIPi 9.18 sub 4; zum dritten Stück die ähnliche, aber nicht identische, Nikon-Fassung sub 2.

[43] Zum Vergleich herangezogen wurden neben handschriftlichen Zeugen die Frühdrucke von Moskva 1817 und SPb. 1895-96 sowie die moderne Teiledition von PONOMAREV II/IV. Den letzten Stand der Prolog- und VMČ-Erforschung vermitteln E.A. FET und N.F. DRO-

BLENKOVA, in: Slovar' knižnikov I, 376-381 resp. TODRL 39 (1985), 239-243.

[44] Der B-Rezension steht die Nikon-Fassung (wozu cf. sub 2) so nahe, daß ein Zusammenhang nicht auszuschließen ist. Sollte ein späterer Vergleich aller vorhandenen Rezensionen (unter Einbezug der mir augenblicklich unzugänglichen, ungedruckten Nikon-Versionen) die Abhängigkeit von der ältesten Nikon-Übertragung erweisen, so wäre zumindest B aus diesem Vergleich auszuklammern.

[45] N.I. PETROV (O proischoždenii i sostave slavjano-russkogo pečatnogo Prologa. Kiev 1875, 214) sprach sich seinerzeit dafür aus, daß die Prologrezension dem SvP entstamme und verwies dabei auf Cod. Mosq. GIM Chludov 237 f. 45. Falls damit SvP 222 (153; E. 103) gemeint war – wie Jer'omins Zuordnung zu Rec. „γf" erschließen läßt –, so haben die beiden Stücke m.A. des Namens Arkadij kaum etwas gemein, cf. die Ed. von NIKOLOVA, 329-330. Bei der Betrachtung des SvP-Kapitels, das vom gütigen Spender Olymp(i)os handelt, drängt sich unwillkürlich die Assoziation mit I, p. 644sq. (N 9) auf, wozu cf. D. FREYDANK, Der Izbornik von 1076 und die Apophthegmata patrum, in: ZfSl 21 (1976), 357-365 (hier p. 363sq.).

[46] Allg. vgl. wiederum BHG^n 801 fb bei RICHARD 1975, 155 (b 42).

[47] Cf. DOBRJANSKIJ, 365 (c. V. 134) und allg. Anm. 38-42.

[48] Die u.a. von BENEŠEVIČ 1905, 286/Anm. 3 und G. MERCATI, Opere minori II (1897-1906). (Studi e Testi 77). Roma (Vat.) 1937, 434 zitierte Version des Michael Glykas behandelt nur denselben Stoff, cf. I. BECKER (=Bekkerus), Michaelis Glycae Annales (Corpus Script. Hist. Byz. 28). Bonn 1836, 523/19-525/8 (griech. u. lat.).

[49] Cf. FREYDANK, l.c. (Anm. 45) und VEDER 1983, 27.

[50] Mir leider derzeit nicht greifbar; allg. zur Paterika-Überlieferung vgl. neben den höher zitierten Studien noch die Einträge von N.I. NIKOLAEV, in: Slovar' knižnikov I, 299-302, 321-325.

[51] Cf. V.F. POKROVSKAJA et al., Pergamennye rukopisi Biblioteki Akademii nauk SSSR. Opisanie russkich i slavjanskich rukopisej XI- XVI vekov. Leningrad 1976, 60, SK 296 und die Ed. des Stücks bei I.I. SREZNEVSKIJ, Svěděnija i zamětki o maloizvěstnych i neizvěstnych pamjatnikach 41, in: Sbornik ORJaS 12 (1874) No. 1, 30. Sprachlich erscheint mir die hier vorliegende Rezension nicht älter als die im Bestand des abg. Nomokanon überlieferte (cf. z.B. *papa* vs. *papež*', *velik'* vs. *velii*), was jedoch nicht gegen ihre Priorität sprechen muß, da natürlich die Abschreiber geneuert haben dürften. (Ein Wechsel der beiden Übersetzungen läßt sich zwar nicht ausschließen, ist aber doch sehr vage). Zu einer weiteren Anastasios-Zuschrift im Prolog Lenin. BAN SSSR 4. 9. 20 (Finl. 21) ff. 7v-8v siehe POKROVSKAJA et al., 51 und Varianten im Vergleich zu VMČ bei M. WIDNÄS, Les synaxaires slavo-russes des „Fragments Finlandais". (Comm. Human. Litt. SSF 38, No. 1). Helsinki 1966, 109-110.

[52] Da ich für den Zweck dieser Studie nicht alles an Anastasiana einbezogen habe, was mir bekannt (oder gar zugänglich) ist, lohnt vielleicht der Hinweis auf oberflächlich geprüfte, jedoch teilweise oder gänzlich ausgeklammerte Quellen, i.e. Zlataja cep', Prolog und

VMČ sowie die griech. Überlieferung bei Paulos Euergetinos. Übergangen sind Übersetzungen ab dem 14. Jh. (wie das Taktikon Nikons) und von Werken wie der schon früh ins Slavische eingedrungenen Homilia in sextum psalmum (CPG 7751).

[53] Zum Method-Nomokanon vgl. zuletzt F.J. THOMSON, A Guide to Slavonic Translations From Greek Down to the End of the Fourteenth Century, in: Paléographie... <1> (Anm. 14), 27-37 (hier p. 30-34) und, im Zusammenhang mit den einschlägigen Sborniki, H. MIKLAS, Kyrillomethodianisches und nach-kyrillomethodianisches Erbe im ersten ostslavischen Einfluß auf die südslavische Literatur, in: Symposium Methodianum, 437-471 (hier p. 444sq.).

GEKÜRZT ZITIERTE LITERATUR:

ARCHANGEL'SKIJ, A. S.: Tvorenija otcov cerkvi v drevne-russkoj pis'mennosti. Izvlečenija iz rukopisej i opyty istoriko-literaturnych izučenij. IV. Kazan' 1890.

BENEŠEVIČ, V.N. (1905): Kanoničeskij sbornik XIV titulov so vtoroj četverti VII věka do 883 g. K drevnějšej istorii istočnikov greko-vostočnoj cerkvi. SPb. (Repr. mit Vorwort v. J. Dummer: Subsidia byzantina IIa, Leipzig 1974).

BENEŠEVIČ, V.N. (1906): Drevne-slavjanskaja kormčaja XIV titulov bez tolkovanij. I. SPb.

BENEŠEVIČ, V.N. (1914): Sinagogá v 50 titulov i drugie juridičeskie sborniki Ioanna Scholastika. K drevnějšej istorii... SPb.

BENEŠEVIČ, V.N. (1987) = 1906. II, ed. Ja. N. ŠČAPOV et alii. Sofija.

BERLINSKIJ SBORNIK: Berlinski sbornik (Codices Selecti 79), ed. H. MIKLAS. Graz 1988.

BHG: Bibliotheca hagiographica graeca, ed. F. HALKIN (Subsidia hagiographica 8a). Bruxelles [3]1957.

BHG[n]: Novum auctarium Bibliothecae hagiographicae graecae, ed. F. HALKIN (Subsidia hagiographica 65). Bruxelles 1984.

BIRKFELLNER, G.: Glagolitische und kyrillische Handschriften in Österreich (ÖAW. Schriften d. Balkank. Ling. Abt. 23). Wien 1975.

CAPALDO, M.: L' Azbučno-Ierusalimskij paterik (Collection alphabetico-anonyme slave des Apophthegmata patrum), in: Polata knigopisnaja 4 (1981), 26-49.

CPG: Clavis patrum graecorum, ed. M. GEERARD. Turnhout 1974sqq.

DOBRJANSKIJ, F.: Opisanie rukopisej Vilenskoi Publičnoj biblioteki, cerkovno-slavęnskich i russkich. Vil'na 1882.

GORSKIJ, A.V. /NEVOSTRUEV, K. I.: Opisanie slavjanskich rukopisej Moskovskoj Sinodal'noj (Patriaršej) biblioteki. II. 3, III. 1, III. 2. Moskva 1862, 1869, 1917 (Repr. MLS II. 3-5, Wiesbaden 1964).

IOSIF (Archim.): Podrobnoe oglavlenie Velikich Četiich-minej vserossijskago mitropolita Makarię, chranęščichsę v Moskovskoj Patriaršej (nyně Sinodal'noj) bibliotekě. Moskva 1892.

IZBORNIK 1073: Izbornik Svjatoslava 1073 goda. Faksimil'noe izdanie, ed. V.A. RYBAKOV et alii. Moskva 1983.

IZBORNIK 1076: Izbornik 1076 goda, ed. V. S. GOLYŠENKO et alii (Red. S. I. Kotkov). Moskva 1965.

JAKOVLEV, V.A.: K literaturnoj istorii drevne-russkich sbornikov. Opyt izslědovanija „Izmaragda". Odessa 1893 (Repr. Leipzig 1974).

JER'OMIN, I.: „Svodnyj" Paterik u pivdenno-slov'janśkych, ukrajinśkomu ta moskovśkomu pyśmenstvach, in: Zapysky istoryčno-filolohyčnoho viddilu UAN 12 (1927), 48-77 et 15 (1927), 54-101.

KUEV, K.: Ivan Aleksandrovijat sbornik ot 1348 g. Sofija 1981.

NAU, F.: Le texte grec des récits du moine Anastase sur les saint pères du Sinaï/...utiles à l'âme d'Anastase (le Sinaïte), in: Oriens Christianus 2 (1902), 58-80 et 3 (1903), 56-90.

NIKOLOVA, S.: Pateričnite razkazi v bălgarskata srednovekovna literatura. Sofija 1980.

PITRA, I. B.: Iuris ecclesiastici Graecorum historia et monumenta... II. Roma 1868.

PONOMAREV, A. I.: Pamętniki drevne-russkoj cerkovno-učitel'noj literatury. I-IV. SPb. 1894-1898.

RICHARD, M. (1969): Les véritables „questions et réponses" d'Anastase le Sinaïte, in: Bulletin d' Institut de recherche et d'histoire des textes 15 (1967-68), 39-56.

RICHARD, M. (1975): Les textes hagiographiques du codex Athos Philothéou 52, in: Analecta Bollandiana 93, 147-156.

ŠČAPOV, Ja.N. (1976): Vostočnoslavjanskie i južnoslavjanskie rukopisnye knigi v sobranijach Pol'skoj Narodnoj Respubliki. 1. Moskva.

ŠČAPOV, Ja.N. (1978): Vizantijskoe i južnoslavjanskoe pravovoe nasledie na Rusi v XI-XIII vv. Moskva.

SK: Svodnyj katalog slavjano-russkich rukopisnych knig, chranjaščichsja v SSSR (XI-XIII vv.), ed. S.O. ŠMIDT et alii. Moskva 1984.

Slovar' knižnikov i knižnosti drevnej Rusi. I (XI - pervaja polovina XIV v.), ed. D. S. LICHAČEV et alii. Leningrad 1987.

SREZNEVSKIJ, I.I.: Obozrěnie drevnich russkich spiskov Kormčej knigi, in: Sbornik ORJaS 65 (1897), No. 2.

Symposium Methodianum. Beiträge der Int. Tagung in Regensburg (17. bis 24. April 1985) zum Gedenken an den 1100. Todestag des hl. Method (Selecta Slavica 13), ed. K. TROST/E. VÖLKL/E. WEDEL. Neuried 1988.

TROICKI, S.V.: Kako treba izdati Svetosavsku krmčiju (Nomokanon sa tumačenjima). (Spomenik SAN, Od. društvenih nauka, nova serija 4). Beograd 1952.

TROICKIJ SBORNIK: The Troickij Sbornik. Text in Transcription (Polata knigopisnaja 21-22), ed. J. POPOVSKI/F.J. THOMSON/W. R. VEDER. Nijmegen 1988.

VEDER, W.R. (1981b): Le Skitskij Paterik (Collection systématique slave des Apophthegmata Patrum), in: Polata knigopisnaja 4, 51-72.

VEDER, W.R. (1981 c): Le Sistematičeskij Paterik (Collection systématique dérivée du SkP et du AIP), in: Polata knigopisnaja 4, 73-75.

VEDER, W.R. (1982): Meleckij sbornik i istorija drevnebolgarskoj literatury, in: Palaeobulgarica VI. 3, 154-165.

VEDER, W.R. (1983): The Izbornik of John the Sinner: a Compilation from Compilations, in: Polata knigopisnaja 8, 15-37.

VEDER, W./NOWAK, R.: Za prinosa na Metodievite učenici v tălkuvatelnata literatura, in: Chiljada i sto godını ot smărtta na Metodij (Kirilo-Metodievski studii 4), ed. P. DINEKOV et alii. Sofija 1987, 304-310.

VMČ (ed.): Velikię Minei-Četii, sobrannye vserossijskim mitropolitom Makariem. SPb.-Moskva 1868-1915.

van WIJK, N.: Podrobnyj obzor cerkovnoslavjanskogo perevoda Bol'šogo Limonarija, in: Byzantinoslavica 6 (1935-36), 38-84.

ŽUŽEK, I.: Kormčaja kniga. Studies on the Chief Code of Russian Canon Law (Orientalia Christiana Analecta 168). Roma 1964.

I. Anastasius Sinaita - *Quaestiones et responsiones* (CPG 7746: Collectio genuina) palaeoslovenice, e cod. Kijev. CBAN Mel. m./p. 118 sumptae:

<въпросъ>   Qu. 79 (7)

f. 119r3   Ꙗ҆ще кто̀ невѣ́ренъ. и҆ли жидови́н.
и҆ли самарꙗ́нинъ, сътворитъ

5   мнѡ́го до́бра. вни́детъ ли въ
ц҃ртво нбⷩ҄оє. –   Ѿвѣ́тъ. –
<Г >ꙋ гл҃ющꙋ къ никѡ́димꙋ. две́ри
ѿвръзе́нїа. а҆ми́нь. гл҃ю, тебѣ̀.
а҆ще кто̀ не роди́т' сꙗ ѿ во́ды и҆ дꙋ́ха.

10   не вни́детъ въ ц҃ртво нбⷩ҄оє.
добрѣ̀ ꙗ҆вито є҆́сть. ꙗ҆ко въ ц҃ртво
нбⷩ҄оє не вни́детъ. ѻ҆ба́че не и҆-
згꙋби́тъ м'зды̀ своє́а. но и҆ли здѣ̀.
прїи́метъ добрими дн҃ьми и҆ бога́-

15   ствїемъ и҆ питїемъ. и҆ про́чею пре-
лестїю мира сегѡ̀.
та́кожъ їѡ҃нъ слышавый помꙗ-
ни ꙗ҆ко прїа́лъ є҆си бл҃га̀ твоꙗ̀ въ
животѣ̀ твоє́мъ. и҆ли па́ки въ

20   прїидꙋщїи вѣ́къ оу҆ньши́нꙋ и҆ма̀
па́че не творꙗ́щагѡ.
ꙗ҆́коже бѡ пра́вдивымъ мнѡ́га
пребыва́юща къ б҃ꙋ. тако и҆ грѣ-
шныхъ, мнѡ́га различна мꙋче́нїа. –

f. 120r2   въпро́съ   Qu. 81 (9)

Ка́мо и҆дꙋтъ дѣ́ти и҆же злобы не и҆ма̀
пꙗти лѣ́тъ сꙋще. и҆ли четыри жи-

5   дов'скы̀. и҆ некр҃щенныхъ. въ мꙋкꙋ

ли и҆ли въ ра́й. –   Ѿвѣ́ * * *
г҃ꙋ гл҃ющꙋ и҆ раздрѣ́шившꙋ свои ѿвѣ́
и҆же гл҃е́тъ. въсхо́дища грѣ́хы ѿц҃ь
свои́хъ. да мнѣ́ сꙗ мни́тъ. не въ-

10   нити и҆мъ въ мꙋкꙋ. ѻ҆ба́че не добро
є҆ пы́тати сꙋдебъ г҃нъ. –

II. Quaestio et responsio a. Anastasio Sinaitae - *De iis qui pigritia promissa non faciunt*.
Versio palaeoslovenica e cod. Kijev. CBAN Mel. m./p. 119 sumpta:

f. 102r15   въпро́д. –   Add.-Qu. 7

Ꙗ҆ще кто̀ завѣща́ет' сꙗ съ кла́твою. ничто
бл҃го сътвори́тъ ꙗ҆ко се нѣколико вре́мꙗ ви́-
на̀ не въкꙋшати. и҆ли по́стити сꙗ. и҆ли
ѿ своє́а съло́жница въздрѣжа́ти сꙗ. та́че

20   ѿ лѣ́ности не възмо́жетъ съве́р'шити.
что дл҃женъ є҆́стъ твори́ти. –   ѿвѣ́.
бл҃же́н'нїи ѻ҆ц҃и. и҆ сщ҃енническыꙗ мл҃твы съ-
чинивше на́мъ. сътво́рше мл҃твꙋ чистите-
лемъ. раздрѣ́шавше чл҃ка. речено бо̀ є҆́стъ

25   бж҃їимъ и҆стин'нымъ ст҃лемъ. ꙗ҆ко є҆́ли-
ко раздрѣши-ти на землѝ. бꙋдꙋтъ раздрѣ́-
шени на нбⷭ҄ехъ. ѻ҆ба́че и҆ чл҃къ дл҃женъ
є҆ похва́лꙗй свою немо́щъ и҆ лѣ́ность. ||

f. 102v1   и҆сповѣ́дати сꙗ б҃ꙋ ꙗ҆ко лѣни́въ и҆ немощенъ.
а҆ще бо цр҃ꙗ тлѣ́н'нагѡ ѻ҆бѣ́ты съблюде́тъ. не
престꙋпити и҆ до сꙋ́мрти. кол'ми па́че бж҃їꙗ
но ѻ҆ба́че всѣ̀ покаа́нїѐ съдѣ́ваетъ. –

III. Anastasii Sinaitae *De Mesita* (BHG 801) palaeoslovenice
Ed.: VMČ dek. 1-5, Moskva 1901, coll. 47-49. Variae lectiones e cod. Kijev. CBAN Mel. m. /p. 119 ff. 210v6-212r12 sumptae:

Tit. *Prp(d)bnago ω(t)c̃a nàšego θeωdula patríka. iže bě vъ car(s̃)tvo velika(g̃) θeωdosia epár'cha vъ kostján'tině gradě byvšagò.*
Inc. *Sé že páki ω(t)vé(s̃)ti preslávnyi izvěstiti pokušáju sja. vъ léta*

mavríkià cr̃ja. býstъ vъ kostjánъtine grădě. čárodĕju (!) někto lukávъ
i chítrъ, glémyi mesi(ī).

Col. 47: l. 11 *to]* r̄ьi *otrɷčę] někoegò ɷtróka. vo] jako vъ* l. 12 *v́ěduštu*
emù] vĕdušta l. 12-13 *jáko čárodĕi e(st),* r̄ьi *mesírъ.* l. 13 *že] oubò* l.
14 *privede] privesti ego] togo* kъ]- l. 15 *lukavyì..čarodĕi]* - l. 16
večerъ] ɷ(t) d'nii večéru suštu i] ego otroka] sъ sobojù mesi(ī)
izidosta. i izše(d)šima ima l. 17 *i priidósta ... mĕsto pusto* l. 18
neživotnoè neživúšte i] - l. 19 *i doidósta* l. 22 *vratà -* ɷba] + *vó* nъ
ɷ*brĕtosta] brĕtosta* l. 24 *slugy mnogy] svĕšta mńɷgi i slugi* l. 27 *táže]*
táče že sinca] - sušta] + táko(ž) sin'ca sedjášta l. 28 *sed́ĕšta vo*
ɷ*brasĕ] jako vъ* ɷ*brázъ* l. 29 *iže prię i] ego(ž) i prija* r̄ьi *rádostně]*
rádostno.

Col. 48: l.2 *sebè] + i príde mesite] priidi mesírъ* l. 3 *sémo]* - l. 4 *sĕdšju(ž)]*
sĕ(d)šu l. 6 *pre(d)sĕd́ĕšti] pre(d)sĕdjái jáko i]* - l. 3-4 *mesitovĕ] mesitu*
l. 4 *čto] + rádi* l. 8 ɷ*(t)vĕštávъ] ɷ*(t)vĕštà raba] rábĕ* l. 9 *se]* s̄ьi *i r(č̄)e*
sĕdęi ko] gl̄a pre(d)sĕdjái. l. 12-13 *padéšę sъ gl(s̄)mъ] sъ gláso(m)*
páde. l. 13 *padošasę] i pádoša.* l. 15 *i pogíbe] pogíbe i* l. 17 *městĕ]*
+*to(m).*

l. 18 *ou] vъ stoęì] stoášŕъ i]- oubo] + nà* nъ l. 19 *vó gradъ gnáše] gnáše*
vъ gra(d) l. 20 *někoi(ch)] ɷ(t) někiichъ* l.20-21 ɷ*(t)vĕštávъ gl̄aše]*
ɷ*(t)vĕštavaše gl̄ja* l. 22 *ispovĕdáše že] i povĕda* l. 24 *ou] v ímenemъ*
*fe*ɷ*dula]θeɷdula ímene(m)* l. 25 *ljubę] ljubjai* l. 26 *dobrà] dobraà* l.
27 *priše(d)šu] prispĕvšu ouže pridosta] priidóša* l. 28 *pomolitsę]*
poml̄ite sja ou sp̄sa] vъ cr̄kovъ sīgo sp̄ša l. 29 *θrefronъ] plefronъ* l.
30 sqq. ɷ*bráštaaše sja* ɷ*brázъ vl(d)čnъ* ɷ*(t) patríkia, i zrjáše kъ.*

Col. 49: l. 3 *óbrazъ] + vl(d)čnъ* l. 4 *i]* - l. 4-5 *poveržesę na licì svoemъ*
na zemlju] povrъže sebè licémъ na zemli l. 5 *pláčasę, molésę] pláča*
i ml̄ja sja gī...che] vl(d)ko gī īs che bē moi l. 6 ɷ*(t)vraštáĕši]* ɷ*(t)vrati*
l. 7 *svoe] tvoè tý] + oubò* l. 8 *ne]* - l. 9 *prosĕšta] prosjaštago.* l. 10
ɷ*(t)vraštaeši sja.* l. 11-12 *na mnogy časy] na mńɷgъ ča(s̄)* l. 12
ispovĕdajuštusę] ml̄jáštu sja priide] i priide l. 13 *gl̄ę] gl̄jášŕъ* l. 16
ɷ*brĕte sja. i ne* ɷ*(t)vrъže sja méne* l. 18 *fe*ɷ*dulъ] - razdaę] razdà* l. 20
ide] i ide l. 21 *i mn(ḡ)o potružavsę] mńɷgo potrudív sjà* l. 23 *mnogo]*
mńɷgi preterpĕvъ] prespĕvъ.

Des. vъ stárosti prestávi sja kъ b̄gu vъ vé(č)nujù žíznъ.

81

Božidar Pejčev

„Librum Sclavorum qui dicitur Methodius" im Ljetopis Popa Dukljanina

Es ist bekannt, daß der als Ljetopis popa Dukljanina betitelte Text der von Domenico Papali am Anfang des 16. Jh. entdeckten kroatischen Chronik[1] die inhaltsreichste im Vergleich mit den übrigen drei Varianten dieser Schrift ist[2]. Sie beschäftigt die gegenwärtige historische Forschung immer noch als umstrittene Quelle einer bis heute unbewiesenen Synode der frühen kroatischen Kirche Dalmatiens, die nach der Meinung der auf der Echtheit dieser Quelle bestehenden Autoren Licht auf die älteste kroatische Geschichte werfen soll[3]. Inzwischen ist der Ljetopis mehrfach herausgegeben worden.[4]

Eine wichtige Textstelle des Ljetopis besteht in der Erwähnung des Namens Methodius, und zwar im folgenden Zusammenhang: „Multas leges et bonos mores instituit, quos qui velit agnoscere, librum Sclavorum qui dicitur *Methodius* legat, ibi reperiet qualia bona instituit rex benignissimus"[5]. In der Annahme der wirklichen historischen Existenz der dalmatinischen Synode, die er zeitlich in das Jahr 753 setzt, deutet Mandić diese Textstelle so, als ob der obengenannte *liber Sclavorum* ein Resolutionsbuch der Synode gewesen sei, das ihre Beschlüsse enthalten hätte und kroatisch niedergeschrieben worden sei[6].

Ferner betrachtet er „Methodius" nicht als Personennamen, sondern als Begriff im Sinne von *methodes* nach der Auffassung von Marcus Marulus[7], die (Methodes) der damaligen Synode verholfen hätten, ihre Beschlüsse im schon erwähnten Buch als in einer Art Gesta concilii abzufassen[8]. Da entdecken wir eine Wiederherstellung der alten Meinung von Farlati, der in seiner Zeit glaubte, das Buch Methodius sei eigentlich ein Codex legum der Synode gewesen[9].

Im Hinblick auf die Authentizität der im Ljetopis und in der kroatischen Chronik erläuterten Ereignisse und in Bezug auf Entstehungszeit und -ort dieser Schriften wäre

es angebracht, sich auf die Feststellungen von Murko zu berufen, der sich etwa so äußerte: Der Ljetopis ist irgendwann gegen Mitte des 12. Jh. geschrieben worden, wobei der allgemeine Teil, d. h. bis Kapitel 19, keine wirklichen und neuen historischen Erkenntnisse einbringt, die weiteren Teile dagegen vieles über die Verhältnisse des 11. und 12. Jhs. angeben; die kroatische Chronik ist ebenfalls nicht älter, weil ihre Sprache unabhängig von der Transliteration aus einer kyrillischen oder glagolitischen Vorlage ins lateinische Alphabet dem Charakter der Sprachentwicklung der Entstehungszeit vom Ljetopis entspricht[10].

Inzwischen ist die kirchenhistorische Forschung zu dem Ergebnis gekommen, daß der Pope Dukljanin eine bestimmte Tendenz in seine Schrift hineinbringt, die darin zum Ausdruck kommt, daß die an der Synode teilnehmenden Bischöfe so aufgezählt werden, daß der Bischof von Antivari/Bar, unter dem er selbst Presbyter war, dies im Streit um die Metropolitanrechte gegen den Bischof von Ragusa als Argument zugunsten seiner Bestrebungen benutzen konnte[11]. Das Konzept des Presbyters von Dioclea erweckt den Eindruck, der Bischof von Antivari/Bar des 12. Jh. habe in seinem Streben nach einer Metropolitenstellung zweifellos das Recht auf seiner Seite, weil diese schon von einer früheren Synode dem Erzbischof von Dioclea zugesagt und später das diesem unterstellte Diocleatische Erzbistum nach Antivari/Bar verlegt worden sei. Der Pope Dukljanin bemühte sich also, dem Bischof von Antivari eine kirchenhistorische Basis zu verschaffen, indem er behauptete, daß eine frühere Synode seinem Sitz Metropolitanrechte zugesichert hätte, weil dieser Sitz Nachfolger des alten Erzbistums Dioclea sei. Diese so wichtige Synode sei das schon genannte Concilium Delmitanum[12] - Synode auf der Planities Dalmae, Sabor na Duvanjskom polju[13].

Das Verfahren des Popen Dukljanin ist eindeutig: durch die Historifizierung der unmittelbaren Interessen des Bistums Bar den Weg des Bischofs nach einem Metropolitenrang zu ebnen und seine Argumente glaubwürdig zu machen. Für dieses konkrete kirchenpolitische Ziel im 12. Jh. zieht er resolut Method heran, der seines Erachtens den Slaven ein fundamentales Gesetzbuch hinterlassen hätte, das selbstverständlich alle kanonistischen Erklärungen des Presbyters von Dioclea in Bezug auf die Metropolitenrechte unterstützte.

Welches Buch aber ist gemeint, das der Pope Dukljanin mit dem Namen von Methodius identifiziert?

Zunächst sollte man sich Klarheit darüber verschaffen, um welchen Methodius es hier geht. Da der Name Methodius im Text in einem Atemzug mit den Slaven genannt wird, ist deutlich, daß vom Slavenlehrer Method die Rede ist. Weiter berichtet uns der Pope Dukljanin, daß Method ein Gesetzbuch, d.h. ein vor allem kanonistisches Werk, den Slaven geschenkt habe, das sehr nützlich war. Diese eindeutige Aussage zwingt uns dazu, an die Nomokanonübersetzung Methods zu denken, die er für den Zweck der slavischen Mission angefertigt hatte:

Pъsaltyrъ bo bĕ ... sъ filosofъmъ prĕložilъ pъrъvĕje. tъgda že i nomokanonъ, rekъše zakonou pravilo, i otъčьskyja knigy prĕloži.

(Kapitel XV der Vita Methods[14]).

Dabei ist daran zu erinnern, daß Method eigentlich die Synagoge des Johannes Scholastikos übersetzte und dadurch die notwendigen kanonistischen Grundlagen des slavischen kirchlichen Lebens legte. Wenn der Pope Dukljanin sich darauf beruft, dann bringt er eine gewisse Tendenz in die kirchenpolitischen Streitigkeiten im dalmatinischen Raum des 12. Jh. ein: Sie besteht darin, das slavisch-methodianische Kulturbewußtsein seiner Anhänger zu aktivieren, sie der kirchlich-kanonistischen Tradition des pannonischen Erzbischofs Method bewußter zu machen. Es hat den Anschein, als ob der Pope Dukljanin mit der Autorität Methods seine Behauptungen bezüglich der Metropolitenrechte untermauern wollte. Es bleibt die Frage, welche inhaltlichen Punkte aus Methods Nomokanon-Übersetzung er als Stütze seiner Thesen meinte. Sicher ist aber, daß diese Textstelle im Ljetopis ein Zeichen dafür ist, wie aktiv die Method-Tradition im von der Kirche Roms dominierten slavisch-adriatischen Raum des 12. Jh. war.

ANMERKUNGEN

[1] Der von Papali gefundene und kyrillisch oder glagolitisch geschriebene kroatische Text ging später verloren; er wurde aber in Italienisch von MAURO ORBINI (in: Il regno degli Slavi, Pesaro 1601) und in Latein von MARCUS MARULUS 1510 übersetzt (von I. LUCIUS in De Regno Dalmatiae et Croatiae libri sex, Amstelodami 1666, p. 303-309 unter der Überschrift ‚Regum Dalmatiae et Croatiae gesta' veröffentlicht), nachdem 1546 Gerolamo Kaletić den primären kroatischen Text lateinisch transliteriert hatte (s. M. MURKO, Geschichte der älteren südslavischen Literaturen, Leipzig 1908, S. 107).

[2] Lucius war der erste, der in seinem genannten Buch von 1666 den Verfasser der Schrift als *Presbyter Diocleas* bezeichnete und den Text publizierte. 24 der insgesamt 47 Kapitel dieser Darstellung findet man nicht in den oben genannten kürzeren Versionen dieser kroatischen Chronik, dazu kommt eine von Presbyter Diocleas abgefaßte Einführung.

[3] S. in Bezug auf die Synode L. STEINDORF, Die Synode auf der Planities Dalmae. Reichseinteilung und Kirchenorganisation im Bild der Chronik des Priesters von Dioclea. -In: Mitteilungen des Instituts für österreichische Geschichtsforschung 93 (1985), S. 279-324. Der aktivste Verfechter der Echtheit der Synode und ihrer Fixierung in der schriftlichen Überlieferung durch den Ljetopis ist letztlich D. MANDIĆ, Rasprave i prilozi iz stare hrvatske povijesti, Rom 1963 (Hrvatski sabor na Duvanjskom polju) S. 145-193. Dagegen halten S. MIJUŠKOVIĆ, Presbyter Diocleas - Ljetopis popa Dukljanina, Titograd 1967, S. 187-202 und N. BANAŠEVIĆ, Letopis popa Dukljanina i narodna predanja, Beograd 1971, S. 55-74 die Schrift für keinen historisch-adäquaten Bericht, sondern für eine späte Erzählung aus dem Zeitraum des 12.–15. Jh., die topischerweise Angaben aus der älteren slavischen schriftlichen Überlieferung zusammenbringt.

[4] S. MIJUŠKOVIĆ, op. cit. ; V. MOŠIN, Ljetopis popa Dukljanina. Latinski tekst sa hrvatskim prjevodom i „Hrvatska kronika", Zagreb 1950.

[5] LUCIUS, op. cit., S. 290.

[6] MANDIĆ, ebda., S. 186.

[7] MANDIĆ, ebda., S. 402.

[8] Ebda, S. 186.

[9] D. FARLATI, Illyricum sacrum, 8 Bde. (V-VIII bearbeitet von J. Coleti), Venedig 1751-1815; hier Bd. III, S. 70.

[10] MURKO, S. 106 f.

[11] S. B. PANDŽIĆ, De diocesi Tribunensi et Mercanensi, Romae 1959, S. 8.

[12] S. Artikel „Doclea" in: Dictionnaire d'histoire et de géographie ecclésiastiques, XIV, S. 542.

[13] S. Anm. 3.

[14] S. Sveta brata Ciril in Metod v zgodovinskih virih (= Acta ecclesiastica Sloveniae 7), Ljubljana 1985, S. 229.

Svetlina Nikolova

Zum Fortwirken des Werkes Kyrills und Methods: Die Überlieferung des Werkes von Kliment Ochridski während des Mittelalters

Kliment Ochridski, der hervorragende Schüler Kyrills und Methods, gehört zu den populärsten altbulgarischen Schriftstellern. Seine bedeutenden rhetorischen Werke (die einfachen, sogar ungeschulten Hörern zugänglichen Lehrreden und die glänzenden, erbaulichen Lobreden, die für ein gebildetes Auditorium bestimmt waren), seine Vitae (er wird als der Verfasser der Ausführlichen Vita des Slavenlehrers Method bezeichnet, manchmal wird sein Name auch mit der Ausführlichen Vita Konstantin-Kyrills des Philosophen verbunden) und seine poetischen Werke (Kanons, Triodien und normale Liturgien) waren nicht nur für den Charakter der altbulgarischen Literatur in der Epoche des Goldenen Jahrhunderts (Ende des 9./ Beginn des 10. Jahrhunderts) in hohem Maße bestimmend, sie waren nicht nur wegweisend für die weitere Entwicklung ihrer produktivsten Genres, der rhetorischen Prosa, der Hagiographie und Hymnendichtung, sondern drangen auch in das gesamte mittelalterliche Literatur- und Kulturleben vieler Völker in Ost- und Südosteuropa ein.

Der aktive Einfluß des Werkes Kliments außerhalb Bulgariens ist im russischen, serbischen, moldauischen und valachischen Schrifttum in mehreren Richtungen belegt: in der Form von Abschriften für den Gebrauch im kulturellen Alltagsleben, als Gebrauchsliteratur zusammen mit den Werken der hervorragendsten Schriftsteller der jeweiligen Länder, in der Form von Übersetzungen und schließlich in der Schaffung origineller Literaturwerke dieser Völker, für die sein schriftliches Erbe benutzt wurde.

Die zweifellos eindruckvollsten Angaben über die Überlieferung der Werke Kliments rühren nach dem heutigen Forschungsstand aus dem mittelalterlichen Rußland. Die Angaben über das Einbeziehen des schriftlichen Erbes Kliments sind in dieser Hinsicht besonders eindrucksvoll. Hier muß sofort hervorgehoben werden, daß eine bedeutende Anzahl von Werken Kliments heute nur aus russischen Kopien bekannt ist, wie z.B. neunzehn der vierzig Lehr- und Lobreden, die ihm heute mit Sicherheit zugeschrieben werden sowie eines der repräsentativsten Werke der altbulgarischen Hagiographie, die Ausführliche Vita des Method[1]. Gleichzeitig ist zu erwähnen, daß von den ihm mit Sicherheit zugeschriebenen rhetorischen Schriften in russischen Handschriften bisher nur eine fehlt, und zwar die Lobrede über die vierzig Märtyrer. Es sollte auch erwähnt werden, daß von den bisher etwa 1400 Abschriften der sicheren Reden Kliments gegen 1300 aus Rußland stammen. Die Bedeutung dieser Tatsache wird ganz offensichtlich, wenn man sie mit den Angaben über die bulgarischen Abschriften der rhetorischen Werke Kliments, die heute vorhanden sind, vergleicht: Die einzigen Spuren seiner rhetorischen Kunst in der bulgarischen Handschriftentradition sind 25 Abschriften von zehn seiner Reden, hauptsächlich Lobreden. Daher kann mit Sicherheit behauptet werden, daß die russischen Kopien der Werke Kliments nicht nur von ihrem ständigen Gebrauch im Kulturleben des russischen Volkes Zeugnis ablegen, sondern auch, daß Rußland eine entscheidende Rolle für die Erhaltung eines großen Teils des literarischen Werkes dieses bedeutenden altbulgarischen Schriftstellers spielte. Es ist anzunehmen, daß die Werke Kliments schon bei der Schaffung des russischen Schrifttums in die russische Handschriftentradition aufgenommen wurden, und zwar spätestens in der zweiten Hälfte des 11. Jahrhunderts, zusammen mit einer Reihe von anderen altbulgarischen Werken vom Ende des 9./ Anfang des 10. Jahrhunderts. Diese Vermutung wird von den acht russischen Abschriften der Lehr- und Lobreden Kliments aus dem 12. Jahrhundert bestätigt, die die ältesten erhaltenen Abschriften seiner Werke darstellen; der Text enthält jedoch bereits einige Veränderungen, was besagt, daß es schon vor ihnen russische Abschriften dieser Werke gegeben haben muß[2]. Die Schriften von Kliment Ochridski wurden von diesem Zeitpunkt an bis zum Ende des 17. Jahrhunderts zu einem Bestandteil des literarischen Lebens in verschiedenen russischen Gebieten. Bereits in der Übergangszeit zwischen dem 12. und 13. Jahrhundert nahmen sie in einigen Sbornik-Typen, die in der russischen Handschriftentradition während des ganzen Mittelalters sehr verbreitet waren, einen festen Platz ein: den Prologen, Fest- und Lesemenäen, von denen jedes Exemplar oft mehrere Werke Kliments enthält.

Damit ergibt sich das Bild einer wachsenden Beliebtheit: Man hat bisher dreizehn russische Abschriften von zwölf Reden Kliments vom Ende des 12./Anfang des 13. Jahrhunderts, vierzehn Kopien von neun Reden aus dem 13. Jahrhundert, sechs Kopien von fünf Reden vom Ende des 13./Anfang des 14. Jahrhunderts, 146 Kopien von 25 Reden aus dem 14. Jahrhundert, 37 Kopien von 21 Reden vom Ende des 14./Anfang des 15. Jahrhunderts, 141 Kopien von 31 Reden aus dem 15. Jahrhundert, 59 Kopien von 23 Reden vom Ende des 15./Anfang des 16. Jahrhunderts, 580 Kopien von 29 Reden aus dem 16. Jahrhundert, 51 Kopien von 16 Reden vom Ende des 16./Anfang des 17. Jahrhunderts und 204 Kopien von 29 Reden aus dem 17. Jahrhundert[3] ausfindig machen können. Von der Ausführlichen Vita des Method sind folgende Abschriften bekannt: eine aus dem 12.-13. Jahrhundert, eine vom Ende des 15./Anfang des 16. Jahrhunderts, acht aus dem 16. Jahrhundert, drei aus dem 17. Jahrhundert und eine vom Ende des 17./Anfang des 18. Jahrhunderts. Dabei ist dieses Bild durchaus nicht vollständig. Vor kurzem wurden z.B. bislang unbekannte russische Abschriften von neun Lobreden Kliments mitgeteilt (Lobrede auf Kyrill: eine Kopie aus dem Jahre 1625[4], Lobrede auf Kyrill und Method: drei Kopien aus dem 17. Jahrhundert[5], Lobrede auf den Propheten Elia: zehn Kopien aus dem 14.-15. bis zum 17. Jahrhundert[6], Lobrede auf die Auferstehung des Lazarus: 12 Kopien aus dem 15. bis 17. Jahrhundert[7], Lobrede auf Demetrios von Thessaloniki: zwei Kopien aus dem 15. und 16. Jahrhundert, Lobrede auf Michael und Gabriel: 13 Kopien aus dem 15. bis zum 17. Jahrhundert, Lobrede auf den Propheten Sacharija und die Geburt Johannes des Täufers: eine Kopie aus dem 16. Jahrhundert, Lobrede auf Clemens von Rom: zwei Kopien aus dem 16. und 17. Jahrhundert, Lobrede auf den Cvetnica-Tag: eine Kopie aus dem 17. Jahrhundert) sowie Abschriften von 18 seiner Lehrreden[8] (Belehrungen zu den Feiertagen: fünf Kopien aus dem 16. und 17. Jahrhundert, Belehrung zum Feiertag eines Apostels oder Märtyrers: sechs Kopien aus dem 16. und 17. Jahrhundert, Belehrung über den Evangelisten Marcus: elf Kopien aus dem 15. bis 17. Jahrhundert, Belehrung zum Advent: Teil einer Pergamentabschrift aus dem 13. Jahrhundert, Belehrung zur Geburt Christi: neun Kopien aus dem 15. bis 17. Jahrhundert, Belehrung zur Himmelfahrt: 13 Kopien aus dem 15.-17. Jahrhundert, Belehrung zum Advent: elf Kopien aus dem 15.-17. Jahrhundert, Belehrung zum Vorfest des Dreikönigsfestes: eine Pergamentabschrift aus dem 13. Jahrhundert, Belehrung zum Dreikönigsfest: acht Kopien aus dem 15.-17. Jahrhundert, Belehrung zur Hypapanté des Herren: zwei Kopien aus dem 16. und 17. Jahrhundert, Belehrung zur Verkündigung: 14 Kopien aus dem 15. bis 17. Jahrhundert, Belehrung zum Pascha-Fest: zwei Kopien aus dem 15. und 16. Jahrhundert, Belehrung zu den Aposteln Peter und Paul: eine Kopie aus dem 16. Jahrhundert, Belehrung zum Vorfest der Verklärung: zwei Pergamentabschriften aus dem 13. und 15. Jahrhundert, Belehrung zur Verklärung: eine Pergamentabschrift aus dem 15. Jahrhundert und 13 Kopien vom Ende des 15.-17. Jahrhunderts, Belehrung zum Vorfest Mariae Himmelfahrt: zwei Pergamentabschriften aus dem 13. und 15. Jahrhundert, Belehrung zu

Mariae Himmelfahrt: acht Kopien aus dem 15-17. Jahrhundert) und von der Ausführlichen Vita Methods (zwei Kopien aus dem 17. Jahrhundert[9]).

Außerdem kann mit Sicherheit behauptet werden, daß sich in den sowjetischen Bibliotheken noch viele unbekannte Kopien von Reden Kliments befinden, von denen einige recht alt sind. Die Tatsache, daß ich vor einigen Jahren (1983 und 1984) bei der Arbeit über den Pergamentprologen aus der Sammlung der Moskauer Synodaltypographie im CGADA (Central'nyj gosudarstvennyj archiv drevnich aktov) 21 unbekannte Kopien von elf Lehrreden des Kliment fand, ist ein Beweis dafür. Es handelt sich um 16 Kopien von 10 Reden aus dem 14. Jh., eine Kopie einer Rede aus dem 14.-15. Jahrhundert und vier Kopien von vier Reden aus dem 15. Jahrhundert (Belehrung zum Vorfest zu Himmelfahrt - Nr. 153, Bl. 19a-19b; Belehrung zu Himmelfahrt - Nr. 158, Bl. 11b-12a, Nr. 160, Bl. 18b-19a, Nr. 163, Bl. 20b-21a; Belehrung zum Vorfest der Verkündigung - Nr. 158, Bl. 130a-130b, Nr. 160, Bl. 140b-141a, Nr. 163, Bl.26b-127a; Belehrung zur Epiphanie - Nr. 158, Bl. 130b-131a; Belehrung zum Vorfest der Hypapanté des Herrn - Nr. 160, Bl. 165a-165b; Belehrung zur Hypapanté des Herrn - Nr. 158, Bl.156a-157a; Belehrung zum Vorfest der Verkündigung - Nr. 175, Bl. 10b-11a; Belehrung zur Verkündigung - Nr. 170, Bl. 25a-26b, Nr. 175, Bl. 11a-11b; Belehrung zum Vorfest der Verklärung - Nr. 169, Bl. 170a-170b, Nr. 175, Bl. 97a-97b; Belehrung zur Verklärung - Nr. 169, Bl. 171a-171b, Nr. 175, Bl. 98a-99a; Belehrung zum Vorfest Mariae Himmelfahrt - Nr. 169, Bl. 179a, Nr. 171, Bl. 242a-242b, Nr. 172, Bl. 141b, Nr. 179, Bl. 195b-196a)[10]. Dabei ist interessant, daß sich ein großer Teil dieser Kopien in Handschriften befindet, in denen Wissenschaftler bereits eine Reihe von Kopien von Werken Kliment Ochridskis festgestellt haben. Außerdem gehören diese neu entdeckten Texte von Lehrreden des Kliment zu den ältesten seiner Reden: Einige von ihnen besitzen nur ein bis zwei ältere Abschriften[11], andere stellen überhaupt die ältesten der jeweiligen Reden dar[12]. Es muß auch hervorgehoben werden, daß viele russische Handschriften, in denen Reden Kliments erwartet werden können, bisher nicht unter diesem Gesichtspunkt untersucht worden sind[13].

Zur Überlieferung des Werkes Kliments im mittelalterlichen Rußland möchte ich noch erwähnen, daß während des 17. Jahrhunderts, gegen Ende des Mittelalters in Rußland, Reden des Kliment immer noch in viele Druckausgaben des Prologs, die in Moskau erschienen[14], aufgenommen wurden.

Für die Überlieferung des Werkes Kliments im mittelalterlichen Rußland ist es bezeichnend, daß daran so wichtige Literaturzentren teilnehmen wie Novgorod, woher eine größere Anzahl von bis zum Ende des 14. Jahrhunderts angefertigten Handschriften stammt, während von der ersten Hälfte des 15. Jahrhunderts an die Literaturzentren des Moskauer Fürstentums, um das sich der russische Zentralstaat zu bilden begann, diese Tradition aufnahm.

Die große Bedeutung der Werke Kliments für die Literatur des mittelalterlichen Rußlands kommt auch in der gleichwertigen Stellung zum Ausdruck, die sie in den Handschriften neben den Originalwerken hervorragender altrussischer Schriftsteller einnahmen. Ein Beispiel dafür ist der Inhalt einer nur sehr wenig bekannten russischen Handschrift aus dem 16. Jahrhundert, die sich heute in der Handschriftensammlung der Nationalbibliothek zu Sofia unter der Nummer 320 befindet. Darin sind dreizehn sichere und weniger sichere Lob- und Lehrreden des Kliment (darunter solche bedeutenden Werke wie die Lobrede auf Michael und Gabriel, die Lobrede auf die Wiedererweckung des Lazarus, die Lobrede auf den Propheten Elia und die Lehre über den Sonntag) zusammen mit fünf der schönsten Werke des hervorragenden russischen Schriftstellers des 12.-13. Jahrhunderts, Kyrill von Turov (Reden auf den dritten, vierten und sechsten Sonntag nach Ostern, über die Himmelfahrt und über das Konzil zu Nikaia) kopiert[15].

Das Nebeneinander Kliments von Ochrid und Kyrills von Turov in der Handschrift Nr. 320 zeigt auch eine weitere Form der Anwesenheit von Kliments Werken im russischen Kulturleben: ihren organischen Einbezug als ein erbauliches Element in das russische Schrifttum und den Einfluß seiner Poetik auf die Originalwerke der altrussischen Literatur. Dabei stoßen wir auf eine der Wissenschaft unbekannte Tatsache: Es stellt sich heraus, daß die in dieser Handschrift enthaltene, gut bekannte Kopie der Himmelfahrt-Belehrung Kliments nur den Beginn einer Schrift darstellt, in der das Werk Kliments und die Himmelfahrtsrede des Kyrill miteinander verflochten sind. Weitere Untersuchungen zeigen sogar, daß der Text der Handschrift Nr. 320 keine Neukompilation darstellt, sondern wie zwei weitere Zeugen aus dem 15. und 15.-16. Jahrhundert auf ein gemeinsames älteres Vorbild zurückgeht[16].

Die schöpferische Beziehung der mittelalterlichen russischen Schriftsteller zum literarischen Erbe Kliments kommt auch in einer Reihe anderer Fälle zum Ausdruck. Bereits mit dem Auftreten seines Werkes auf russischem Boden begann ein Anpassungsprozeß der altbulgarischen Sprache Kliments an die Besonderheiten der russischen Phonetik und Lexik. Die Werke Kliments wurden in Rußland mehrmals sprachlich und literarisch redigiert. In dieser Hinsicht sind die mehrfachen Redaktionen der Rede über die Fünfzig, die einige Gelehrten aus dem 19. Jahrhundert für ein Werk des Kirill Turovskij hielten, die heutigen Wissenschaftler jedoch mit dem Namen des Kliment von Ochrid verbinden[17], von besonderem Interesse. Die Widersprüche zwischen den Forschern bezüglich des Verfassers dieses Werkes sind durchaus nicht zufällig: Seine Verwandtschaft mit den Predigten Kliments ist ebenso offensichtlich wie einige Ähnlichkeiten mit der rhetorischen Prosa des Kirill Turovskij und die Verbindung zweier Redaktionen (die zweite und die vierte) mit für Rußland spezifischen gesellschaftlichen Erscheinungen. Seine Grundlage bildet höchstwahrscheinlich die Rede Kliments, die in Rußland vielleicht sogar von Kirill Turovskij selbst redigiert und später noch weiter abgeändert wurde. Das literarische Erbe Kliment Ochridskis drang auch noch tiefer in die russische Literatur ein und zwar in der Form von Entlehnungen und der Übernahme ganzer Teile bestimmter Werke in die originalen altrussischen Werke[18]. Besonders häufig wurden die Anfangsphrasen der Lobreden Kliments (vorwiegend aus den Reden auf Michael und Gabriel, Demetrios von Thessaloniki, auf Nikolaus den Wundertäter (erste und zweite), auf die Hypapanté (zweite) und auf Eirenaios) benutzt. In Verbindung damit verdient auch der Name des altrussischen Metropoliten, des Bulgaren Kyprian Camblak (1381-1406) Erwähnung, dessen Lobrede auf den Metropoliten Peter auch mit einem Satz beginnt, den Kliment als Einführung zu seinen panegyrischen Werken benutzte und der sicherlich eine wichtige Rolle bei der Verbreitung seiner Werke in Rußland während der Periode der zweiten südslavischen Einflußwelle gespielt hat. Ein interessanter Fall für die Benutzung der Werke Kliments stellt auch die im 16. Jahrhundert verfaßte Lobrede auf den großen Moskauer Fürsten Vasilij III. dar, in der wortgetreue Entlehnungen aus der Lobrede Kliments auf den Propheten Elia auftreten[19].

Es ist offensichtlich, daß das Werk des bedeutenden altbulgarischen Schriftstellers sehr gut in das Panorama des reichhaltigen russischen Kulturlebens während des Mittelalters paßte und daß es seinen Platz und seine Bedeutung in den schriftlichen Traditionen der russischen Schriftsteller besaß, wo es seine Funktion ausgezeichnet erfüllte.

Das literarische Erbe von Kliment Ochridski ist auch in dem mittelalterlichen serbischen Schrifttum anwesend, nicht sehr breit, so doch durchaus spürbar. Etwa 70 Kopien von 20 sicher Kliment gehörenden Lob- und Lehrreden, eine oder mehrere Kopien von seinen hymnographischen Werken[20] - das ist das Resultat der bisherigen Untersuchungen serbischer Texte. Die älteste von ihnen stammt aus dem 13. Jahrhundert, die jüngste aus dem 18. Jahrhundert. Die Werke Kliments wurden jedoch am meisten während des 14., 15. und 16. Jahrhundert von den serbischen Kopisten aufgenommen. Wenigstens stammen aus dieser Zeit fast alle Handschriften, in denen sie nachgewiesen sind. Leider wissen wir heute nicht, in welchen serbischen Schriftzentren die Werke Kliment Ochridskis am beliebtesten waren, zu welchen Zwecken sie benutzt wurden, noch welche Schriftsteller und Autoren sich von seinen literarischen Prinzipien beeinflussen ließen. In dieser Hinsicht sind keinerlei direkte Angaben der Abschreiber und Schriftsteller vorhanden, und die Wissenschaft hat sich bisher noch nicht mit diesen Problemen beschäftigt. Mit Sicherheit kann man nur sagen, daß die serbischen Abschriften der rhetorischen Werke des Kliment Ochridski in einigen Fällen die ältesten sind und daß sich darin oft der Text der verlorengegangenen Originale viel besser erhalten hat als in den bulgarischen und russischen Handschriften[21]. Es ist auch interessant zu unterstreichen, daß die von den serbischen Schriftstellern am meisten überlieferten Werke des begabten Schülers von Kyrill und Method drei der begeisternden Lobreden waren: die Rede auf Michael und Gabriel (davon sind 19 serbische Kopien bekannt), die Rede auf Johannes den Täufer (in sieben serbischen Kopien) und die Rede auf den Propheten Elia (sechs Kopien). Erwähnung verdient auch die Tatsache, daß die serbischen Schriftsteller alle hymnographischen Werke des altbulgarischen Verfassers kannten.

Das Werk Kliment Ochridskis hatte auch seinen Platz im Kulturleben der mittelalterlichen Fürstentümer Moldau und Walachei. Die dort entdeckten zwölf Abschriften von über zehn Reden Kliments, vorwiegend Lehrreden, stammen hauptsächlich aus dem 15. und 16. Jahrhundert, aus der Blütezeit der slavischen Kultur und Literatur in diesen Ländern. Die moldauischen und valachischen Schriftsteller kannten die Werke Kliment Ochridskis wahrscheinlich schon am Ende des 14. und Beginn des 15. Jahrhunderts, als sich eine große bulgarische Emigrationswelle nach dem türkischen Einfall in Bulgarien in das Gebiet nördlich der Donau ergoß. Unter ihrem wertvollsten Besitz, den sie mit sich führten, befanden sich zweifellos Bücher. Im Moldau-Kloster Voroneţ hat sich gewiß nicht zufällig eine der interessantesten bulgarischen Handschriften aus dem 14. Jahrhundert, der sogenannte German-Sbornik aus dem Jahre 1359, in dem vier Reden Kliments auftreten, erhal-

ten. Die valachischen und moldauischen Abschriften der rhetorischen Werke Kliment Ochridskis sind wegen zweier Besonderheiten sehr wertvoll: ihrer Nähe zu den bulgarischen Originalen und der außerordentlich präzisen Wiedergabe des bulgarischen Sprachbildes der Werke[22]. Diese beiden Besonderheiten sind leicht erklärbar, da bekannterweise die bulgarische Sprache in ihrer mittelbulgarischen Form in der Valachei und Moldau von deren Gründung im 14. bis zum 17. Jahrhundert die offizielle Staatssprache war.

Es ist schwer zu bestimmen, in welchem Maße das Werk Kliments die Originalliteratur der valachischen und moldauischen Schriftsteller beeinflußt hat. Es besteht jedoch kaum ein Zweifel, daß es für sie anziehend und aktuell gewesen sein muß. Das bezeichnendste Beispiel dafür ist die zur Zeit des valachischen Fürsten Matej Basarab (1633-1654) angefertigte Übersetzung der Lobrede auf Michael und Gabriel ins Rumänische, die in gewisser Hinsicht auch eine Bearbeitung des Werks darstellt[23].

Aus allem bisher Gesagten wird klar, daß die schriftstellerische Autorität von Kliment Ochridski außerhalb Bulgariens außerordentlich groß war. Wir können mit vollem Recht behaupten, daß eben dieser Schüler von Kyrill und Method, der seine ganze Kraft und Begabung für die Entwicklung der bulgarischen Kultur am Ende des 9. und zu Beginn des 10. Jahrhunderts einsetzte, die größten Verdienste für die internationale Anerkennung und den Einfluß der altbulgarischen Literatur aus der Zeit des Goldenen Jahrhunderts auf das Kulturleben in Ost- und Südosteuropa während des ganzen Mittelalters erworben hat. Auch wenn die Wissenschaft noch nicht alle Angaben über Kliments literarisches Erbe in anderen slavischen und nichtslavischen Ländern kennt, so ist doch schon offensichtlich, daß neue Entdeckungen den Glanz von Kliments Werk in der Kulturgeschichte der Slaven nur mehr erhöhen können.

ANMERKUNGEN

[1] Die zusammengefaßten Angaben über die Verbreitung der rhetorischen und hagiographischen Werke Kliments sind den Materialien der Ausgabe entnommen: Kliment Ochridski. Săbrani săčinenija. Bd. 1, Sofia, 1970; Bd. 3, Sofia, 1973. Wir berücksichtigen hier nicht die Materialien über die Reden Kliments in Bd. 2 dieser Ausgabe (Sofia, 1977). Obwohl dieser Band auch Reden enthält, die m.E. sicher Kliment zugeschrieben werden können (z.B. die Lobrede auf Kosmas und Damianos, die Lobrede auf Nikolaus den Wundertäter - erste und zweite, die dritte Rede auf die Geburt Johannes des Täufers, die Lobreden auf Eirenaios und die Lehrrede über Mariae Himmelfahrt), kann das Problem der Autorschaft der Reden nicht als endgültig geklärt angesehen werden. Es muß auch noch erwähnt werden, daß die ersten acht Lobreden im ersten Band in Wirklichkeit nur drei getrennte Werke darstellen (Belehrung zu den Feiertagen, Belehrung über einen Apostel oder Martyrer und Belehrung zum Sonntag), während in den übrigen der Text der ersten beiden Werke nur auf einen bestimmten Feiertag abgestimmt wurde, ohne daß er sich dabei wesentlich änderte. Aus diesem Grund sind im ersten Band der Ausgabe in Wirklichkeit 35 Reden Kliments vertreten. Der Einfachheit halber benutze ich jedoch die in der Ausgabe eingeführte Zählung.

[2] Zu einigen dieser Änderungen s. Sv. NIKOLOVA, Njakoi tekstologičeski problemi v panegiričnoto tvorčestvo na Kliment Ochridski (po materiali ot „Pochvalno slovo za prorok Ilija"). In: Kirilo-Metodievski studii. Bd. 1, Sofia 1984, S. 98, 102.

[3] Wenn man die Anzahl der Abschriften aus verschiedenen Epochen zusammenfaßt, muß man berücksichtigen, daß ich die Datierungen der in der Ausgabe benutzen 22 Pergamentprologe aus der Sammlung der Moskauer Synodaltypographie (F. 381) im CGADA korrigiert habe. Das war unbedingt notwendig, da diese Handschriften einen wichtigen Platz in der Überlieferung bis zum Beginn des 15. Jahrhunderts einnehmen (15 der im 1. Band veröffentlichten 28 Lobreden befinden sich in diesen Prologen, wobei von den 191 entdeckten Abschriften bis zu dieser Zeit 91 in eben diesen Handschriften vorkommen), in der Ausgabe jedoch oft falsch oder ungenau datiert sind. Daher beziehen sich ein und dieselben Handschriften in den Einleitungen zu den Veröffentlichungen der einzelnen Reden auf verschiedene Zeitpunkte, sogar auf verschiedene Jahrhunderte, was zu einer falschen Vorstellung über die frühe Überlieferungsgeschichte der Klimentreden in Rußland führt. Die Korrekturen der Datierungen basieren auf dem Svodnyj katalog slavjano-russkich rukopisnych knig, chranjaščichsja v SSSR, XI-XIII vv. Moskau, 1984, S. 315; N.B. Šelamanova, Predvaritel'nyj spisok slavjano-russkich rukopisej XI-XIV vv., chranjaščichsja v SSSR - Archeografičeskij ežegodnik za 1965 god. Moskau, 1966, S. 213, 217, 219, 250-252, 268-269 sowie persönlichen Beobachtungen zu dreizehn dieser Handschriften (Nr. 153, 154, 158, 160, 163, 166, 168-172, 176, 179). So nehme ich folgende Datierungen für Pergamentprologe in der Ausgabe an: 13. Jahrhundert - Nr. 156; 14. Jahrhundert - Nr. 153, 154, 155, 157, 158, 160, 161, 163 (1356), 166, 168-171, 172 (1383), 173, 174, 177, 178, 180; 14./15. Jahrhundert - Nr. 176, 179. Natürlich gibt es einzelne Ungenauigkeiten und sogar falsche Datierungen auch unter späteren Handschriften (vgl. z.B. die Abschrift der Lobrede auf den Propheten Elia in Nr. 1045 (613) aus der Sammlung von A.S. Uvarov im Historischen Museum aus der zweiten Hälfte des 15. Jahrhunderts, die in der Ausgabe in das Jahr 1390 datiert wird). Da jedoch die Anzahl der Kopien ab dem 15. Jahrhundert sehr groß ist, können diese Fälle das Gesamtbild nicht verändern.

[4] Sv. NIKOLOVA, Kirilo-Metodievski izvori (njakoi problemi). – Problemi na kulturata, 8, 1980, Nr. 6, S. 108; Sv. NIKOLOVA, Problemät za pälnoto izdanie na kirilo-metodievskite izvori. - In: Kirilo-Metodievski studii. Bd. 3, Sofia 1986, S. 14.

[5] Ibid.

[6] Sv. NIKOLOVA, Njakoi tekstologičeski problemi ..., S. 65.

[7] Zu den Kopien dieser und der folgenden Lobreden s.: KL. IVANOVA, Bälgarski, sräbski i moldo-vlachijski kirilski räkopisi v sbirkata na M.P. Pogodin. Sofia 1981, S. 422-494.

[8] Die Pergamentabschriften dieser Reden sind angegeben in: Pergamennye rukopisi Biblioteki Akademii nauk SSSR. Opisanie russkich i slavjanskich rukopisej XI-XVI vekov. Leningrad 1976, S. 54, 60, 61, 200, 202. Alle übrigen Kopien davon sind von KL. IVANOVA, op. cit., S. 422-494 angegeben.

[9] S. Anmerkung 4.

[10] Diese Abschriften werden in einer anderen Veröffentlichung eingehend analysiert werden. Die Handschrift Nr. 175 wird in das 15. Jahrhundert datiert nach: Predvaritel'nyj spisok slavjano-russkich rukopisnich knig XV v., chranjaščichsja v SSSR. Moskau 1986, S. 142.

[11] Einen solchen Fall stellen die Kopien der Belehrung zur Himmelfahrt in Nr. 158, 160 und 163 dar.

[12] Einen solchen Fall stellen die Kopien der Belehrung zum Vorfest zu Mariae Himmelfahrt in Nr. 169, 171 und 172 dar.

[13] So befinden sich zum Beispiel zweifellos unbekannte Kopien von Lehrreden Kliments in fast allen Pergamentprologen aus der Sammlung der Minsker Synodaltypographie, die bisher nicht zu diesem Zweck untersucht worden sind: Nr. 159 aus dem 14. Jahrhundert (für die Monate IX-II), Nr. 162 aus dem 14. Jahrhundert (für IX-II), Nr. 164 aus dem 14. Jahrhundert (für X-XI), Nr. 165 aus dem 14. Jahrhundert (für X-XII), Nr. 167 aus dem 14.-15. Jahrhundert (für I-III) und Nr. 181 aus dem 14. Jahrhundert (für III-IV).

[14] Hier muß hervorgehoben werden, daß bisher fast nichts zur Veröffentlichung der Klimentreden unternommen wurde, die sich in den im 17. Jahrhundert in Moskau gedruckten Prologen befinden. In der Ausgabe der Werke Kliment Ochridskis finden sich nur Angaben zu der Existenz von fünf Lehrreden in der zweiten (1642-1643), vierten (1661-1662), sechsten (1685) und siebten (1689) Ausgabe (Beleh-

rung zu dem Evangelisten Markus, Belehrung zu Christi Geburt, Belehrung zu den Aposteln Petrus und Paulus, Belehrung zum Vorfest der Verklärung und Belehrung zur Verklärung). Zu urteilen nach den Materialien über den alten gedruckten Prolog, die im Jahre 1978 herausgekommen sind (Literaturnyj sbornik XVII veka Prolog. M. 1973, S. 173-260), befinden sich darin sicher noch zwei Lehrreden des Kliment (Belehrung zum Vorfest Mariae Geburt und Belehrung zu Mariae Geburt - Ibid., S. 175, 176). Wenn man jedoch berücksichtigt, daß die russischen handschriftlichen Prologe heute die Hauptquelle für die Lehrreden Kliment Ochridskis darstellen, kann man wohl kaum bezweifeln, daß in die alten Druckprologe auch andere seiner Lehrreden aufgenommen wurden. Sicher ist, daß die Lehrreden Kliments auch in den übrigen Ausgaben des Prologs aus dem 17. Jahrhundert abgedruckt wurden.

[15] Nur D.S. Lichačev hebt die Tatsache hervor, daß sich in der Handschrift Nr. 320 Abschriften von Werken Kirill Turovskijs befinden, ohne jedoch anzugeben, welche seiner Werke darin aufgenommen wurden (s. D.S. Lichačev, Otčet o komandirovke v Bolgariju. - Izvestija AN SSSR, Otd. lit. i jaz. XVIII, 1959, S. 457).

[16] Diese beiden Hss. wurden von I.P. Erëmin (Literaturnoe nasledie Kirilla Turovskogo. - TODRL, XI, 1955, S. 360-361) angegeben. Nach Meinung dieses Verfassers ist dort jedoch die Rede des altrussischen Schriftstellers mit „einer Einleitung unbekannter Abstammung verbunden". Es ist sehr wahrscheinlich, daß es auch andere Abschriften dieses Werkes gegeben hat.

[17] S. Kliment Ochridski. Săbrani săčinenija. Bd. 2. Sofia, 1977, S. 320-369.

[18] Einige solcher Fälle sind angegeben bei: B. Angelov. Iz istorijata na rusko-bălgarskite literaturni vrăzki. Sofia 1980, S. 26-27.

[19] Die Ähnlichkeit dieses Werkes mit den Lobreden Kliments wurde ganz allgemein von B. Angelov, op. cit., S. 27 bemerkt.

[20] Zu den hymnographischen Werken von Kliment Ochridski s.: B. Angelov, Kliment Ochridski - avtor na obšti službi. In: Konstantin-Kiril filosof. Jubileen sbornik po slučaj 1100-godišninata ot smărtta mu. Sofia. 1969, S. 237-259; G. Popov, Triodni proizvedenija na Konstantin Preslavski. Sofia 1985, S. 43-45, 50-55 (Kirilo-Metodievski studii, Bd. 2); G. Popov, Avtorskite podpisi na Kliment Ochridski. - In: Bălgaristika i bălgaristi. Sofia 1986, S. 144-147; B. Šalamanov. Neizvestni chimnografski tvorbi na Kliment Ochridski. - In: Bălgaristika i bălgaristi. Sofia 1986, S. 148-151.

[21] Diese Erscheinung ist untersucht von Sv. Nikolova, Njakoi tekstologičeski problemi ...

[22] Siehe ibid.

[23] Siehe dazu D. Bogdan. Delo Klimenta Ochridskogo po neizdannym rumynskim istočnikam. - In: Kliment Ochridski. Materiali za negovoto čestvuvane po slučaj 1050 godini ot smărtta mu. Sofia 1968, S. 102-103, 110-113.

Violina Stamčeva-Andreeva

Der Zusammenhang zwischen dem glagolitischen Beichtgebet aus dem Euchologium Sinaiticum und einigen westeuropäischen Beichtformularen

(Spuren von Methodius' Schaffen?)

Die Beichtformulare, die Objekt der folgenden Abhandlung sind, hängen mit einer besonderen Form des Gottesdienstes bzw. des Beichtgottesdienstes zusammen, der sog. Gemeinsamen Beichte (Confessio publica, generalis). Ihre wichtigste Besonderheit ist, daß von den Gläubigen nach der sonntäglichen Messe ein bestimmtes Beichtformular (Gebet) in ihrer Muttersprache exklamiert wurde, wonach eine allgemeine Erlassung der Sünden erfolgte. Für den sonst vollständig in Latein abgehaltenen Gottesdienst war dies eine wesentliche Neuerung.

Die Beichtgebete, die wir hier in ihrem Zusammenhang untersuchen wollen, sind das glagolitische Beichtgebet (*Činъ nadъ ispovědajǫštiimъ sę*) aus dem Euchologium Sinaiticum(ff. 66v-80r), das althochdeutsche St. Emmeramer Gebet, die altslovenisch-kärntnerischen Freisinger Fragmente und das zwar jüngere, doch mit ihnen verwandte altprovençalische Beichtgebet aus dem Rituel Cathare. Das altbulgarische glagolitische Beichtgebet aus dem Euchologium Sinaiticum stammt aus dem 11. Jhdt., doch auf Grund einiger paläographischer Besonderheiten gilt es als eine Abschrift einer Vorlage aus dem 9. Jhdt. Das althochdeutsche St. Emmeramer Gebet existiert in zwei Fassungen, die aber beide anscheinend aus St. Emmeram bei Regensburg stammen. Der erste Teil, der eigentliche Beichtteil, existiert in zwei selbständigen Fassungen, die sog. Altbayerische Beichte (weiter B-1) und die jüngere Bayerische Beichte (weiter B-2). Die Schrift B-2 wurde im Kloster der Reichenau, die Fassung B-1 in dem Kloster Saint Fleury in Mittelfrankreich aufgefunden. Die beiden altslovenischen Freisinger Fragmente sind Beichtformulare, die wahrscheinlich während der slavischen Mission in Mähren entstanden sind. Das altprovençalische Beichtgebet aus dem Rituel Cathare stammt aus dem 13. Jh. und stellt eine Bearbeitung oder Übersetzung eines bogomilischen Gebets dar (d.h. eines bulgarischen orthodoxen Gebets aus der Zeit der Häresie der Bogomilen).

Die offensichtliche Ähnlichkeit zwischen dem St. Emmeramer Gebet (weiter als Ea oder Eb für die beiden Fassungen) und dem altbulgarischen (*Činъ nadъ ispovědajǫštiimъ sę* – weiter als C-2) entdeckte als erster V. Vondrák, der zu der Schlußfolgerung gelangte, daß das altbulgarische Gebet eine Übersetzung aus dem Althochdeutschen darstellt. Nach Vondrák befaßten sich zahlreiche weitere Wissenschaftler mit dem Problem der Wechselbeziehungen zwischen beiden Gebeten, wobei sie mehr oder weniger immer wieder Vondráks These unterstützten (s. dazu unten die Bibliographie). Einige neuere Forschungen aber, die nicht nur auf der Grundlage dieser beider Denkmäler beruhen, sondern den ganzen Kreis von Gebeten und ihre genauere Einbettung in den historischen Hintergrund miteinbeziehen, ergaben eine grundsätzlich neue Ansicht über die Entstehung der Beichten. Es stellte sich heraus, daß das altbulgarische Beichtgebet keine Übersetzung, sondern ein originales, nach Inhalt, Form und künstlerischer Gestaltung einmaliges Werk darstellt. (S. dazu im Anhang unter B. Džonov, V. Stamčeva). Dies ergab eine eingehende Sprach- und Stilanalyse. Aber auch einige neue historische und paläographische Daten stützen diese Auffassung.

Nennen wir nun im einzelnen kurz die Fakten:
Es beruht wohl kaum auf einem Zufall, daß die vier

Fassungen des St. Emmeramer Gebets (bzw. der Bayerischen Beichte) jeweils aus Klöstern stammen, in denen sich Method und seine Begleiter während des Regensburger Prozesses und seiner Verbannung in Bayern aufgehalten haben. Die Fassung Eb des Gebets stammt aus dem Kloster St. Emmeram bei Regensburg. In diesem Kloster wurde Method bis zu Beginn des Prozesses in Regensburg gefangen gehalten. Von seinem Aufenthalt zeugt der Canoncodex (Clm 14008), welcher ihm von Papst Hadrian II. bei seiner Bischofsweihe geschenkt wurde. In Oberaltaich (woher die Fassung Eb stammt) wird sich Method kurze Zeit auf seinem Weg ins Schwabenland aufgehalten haben. Von seinem Aufenthalt im Kloster Reichenau (wo B-2 gefunden wurde) zeugt die Eintragung im Verbrüderungsbuch des Klosters. Dort stehen unter den Namen der lebenden Brüder (nomina vivorum fratrum insulanensium) die Namen von Method und seinen Begleitern, und unter den Namen der verstorbenen Brüdern der Name von Kyrill, und zwar von derselben Handschrift (s. dazu auch B. Džonov und A. Zettler). Von dem Aufenthalt Methods in Saint Fleury gibt es kein direktes Zeugnis, doch sind ihre Namen im Verbrüderungsbuch des benachbarten Klosters Luxeuil eingetragen.

Was die Einbeziehung des Beichtgebets aus dem Rituel Cathare (weiter als K bezeichnet) betrifft, ist dies durch folgende Tatsachen berechtigt: Die Häresie des Bogomilentums, die einen gemäßigten Dualismus verkündete, entstand in Opposition zum strengen orthodoxen Dogmatismus und predigte eine natürlichere Lebensweise. Was den Gottesdienst der Bogomilen betrifft, so benutzten sie schon vorliegende ältere Formeln, die sie für ihre Zwecke und Auffassungen etwas bearbeiteten.

Um die schwierige Frage zu beantworten, welches von den genannten Schriftdenkmälern als Vorlage gedient hat, wurden sie genauen sprachlichen, sprachhistorischen und paläographischen Analysen unterzogen. Wir werden den Versuch machen, anhand einer sprachstilistischen Analyse zu einer möglichen Antwort auf diese Frage zu gelangen. Dabei werden wir uns auf die mit sehr guten Argumenten von B. Džonov aufgestellte These stützen, daß wir es mit einem altbulgarischen Original und einer Übersetzung ins Althochdeutsche zu tun haben. Die folgenden nur in Auswahl interpretierten Beispiele sollen also nicht eine neue These formulieren, sondern nur die oben geäußerte Auffassung bekräftigen.

Aber widmen wir uns nun den zu untersuchenden Beispielen:

1. In den meisten Untersuchungen von Denkmälern, die auch wir vergleichen werden, wird ein Ausdruck in C-2 viel diskutiert. Es geht um den Ausdruck „*i vъ pomyšlenъi nepravedъně, poustoši i blędi*" bzw., um noch genauer zu sein, um das Attribut *nepravedъně*, dessen Zugehörigkeit nicht entschieden werden konnte. Da man hauptsächlich von der Auffassung ausging, es handle sich um eine Übersetzung ins Altbulgarische, erklärte man den lexikalischen Unterschied ganz einfach als Unverständnis und daher Fehler des Übersetzers. Worum geht es eigentlich: Die genannte Wendung enthält eine Aufzählung verschiedener Sünden. Daher ist es falsch anzunehmen, daß das Attribut *nepravedъně* zu *poustoši* gehört, denn das letzte hat auch ohne diese Erläuterung den Sinn einer Sünde. Nicht so aber das Wort *pomyšlenie*, das dem Sinn nach neutral ist („Gedanken"). Deshalb benötigt es, um den Sinn einer Sünde zu erhalten, eine nähere Bestimmung *nepravedъně* („unrechtgläubig, sündig").

Haben wir aber nun einmal richtig die Zugehörigkeit von *nepravedъně* zu *pomyšlenie* erkannt, erscheint die Wendung nicht als eine bloße Aufzählung der Sünden, sondern als steigernde Anordnung verschiedener Sünden. Mit anderen Worten haben wir es hier mit einer stilistisch wohldurchdachten Handhabung der Terminologie zu tun. Die Entsprechung dieses Ausdrucks im St. Emmeramer Gebet lautet: „kiridono enti unrehtero uizusheito, hurono". Zum ersten ist „kirida" als Entsprechung für *pomyšlenie* nicht genau, da es nicht neutral ist, sondern schon selbst eine Sünde bezeichnet. Richtig steht hier auch kein weiteres Attribut. Wohin aber nun mit dem Wort „unrehtero", Entsprechung für *nepravedъně* - der Autor stellt es zum nächsten Glied der Aufzählung „uizusheit". Hier aber erscheint es verfehlt, da „uizusheit" eine noch stärkere sündige Tat bezeichnet. Außerdem sind die drei Glieder der Aufzählung in keiner Weise sinngemäß geordnet. Wenn jetzt immer noch Zweifel bestehen sollten, kann man als Unterstützung des Gesagten ein Zitat aus den Freisinger Fragmenten (weiter als F-1 und F-3 bezeichnet) anführen: z.B. steht in F-3 „Vsech nepravdnich del i nepravdnega pomislenja", also finden wir wiederum das Wort *nepravedъně* („nepravdne" als Attribut zu „pomišlenije". Wahrscheinlich handelt es sich bei diesem Ausdruck um eine terminologische Wendung, die wie viele andere von der slavischen Mission in Großmähren geprägt wurde, die aber, da sie noch verhältnismäßig neu war, dem deutschen Übersetzer Schwierigkeiten bereitete. Das Beispiel aus F-3 zeigt auch noch etwas anderes, nämlich, daß es unmöglich aus dem Althochdeutschen, dazu noch vor der Ankunft der slavischen Mission, übersetzt sein kann.

2. Vergleichen wir weiterhin folgende Ausdrücke aus Ea,b und C-2, deren lexikalische Divergenz ganz offensichtlich ist: enti unrehtero firinlusto – *i v'sě iz licha*.

Es gilt dabei, beide auf ihre Einordnung in den gesamten Kontext des Gebets, also auf ihren Inhalt und Zusammenhang zu untersuchen. Im altbulgarischen Ausdruck „*i v'sě iz licha*" treffen wir das Wort *licha* zum fünften Mal im Laufe des Gebets, zuerst als Bestandteil bei den Verben *sъtvoriti* und *mysliti* in *licho sъtvorichъ i licho myslichъ*; kurz davor bittet der Gläubige Gott um die Annahme seiner Beichte mit den Worten „*vsěchъ moichъ grěchъ, i moego licha sъtvorenie*", d.h., außer den eigentlichen Sünden möchte der Gläubige auch all das beichten, was er „Überflüssiges", „Unnötiges" getan hat. Etwas weiter, bei der Aufzählung aller sündigen Taten in der Beichte, wird erwähnt: *lichoklętvy, i lъžę* „unnötige Eide und Lügen". Nach Aufzählung noch weiterer Sünden kommt er dann zu der verallgemeinernden Äußerung *i v'sě iz licha* („und alles [war] unnötig, überflüssig"). Der häufige Gebrauch

dieses Wortes ist natürlich nicht zufällig. Er steht in engem Zusammenhang mit einer religiösen Auffassung, die von Kyrill und Method gepredigt wurde, nämlich, daß der gute Gläubige Enthaltung üben müsse, nichts Unnötiges, Überflüssiges tun dürfe, um ein gottgefälliges Leben zu führen. Dies in Betracht ziehend, erscheint der Ausdruck *i v'sě iz licha* logisch und durchaus am Platze. Auch aus stilistischer Sicht steht er an sehr passender Stelle, als generelle Verallgemeinerung aller Sünden. Der entsprechende Ausdruck in Ea,b dagegen läßt sich sinngemäß weder mit der vorhergehenden, noch mit der folgenden Aufzählung verbinden; er steht isoliert vom gesamten Verlauf der Beichte. Hinzu kommt noch, daß das Attribut „unrehtero" wiederum fehl am Platze ist, da der Sinn von „firinlust" keineswegs eine solche Erläuterung verlangt.

An dieser Stelle möchte ich noch einige Bemerkungen zu dem Wort *licha* machen, vergleichend mit den althochdeutschen Entsprechungen. Als erstes ist da „missatateo" als Entsprechung für *licha sъtvorenie*. Wenn es auch nicht „unnötige Handlung" bedeutet, ist doch „missatat" eine ziemlich passende Entsprechung. Weiterhin folgen „missasprahi", „missatati" und „missadanti" als Entsprechungen zu *izglachъ i licho sъtvorichъ i licho myslichъ*. Die Komponente „missa" wurde in vielen Arbeiten untersucht und diskutiert, deswegen werde ich mich nicht ausführlich damit befassen. Wichtig erscheint mir jedoch zu erwähnen, daß sie außer im St. Emmeramer Gebet in keinem anderen althochdeutschen Text überhaupt vorkommt. Außerdem ist sie nicht nur aus der Sicht des Althochdeutschen, sondern auch aus der Sicht des gegenwärtigen Deutschen völlig unmöglich mit den Verben „sprechen, denken, tun" zu verbinden. Auch die Wiedergabe von *lichoklętva* mit „meinsuerto" ist angesichts des bisher Gesagten höchst ungenau. Als Schlußfolgerung kann man also nur folgende, meines Erachtens nach logische Erklärung geben:

Das Wort *licha* und die Zusammensetzung mit ihm hatten wohl einen terminologischen Charakter, waren aber dem deutschen Verfasser nicht geläufig. Er „stolperte" beim

Schreiben jedesmal, wenn er darauf stieß, und versuchte, es auf verschiedene Weise, meist recht ungenau und unpassend, wiederzugeben. Die terminologische Gebräuchlichkeit von *licha* wird auch dadurch bestätigt, daß es auch in den Freisinger Fragmenten recht häufig und in den verschiedensten Zusammensetzungen vorkommt: „V lichogedenj, v lichopiti, ... i v vsem lichodjani." Von einem Zufall oder einer selbständigen Übersetzung aus dem Althochdeutschen kann nicht die Rede sein.

3. Die nächsten Ausdrücke aus E und C-2, die wir vergleichen wollen, sind folgende: „kinist enti kinada farkip" und *životъ i milostъ podati*. Hier steht „kinist" als Entsprechung für *životъ*. So ergibt sich im altbulgarischen Text der Sinn: „Ich bitte dich, o Gott, mir Leben und deine Gnade zu schenken, damit ich aufrichtig bereuen und Erlösung von dir bekommen kann." Im althochdeutschen Text steht statt „Leben" das Wort „kinist", das „Erlösung, Erlassung der Sünden" bedeutet. Entsprechend dem religiösen Ritus kann jedoch die Erlösung nicht vor der Reue erfolgen, d.h., der Autor hat einen faktologischen Fehler gemacht. Dafür aber hat er durch die Wahl von „kinist" eine Stabreimgruppe gebildet, die wohl besser der künstlerischen Form der slavischen Vorlage entspricht.

4. Da wir hier nicht die ganze Analyse wiederholen wollen, sei nur noch ein letztes Beispiel aus dem Schlußteil der Gebete angeführt. Es geht um folgende Abschnitte:

keuuizzida enti furistendida	*silǫ i mǫdrostъ i / pravъ-*
cutan uuillun mit	*denъ zamyslъ / i*
rehtan galoupon ...	*dobrǫ voljǫ sъ ...*

Die offensichtlichen Verschiedenheiten in den beiden Texten haben viele Diskussionen hervorgerufen, die das Ziel hatten, ihnen eine logische Erklärung zu geben. Wie A. Karlinskij richtig meint, steht „keuuizzida" als Entsprechung zu *mǫdrostъ* und „furistendida" für *pravъdenъ zamyslъ* und das Wort *silǫ* bleibt ohne Entsprechung. Er erklärt aber diese Tatsache mit der Vermutung, daß dies eine Übertragung aus einem nicht überlieferten Urtext von

E sein könnte. Eine genauere Untersuchung der zitierten Abschnitte im gesamten Kontext des Gebets erweist diese Annahme jedoch als unberechtigt. Eine solche Betrachtung führt nämlich zu der Einsicht, daß *silǫ* nicht zufällig an dieser Stelle steht. Die ganze Aufzählung *silǫi mǫdrostъ i pravъdenъ zamyslъ* steht in einer Antithese zu der Klimax aus dem Anfangsteil *pomyšlenъi nepravedьně poustoši*, und obwohl ihre Bestandteile diesmal nicht als Klimax angeordnet sind, bilden sie doch im einzelnen Antithesen zu den Bestandteilen der als Klimax angelegten Aufzählung:

pomyšlenъi nepravedьně : pravъdenъ zamyslъ
poustoši i blędi : silǫ i mǫdrostъ

Aus dieser Sicht erscheint uns nun *silǫ* nicht mehr als „willkürliche Hinzufügung des slavischen Übersetzers" (A. Issatschenko), sondern als unerläßlicher Bestandteil einer höchst künstlerischen Konstruktion.

Auf weitere Beispiele, die man zur Unterstützung unserer Auffassung anführen könnte, werde ich nicht eingehen, sondern mich nunmehr auf einige zusammenfassende Schlußworte beschränken. Alle Verschiedenheiten, die aus der Sicht der meisten Autoren recht unbefriedigend als Übersetzungsfehler erklärt wurden, erhalten eine logische Erklärung, wenn man unsere Auffassung annimmt, daß es sich um eine Übersetzung aus dem Altbulgarischen handelt. Die meisten textuellen Unterschiede erweisen sich beim altbulgarischen Text als terminologische oder stilistische Feinheiten, die kaum bei „ungenügender Beherrschung des Althochdeutschen" oder beim Übersetzen überhaupt entstanden sein können. Zur Bekräftigung dieser Auffassung könnte man hier noch die Ergebnisse der eingehenden rhythmischen Analyse anführen (Näheres dazu bei V. Stamčeva). Diese Untersuchung zeigte, daß der altbulgarische Text zwar nicht durchgehend, doch zum größten Teil einer zielgerichteten rhythmischen Gestaltung unterzogen worden ist. Davon zeugen die häufig auftretenden isosyllabischen Gruppen mit einheitlichen Abschlußkombinationen von betonten und unbetonten Silben. Im Althochdeutschen fehlen solche Merkmale gänzlich.

Abschließend möchte ich noch kurz auf den Zusammenhang zwischen C-2, den Freisinger Fragmenten und dem Rituel Cathare eingehen. Sie sind unserer Auffassung nach während oder nach der slavischen Mission in Großmähren entstanden. Obwohl sie keine wortwörtliche Nachbildung von C-2 sind, sondern ihre Autoren freier an die Vorlage herangegangen sind, ist der Einfluß von C-2 unverkennbar. Er macht sich insbesondere bei terminologischen Wörtern und Ausdrücken, festen grammatischen und syntaktischen Wendungen bemerkbar.

Was das Gebet aus dem Rituel Cathare betrifft, ist dessen Untersuchung dadurch etwas erschwert, daß es ein bogomilisches Gebet ist. Es enthält viele Elemente, Hinzufügungen, die den bogomilischen Auffassungen und Bräuchen Rechnung tragen und sie ausdrücken. Wenn man aber das Gebet sorgfältig von diesen typischen Elementen „säubert", bleibt ein „Skelett", das der Konstruktion von C-2 ausdrucks- und strukturmäßig nahe kommt. Höchstwahrscheinlich ist dieses Gebet von einem bulgarischen bogomilischen Gebet übersetzt, dem seinerseits bei seiner Entstehung eine Vorlage, die C-2 sehr ähnelte, oder C-2 selbst, zugrundelag. Leider ist uns diese bulgarische bogomilische Vorlage wegen der konsequenten Ausmerzung der bogomilischen Literatur seitens der Machthaber und der offiziellen Kirche nicht überliefert. Nach ihrer endgültigen Vertreibung aus dem bulgarischen Reich verstreuten sich die Bogomilen über ganz Europa, besonders die südlichen Teile. Ein Teil von ihnen ließ sich in Südfrankreich nieder, wo er mit seinen spezifischen Riten und Auffassungen einen gewissen Einfluß hinterließ. Das Beichtgebet aus dem Rituel Cathare ist nicht das einzige Zeugnis davon.

ABKÜRZUNGEN

1. B. Džonov - Džonov, B.: Sant Emeramskata molitva i nejnoto otnošenie kăm ispovednata molitva ot Sinajskija trebnik, in: GSU, 1984, t. 74, kn. 3.
   Džonov, B.: Die angeblichen gotischen Entlehnungen in der Altbayerischen Beichte und im St. Emmeramer Gebet, in: Palaeobulgarica I, 3, Sofia 1977.
   Džonov, B.: Sledite na Metodij ot vremeto na negovoto zatočenie. V. „Za bukvite" 1983, 8.
2. Karlinskij - Karlinskij, A.: Staroslavjanskaja versija Sankt Emeramskoj molitvy, in: Tipologija i vzaimodejstvie slavjanskich i germanskich jazykov. Minsk 1969.
3. Stamčeva - Stamčeva-Andreeva, V.: Starobălgarskata izpovedna molitva ot Sinajskija trebnik i nejnoto staronemsko săotvetstvie - St. Emeramskata molitva, in: Starobălgarska Literatura 17, Sofia 1985.
4. Vondrák - Vondrák, V.: Althochdeutsche Beichtformeln im Altkirchenslavischen und in den Freisinger Denkmälern, in: ASlPh XVI, 1894.

ANDERE QUELLEN

1. Eckert, R.; Kostov, K.: Zur figura etymologica im Altbulgarischen. in: Palaeobulgarica X, 3, 1986.
2. Fabian, E.: Die altkirchenslavische Version des St. Emmeramer Gebets, in: ZDtPh, Stuttgart 1939.
3. Issatschenko, A.: Die althochdeutschen Beichten und ihre altslavische Übersetzung, in: ZSlPh XVIII, 2, 1943.
4. Grafenauer, Iv.: Karolinska Katecheza, Ljubljana 1936.
5. Jagič, V.: Euchologium Sinaiticum, in: ASlPh 7.
6. Miklosich, F.: Die christliche Terminologie der slavischen Sprachen. Denkschriften der Wiener Akademie der Wiss. XXIV, Wien 1875.
7. Repp, F.: Zur Kritik der kirchenslavischen Übersetzung des sog. St. Emmeramer Gebets im Euchologium Sinaiticum, in: ZfSlPh XXII, Heidelberg 1954.
8. Steinmeyer, E.v.: Die kleineren deutschen Sprachdenkmäler. Berlin 1916.
9. Džonov, B.: Le modèle de confession chez les bogomiles et les cathares, in: Palaeobulgarica IV, 4, Sofia 1980.
10. Zettler, A.: Cyrill und Method im Reichenauer Verbrüderungsbuch. - Frühmittelalterliche Studien, Jahrbuch des Instituts für Mittelalterforschung der Universität Münster, 17. Band. Berlin - New York 1983 (vgl. auch die Studie im vorliegenden Band).

Konstantinos K. Papoulidis

Die griechischen Übersetzungen des Evangelienprologs und des alphabetisch-akrostichischen Gebets des Presbyters Konstantin

Aus der internationalen wissenschaftlichen Literatur sind die Probleme und Ausgaben der Texte sowie der Verfasser (der Presbyter Konstantin, später Bischof von Preslav) des Prologs zur Evangelienübersetzung des hl. Kyrill (*Proglas k Evángeliju*) und des alphabetisch-akrostichischen Gebets (*Azbučnaja molitva*) hinreichend bekannt[1].

In diesem kurzen Aufsatz werden wir uns ausschließlich mit den griechischen Übersetzungen dieser beiden altkirchenslavischen religiösen Dichtungen beschäftigen.

I. Prolog zum hl. Evangelium

1. Der Text des Prologs zum hl. Evangelium war in der griechischen Literatur bis zum Jahr 1955 unbekannt. Die erste Übertragung des Textes ins Griechische verdanken wir dem Philologen Vasilis Laourdas (bekannt als Direktor des Instituts für Balkanstudien 1954-1971). Sie erschien in einer Literaturzeitschrift in Thessaloniki[2] und war eine Übersetzung aus dem Englischen. Der Übersetzer erwähnte seine Quelle nicht. Vorlage für Vasilis Laourdas war die englische Übersetzung, die der griechischstämmige Amerikaner James A. Notopoulos zwei Jahre früher veröffentlicht hatte[3]. Der englische Text von Professor Notopoulos geht aus einem Vortrag von Roman Jakobson auf dem Kongreß 'On Byzantium and the Slavs' in Dumbarton Oaks vom 24. bis 26. April 1952 hervor[4]. Als R. Jakobson dort über das Thema 'Early Slavic Poetry and its Byzantine Background' sprach, legte er seiner englischen Übersetzung den Text von Rajko Nahtigal[5] zugrunde. R. Jakobson und J.A. Notopoulos wählten für ihren englischen Text als Titel: Constantine the Philosopher (St. Cyril), 826-869, Foreword to the Gospels[6]. Bei V. Laourdas

lautet die Überschrift: Κωνσταντῖνος ὁ φιλόσοφος, Πρόλογος στὴν σλαβικὴ μετάφραση τῆς Καινῆς Διαθήκης (Konstantin der Philosoph, Vorrede zur slavischen Übersetzung des Neuen Testaments")[7].

2. Denselben englischen Text von R. Jakobson und J. A. Notopoulos übersetzte und veröffentlichte 1960 Athanasios Geromichalos unter dem Titel Τό ποίημα Πρόλογος εἰς τά Εὐαγγέλια ("Das Gedicht 'Prolog zu den Evangelien'") innerhalb einer Untersuchung über das Werk von Kyrill und Method[8].

Weder V. Laourdas noch Athanasios Geromichalos kannten slavische Sprachen. Sie übersetzten, wie gesagt, aus dem Englischen, und so werden wir - wie nicht anders zu erwarten - an das Wortspiel „traduttore - traditore" erinnert. Wer den altkirchenslavischen Text des 'Prologs zum hl. Evangelium' mit den griechischen Übersetzungen von V. Laourdas und A. Geromichalos vergleicht, wird viele Abweichungen feststellen.

3. Wenig später, im Jahr 1966, erblickte die dritte Übersetzung des Textes das Licht der Öffentlichkeit, angefertigt von Antonios-Emilios Tachiaos[9]. Er benützte zur Übersetzung den Text von R. Nahtigal, wie er mit Anmerkungen von André Vaillant herausgegeben worden war[10]. Während A. Vaillant als Titel *Priglasije* ... verwendet[11] und ihn durch „Préface..." wiedergibt[12], bedient sich A.-E. Tachiaos der Überschrift Κλῆσις εἰς τὸ ἅγιον Εὐαγγέλιον ("Aufruf zum heiligen Evangelium")[13] und erklärt, daß er mit κλῆσις den Begriff *priglasije* deute[14]. Wie er selbst bemerkte, legte der Vaillant-Schüler A.-E. Tachiaos seinem Lehrer die im Entstehen begriffene Übersetzung

vor und erhielt von ihm „nützliche Hinweise"[15].

Der griechische Text von A.-E. Tachiaos ist theologisch und übersetzungstechnisch zuverlässig, genügt allen Ansprüchen an eine literarische Übersetzung und ist konsequent im Ausdruck, im Gegensatz zu den beiden vorangegangenen Übersetzungen durch V. Laourdas und A. Geromichalos, die - wie gesagt - eine englische Vorlage verwerteten.

4. Erst kürzlich, im Jahr 1985, kam eine weitere griechische Übersetzung an die Öffentlichkeit. Ihr Verfasser (ein gewisser „E.G.") veröffentlichte, wohl auf der Grundlage des griechischen Textes von A.-E. Tachiaos, einen Auszug in metrischer Wiedergabe unter dem Dimotiki-Titel Κλήση στό ἅγιο Εὐαγγέλιο[16]. Die metrische und daher notwendigerweise freie Wiedergabe entfernt sich weit vom Original. E. G.s Werk erhebt literarischen, nicht wissenschaftlichen, Anspruch. Das Hauptanliegen dieses griechischen Gedichts ist es, die Bedeutung der Heiligen Schrift und ihrer Übersetzung in die slavische Sprache hervorzuheben.

II. Gebet in alphabetischen Akrostichen

Der zweite Text, das 'Gebet in alphabetischen Akrostichen', hat nur eine einzige Übersetzung ins Griechische erfahren, und zwar ebenfalls durch Antonios-Emilios Tachiaos im Jahr 1966[17]. Der Übersetzer benützte den von André Vaillant veröffentlichten Text[18]. Der griechische Text trägt die Überschrift Προσευχή δι' ἀλφαβητικῆς ἀκροστιχίδος („Gebet mit Anfangsbuchstaben in alphabetischer Ordnung"). Auch hier war der Übersetzer bemüht, auf der Grundlage der alten Übersetzungen vom Griechischen ins Altkirchenslavische (Codex Clozianus, Euchologium Sinaiticum) bei jedem einzelnen zu übersetzenden Wort die angemessene kirchlich-theologische Terminologie einzuhalten. Schließlich stellt Tachiaos in seiner Einleitung die Problematik des 11. und 12. Verses vor[19]

und übersetzt den 12. Vers *Letitъ bo nyně i slověnsko plemę* durch Ὑγιαίνει νῦν καὶ τὸ τῶν Σλάβων γένος („Nun ist auch das Geschlecht der Slaven gesunden Glaubens").

[Übersetzung: Roland Papke]

ANMERKUNGEN

[1] Siehe die jüngste Literatur zum Thema: K.M. Kuev, Azbučnaja molitva v slavjanskite literaturi. Sofija 1974, I.E. Možaeva, Bibliografija po Kirillo-Mefodievskoj problematike, 1945-1974 gg. Moskva 1980, 111-113, Kirilo-Metodievska enciklopedija v tri toma, I. Sofija 1985, 53-54, D.V. Kenanov, 'Azbučnaja molitva', in: Slovar' knižnikov i knižnosti drevnej Rusi I, Leningrad 1987, 32-34, wozu ergänze folgende Titel: a) T. Pejčinov, Osobennosti 'Azbučnoj molitvy' i ee russkaja peredelka v rukopisi Uvarovskogo sobranija, in: Palaeobulgarica 1983, kn. 4, 116-117; b) Abecední Molitva Konstantina Preslavského, hlaholský text kaligrafoval podle vzoru Kyjevských listů Jiří Šindlev 1987.

[2] Κωνσταντῖνος ὁ φιλόσοφος, Πρόλογος στή σλαβική μετάφραση τῆς Καινῆς Διαθήκης. - Μετάφραση B. (σίλη) Λ. (αούρδα) (Konstantin der Philosoph, Vorwort zur slavischen Übersetzung des Neuen Testaments. - Übersetzung von V. Laourdas), Nea Poreia 1 /4 (1955) 147-149.

[3] James A. Notopoulos, The Introduction of the Alphabet into Oral Societies, in: Προσφορά εἰς Στίλπωνα Π. Κυριακίδην, ἐπί τῇ εἰκοσιπενταετηρίδι τῆς καθηγεσίας αὐτοῦ (1925-1951)(Festschrift für Stilpon Kyriakides anläßlich seines 25-jährigen Professurjubiläums 1926-1951). Thessaloniki 1953, 516-524 (Das Gedicht auf S. 521-524)

[4] Ebd. S. 520.

[5] Ebd. S. 521; s. auch R. Nahtigal, Rekonstrukcija treh starocerkvenoslovenskih izvirnih pesnitev, in: Rasprave Slovenske Akademije Znanosti in Umetnosti v Ljubljani 1943, 43-156.

[6] Notopoulos, op. cit., 521.

[7] Laourdas, op. cit., 147.

[8] Ἀθ. Γερομιχαλός, Τὸ ἱεραποστολικόν ποίημα τοῦ ἁγίου Κυρίλλου (Das Missionsgedicht des hl. Kyrill), in: Gregorios (h)o Palamas 43 (1960), 317-326 (Das Gedicht auf S. 323-326).

[9] Ἀ.-Ἀ. Ν. Ταχιάος, Τά πρῶτα σλαβικά θρησκευτικά ποιήματα τῆς ἐποχῆς τῶν ἁγίων Κυρίλλου καί Μεθοδίου (Die ersten slavischen religiösen Dichtungen der Epoche der Hll. Kyrill und Method), in: Ekklesia 43 (1966), 474-479.

[10] André Vaillant, Un poésie vieux-slave: La préface de l'Evangile, in: Revue des Etudes Slaves 33 (19569), 1-25.

[11] Ebd., S. 11.

[12] Ebd., S. 12.

[13] Siehe auch s.v. in: I.I. Sreznevskij, Materialy dlja Slovarja drevnerusskogo jazyka po pis' mennym pamjatnikam II, SPb. 1895, 1391 f.

[14] Tachiaos (Anm. 9), 477.

[15] Ebd., 475.

[16] Ε.Γ., Κλήση στό ἅγιο Εὐαγγέλιο (Aufruf auf das Hl. Evangelium), in: Panta ta Ethne 1985, H. 15, 9.

[17] Tachiaos, op. cit., 476 ff.

[18] André Vaillant, Manuel du vieux-slave II. Paris 1984, 76-79.

[19] Tachiaos, op.cit., 475.

Jürgen Krüger

Grab und Verehrung Kyrills in S. Clemente in Rom*

Heiligenverehrung und Wundertätigkeit beginnen oft am Grab des Heiligen und haben dieses als Ziel; so sollten wir es auch bei Kyrill und Method annehmen. Während wir über das Grab des Method[1] herzlich wenig wissen, sind wir beim Grabe Kyrills in einer besseren Lage: Wir haben einige historische Nachrichten über sein Grab, und die Kirche, in der er bestattet wurde, ist noch erhalten. So ist es nur natürlich, in dieser nach seinem Grabe zu suchen. Diese Suche hat eine sehr wechselvolle Geschichte, die nun schon über einhundert Jahre andauert; damit beginnen diese Ausführungen. An die jüngste Identifizierung des Kyrill-Grabes werden dann Überlegungen über Aussehen des Grabes, seine besondere Position im Kirchengebäude und seine Funktion, nämlich ob es sich tatsächlich um ein Heiligengrab handelt, geknüpft. Abschließend soll gezeigt werden, wie die Kyrill-Method-Idee in ihrer Blütezeit auf S. Clemente zurückwirkte.

Die Suche nach dem Kyrill-Grab

Im Jahr 1854 versicherte ein Vertrauensmann des Erzbischofs von Olmütz dem Papst, daß die slawischen Völker vor der 1000-Jahr-Feier des Beginns der Slawenmissionierung ein lebhaftes Interesse daran hätten, daß das Grab Kyrills gesucht würde.[2] Dies deckte sich mit den Wünschen des tatkräftigen Priors des Klosters von S. Clemente, des irischen Padre Mulloly, und des großen Erforschers der römischen frühchristlichen Monumente, Giovanni Battista de Rossi.

Die Kirche, wie man sie damals vor sich sah - und auch heute noch sieht -, hielt man für den frühchristlichen Bau, der über dem Haus des römischen Papstes Clemens gebaut und bereits im 4. Jahrhundert von Hieronymus als prächtige Basilika erwähnt worden war.[3] Nicht zuletzt die herr-

liche Ausstattung, nämlich ein farbenprächtiges Mosaik mit stark antikisierenden Motiven und die Schrankenplatten, die Altarraum und Schola Cantorum vom Gemeinderaum abtrennen und durch Inschriften und Monogramme ins 6. Jahrhundert zu datieren sind, bestätigte alle Welt darin, hier eine der schönsten frühchristlichen Kirchen - mit ein paar späteren Zusätzen - vor Augen zu haben.

Wenige Spatenstiche hätten also genügen müssen, um das originale Grab Kyrills zu entdecken, zumal man einige konkrete Hinweise über seine Lage hatte. Zum einen wußte man aus der Lebensbeschreibung Kyrills, die im Mittelalter sowohl in einer slawischen als auch in einer lateinischen Version existierte, vom Aufenthalt und Tod Kyrills in Rom:[4] Kyrill und Method waren nämlich einem Ruf des Papstes Nikolaus nach Rom gefolgt; als sie dort ankamen, war dieser gerade verstorben, so daß sein Nachfolger Hadrian II. sie empfing. Sie berichteten von ihrer Slawenmission und legten Hadrian ihre ins Slawische übersetzten heiligen Bücher vor, die dieser wohl in S. Maria Maggiore weihte. Besonders aber erfreute es den Papst, daß Kyrill und Method die Reliquien des Papstes Clemens mitbrachten, die sie bei einer früheren Mission auf der Halbinsel Krim geborgen hatten, wo der Papst in Verbannung gestorben war; dessen Überreste wurden nun feierlich in der ihm geweihten Kirche beigesetzt. Während des langen Aufenthaltes in Rom feierte der Papst öfters gemeinsam mit Kyrill und Method Messe und weihte Method zum Priester. Als dessen Bruder krank wurde und sein Ende kommen sah, legte er das Mönchsgewand an und nannte sich Kyrill. Nach 50 Tagen - am 14. Feb. 869 - starb er. Nun wünschte Method, nach einem Gelübde, das sie sich gegenseitig gemacht hatten, den Leichnam seines Bruders mit in die Heimat zu nehmen; doch die Kardinalbischöfe Roms widersprachen und forderten eine würdige

Bestattung in Rom; der Papst wiederum stellte das für sich selbst vorbereitete Grab zur Verfügung. Method schlug als Kompromiß vor, Kyrill, wenn schon in Rom, dann doch wenigstens in der Kirche beizusetzen, der er so wertvolle Reliquien gegeben hatte, also in S. Clemente. So geschah es auch. In einer großen Feier wurde der Leichnam Kyrills nach S. Clemente überführt und rechts des Altares beigesetzt. Über seinem Grab wurde sein Bild angefertigt, wie die Vita berichtet.

Zum anderen wußte man, daß im 16. und 17. Jahrhundert eine „Cappella die S. Cirillo" rechts des Hauptportals existierte, eine Kapelle, die um 1645 das neue Patrozinium S. Domenico erhielt, als die Kirche dem Predigerorden übergeben worden war (Abb. 2, B).[5]

An diesen beiden Stellen - Altarbereich und Eingangsbereich - setzte man also den Spaten an; die Ergebnisse waren geradezu sensationell. Man fand nicht, wie erwartet, Fragmente der alten Ausstattung, sondern ergrub eine komplette Kirche und noch tiefer römische Häuser und ein sehr gut erhaltenes Mithrasheiligtum.[6]

Damit war der „Oberkirche" das Flair des Altchristlichen genommen. Eine neue Datierung war schnell gefunden und ist im großen und ganzen auch heute noch akzeptiert: über römischen Bauten des 1. bis 3. Jahrhunderts nach Chr. war eine frühchristliche Kirche errichtet worden, die mehrere Male repariert wurde. Im Jahre 1084 verwüsteten dann die Normannen Rom, die Quellen erwähnen die Beschädigung von S. Clemente und der benachbarten Kirche SS. Quattro Coronati. Nach kleinen Reparaturarbeiten muß es bald danach zu einem völligen Neubau gekommen sein, eben dem der heutigen Kirche. Die alte Kirche wurde mehrere Meter hoch mit Schutt aufgefüllt, ihre Mauern und Säulenstellungen dienten der neuen als Fundament, von der Einrichtung wurden die kostbaren Schrankenplatten in die neue Kirche übernommen, das Apsismosaik wohl mit antiken Elementen neu angefertigt.[7]

Statt des einen Grabes fand man sogar mehrere und außerdem viele Wandmalereien. Damit begann ein langer Weg,

auf dem man den unerwartet umfangreichen Befund zu deuten versuchte, anfangs lediglich mit dem Ziel vor Augen, dabei Spuren des Kyrill-Grabes zu finden, was zu Miß- und Überinterpretationen führte. Die Malereien waren teilweise schlecht erhalten, so daß man sofort Kopien herstellte; diese ersten Nachzeichnungen des Engländers Ewing geben den Befund aufgrund der Deutung Mullolys und de Rossis wieder.[8] Um die Jahrhundertwende fertigte dann Wilpert nochmals Kopien an, die im ganzen wohl vertrauenswürdiger sind.[9]

Aufgrund der Grabungsfunde im Eingangsbereich wagte sich als erster der christliche Archäologe de Rossi an eine Deutung: Im Narthex war ein Gemälde mit einer Translation entdeckt worden (Abb. 1, B; 3), die unter großem Pomp im Beisein eines Papstes stattfindet.[10] Die Bildunterschrift verrät leider nicht, um wessen Translation es sich handelt; da aber Papst Nikolaus genannt wird, wird sofort die Kyrillsvita in Erinnerung gerufen; die Verwechslung von Nikolaus mit seinem Nachfolger Hadrian ist entschuldbar, wenn man annimmt, daß das Gemälde in einem gewissen zeitlichen Abstand ausgeführt wurde.

Von den historischen Fakten her kamen nun entweder die Translation der Reliquien des Clemens oder die Translation des Leichnams Kyrills vom Vatikan nach S. Clemente in Frage. De Rossi entschied sich für Kyrill, weil im Zusammenhang mit ihm Bild- und Vitenerzählung besser übereinstimmen würden, was z.B. den Pomp der Zeremonie angehe. Solch eine Szene würde außerdem gut in den Narthex passen, da man durch sie auf das eigentliche Grab im Innern vorbereitet würde.

Im Zusammenhang mit der Grabung im Altarbereich suchte de Rossi in Übereinstimmung mit der Vita ein überirdisches, rechts des Altares gelegenes Grab, wobei 'rechts' weniger eindeutig ist als es klingt. Die Frage war, ob seine Lage vom Altar oder vom Kircheneingang her angegeben war.[11] Aufgrund von Vergleichsbeispielen entschied sich de Rossi für die erste Möglichkeit und fand tatsächlich eine Aufmauerung aus Backsteinen, die zwar groß genug für einen Sarg, leider aber leer war (Abb. 1, F).[12] Das war

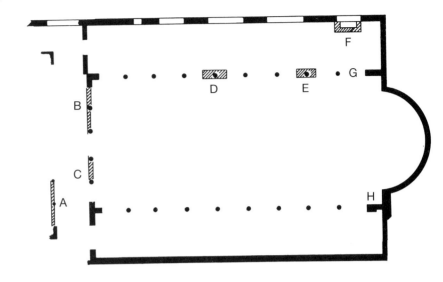

Abb. 1
Rom, S. Clemente, frühchristliche Kirche
(sog. „Unterkirche")
█████ Urbau
▨▨▨ 9. bzw. 11. Jh.
Ausstattung:
A Votivbild (Abb. 4)
B Translationsbild (Abb. 3)
C Clemens-Wunder
D S. Alessio
E Clemens-Messe
F gemauerter Kasten („Grab")
    Denkmal von 1929
    (Abb. 8)
    Altar von 1952
G Denkmal von 1975
    (Abb. 9)
H Höllenfahrt Christi
    (Abb. 5)

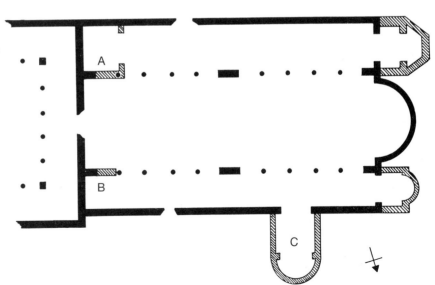

Abb. 2
Rom, S. Clemente, Kirche des 12. Jhs.
(sog. „Oberkirche")
█████ ursprünglicher Plan des 12. Jhs.
▨▨▨ spätere Anbauten

Kapellen:
A Katherinen-Kapelle
B Kyrill- bzw.
    Dominikus-Kapelle
C Kyrill- und
    Method-Kapelle

107

＋HVC AVATICANO TER TVR PP NICOLAO IMNISDIVINIS QD AROMATIB SEPELIVT

＋EGO MARIA MACELLARIA P TIMORE DEI ET REMEDIO ANIME ME EC P C R F C

Abb. 3
Rom, S. Clemente, „Unterkirche": Translation der Gebeine des Clemens (Abb. 1, B)

Abb. 4
Rom, S. Clemente, „Unterkirche": Votivbild (Abb. 1, A)

Abb. 5
Rom, S. Clemente, „Unterkirche": Höllenfahrt Christi (Abb. 1, H)

Abb. 6
Rom, S. Clemente, „Oberkirche":
Kyrill- und Method-Kapelle:
Kyrill und Method vor Hadrian II. (Abb. 2, C)

Abb. 7
Rom, S. Clemente, „Oberkirche":
Kyrill- und Method-Kapelle:
Überführung Kyrills zur Grablegung
nach S. Clemente (Abb. 2, C)

111

Abb. 8
Rom, S. Clemente, „Unterkirche": Denkmal von 1929 (Abb. 1, F)

Abb. 9
Rom, S. Clemente, „Unterkirche": Denkmal von 1975 (Abb. 1, G)

inzwischen auch nicht mehr verwunderlich, denn sollte es das Grab Kyrills sein, so wäre der Sarg beim Neubau der Kirche, von dem man ja inzwischen wußte, natürlich in diesen gebracht worden. Die Tatsache, daß es leer war, sprach also für die von de Rossi angenommene Lokalisierung; außerdem wurden in unmittelbarer Nähe zwei Gemäldereste gefunden - eine Taufszene und eine mit „....]ACIRILL[...“ bezeichnete Person kniend vor einem hohen Würdenträger.[13] Durch die beigefügte Inschrift schien alles klar: wenn hier eine Szene aus dem Leben Kyrills dargestellt ist - nach Meinung de Rossis kniet Kyrill vor dem slawischen Fürsten Rastislav -, dann war hier auch sein Grab.

Damit hatte de Rossi eine Deutung vorgelegt, die im wesentlichen akzeptiert wurde und im Verlauf der Zeit nur geringe Modifizierung erfuhr. So hat Dudík die Interpretation der Gemäldereste auf die Slawenapostel hin noch ausgedehnt:[14] er erklärte die Taufszene mit der Slawentaufe durch Method und die benachbarte Huldigungsszene, daß nicht Rastislav Kyrill empfange, sondern der byzantinische Kaiser Michael III. ihn mit der Mission beauftrage. Ein weiteres Bild im Narthex bezog Dudík mit ein (Abb. 1, A; 4). Wenn bisher alle Gemälde die Slawenapostel zeigen würden, folgerte er, dann gehöre auch dieses dazu: Gezeigt werden - und durch Inschriften sind sie noch heute erkennbar - die Erzengel Michael und Gabriel, dazwischen die hl. Andreas und Clemens. Zwei weitere Personen sind in kleinerem Maßstab vor diesen dargestellt - ob kniend oder stehend, können wir heute nicht mehr erkennen[15] -, die im Kontext klar als Kyrill und Method anzusprechen seien. Es handele sich um ein Votivbild, das aus Dankbarkeit bereits zu ihren Lebzeiten angefertigt worden sei.

Als Fazit blieb, daß an de Rossis Grab-Identifikation nicht gerüttelt wurde. Der leere Backsteinkasten wurde die traditionelle Gedenkstätte innerhalb der Kirche für die Slawenapostel bis auf den heutigen Tag,[16] obwohl bald der Erforscher der römischen frühchristlichen Malerei, Wilpert, massive und gutbegründete Kritik an de Rossis Thesen vorbrachte. Wilpert stieß sich an den Nachzeichnungen Ewings, die zu sehr durch Interpretation den wahren Befund verfälschen würden. Er selbst setzte bei der Huldigungsszene an und erkannte, daß es sich bei der knienden Person aufgrund des Gewandes nur um eine Frau handeln könne.[17] Damit entfiel allerdings für den Backsteinaufbau das wichtigste Argument für dessen Identifizierung mit dem Grab Kyrills.[18]

Nach Wilperts sehr komplexem, neuen Deutungsversuch hat dieses Problem in jüngster Zeit eine frappierend einfache Lösung gefunden. Nach der vorhandenen Beschriftung kann es sich nur um eine weibliche Heilige namens „Sanct]A CIRILL[a“ handeln; in der Tat gab es eine Cirilla, die als römische Märtyrerin im 3. Jahrhundert auf Befehl des Kaisers enthauptet wurde, wie es auch in einem heute verlorenen Bild in S. Lorenzo fuori le mura dargestellt worden war.[19] Die vermeintliche Audienzszene entpuppt sich also als Enthauptungsszene.

War damit diese Stelle als das Grab Kyrills nicht zu beweisen - und Wilpert argumentierte weiter, daß die für die topographische Beschreibung wichtige italische Legende erst im 12. Jahrhundert entstanden sei und somit nicht notwendigerweise das originale Grab kennzeichne, so mußte er also das Grab an anderer Stelle suchen.

Die bereits vorgestellte Szene mit Andreas und Clemens im Narthex glaubte er, mit einem Teil des Grabes identifizieren zu können (Abb. 1, A; 4).[20] Schon de Rossi hatte darin ein Grabbild gesehen, da zwei Personen Christus anempfohlen werden. In der Bildunterschrift sind zwar keine Namen mehr zu entziffern. Die wenigen lesbaren Worte wie „iustus iudex, preces nostras, requiescat“ deuten aber auf einen Zusammenhang mit einem Grabe hin. Die gesamte Ikonographie ließe sich sehr gut im Zusammenhang mit den Slawenaposteln verstehen: Der hl. Andreas als Patron Griechenlands verweise auf die Heimat der beiden, und Clemens auf ihre wichtige Leistung des Reliquientransports von der Krim nach Rom. Die beiden anempfohlenen Männer ließen sich dann als Method - links, im Gewand eines römischen Priesters - und Kyrill - rechts, bärtig, als Mönch - interpretieren. Außerdem befand sich diese Darstellung genau unter der Cappella di S. Domenico, die in der Neuzeit die Reliquien Kyrills geborgen hatte. Es fehlte nur noch der Sarkophag, der sich unter dem Bild befunden haben mußte; tatsächlich wurde 1929 ein solcher gefunden, eine Untersuchung ergab jedoch, daß er zwei Skelette enthielt, somit also nicht das Grab Kyrills sein konnte.[21]

Nach Wilperts Forschungen trat eine lange Pause ein. Waren auch die bisherigen Versuche, das Grab Kyrills zu identifizieren, nie restlos überzeugend, so gaben sie aber auch keinen Anlaß zu weiteren Forschungen.

Erst jüngere Untersuchungen - völlig unabhängig von der Frage nach Kyrills Grab - ermöglichen es uns, die chronologische Abfolge des Baus von S. Clemente sowie die stilistischen Merkmale der einzelnen Gemälde konkreter zu fassen.[22] Diese Ergebnisse sind auch für unsere Fragestellung von Nutzen. Die Mauerwerksuntersuchungen geben nunmehr ein differenziertes Bild vom Bau der frühchristlichen Kirche und ihrer zahlreichen Reparaturen bis zum Neubau um 1100.[23] Offenbar wurden zur Stabilisierung der Kirche Säulen ummauert, und diese neuen Mauern dann mit Freskenzyklen geschmückt (Abb. 1). Dadurch ergibt sich, daß das Votivbild (Abb. 1, A) im Narthex zwar an einer Stützmauer des 9. Jahrhunderts angebracht ist, aber erst im 11. Jahrhundert entstanden sein kann; stilistische Details, wie z.B. die Art der Abkürzung für „Sanctus" oder die Darstellung des Palliums, verweisen nämlich in diese Zeit.[24] Auch die Ikonographie ist nicht so zwingend kyrillo-methodianisch wie Wilpert darzulegen versuchte.[25] Allein von der Datierung her scheidet dieses Gemälde daher zur Identifizierung des Kyrill-Grabes aus.

In jüngster Zeit ist nun ein Wandbild an der rechten Mittelschiffmauer unmittelbar vor der Triumpfbogenwand mit dem Grab Kyrills in Verbindung gebracht worden und offenbar auch allgemein akzeptiert worden (Abb. 1, H; 5).[26] Eine nach oben halbkreisförmig begrenzte Fläche wird durch eine gedrehte Säule asymmetrisch geteilt. Im größe-

ren, rechten Teil wird die Höllenfahrt Christi gezeigt: Christus tritt auf den Teufel und bringt Adam stellvertretend für die Menschheit die Botschaft der Erlösung. Im linken Teil des Bildes sehen wir das Brustbild eines Mannes mit viereckigem Nymbus. Leider ist die Inschrift bis auf einzelne Buchstaben verloren.

Zu dem Bild gehörte offenbar ein plastischer Aufbau, der nicht mehr erhalten ist; der weiße halbkreisförmige Streifen, der die Komposition nach oben einfaßt, ist gekehlt, was auf einen plastischen, steinernen Bogen schließen läßt; der Raum zwischen Bildunterkante und Fußbodenniveau - über 1 m - wird ebenfalls eine plastische Ausarbeitung enthalten haben; denkbar, aber nicht zwingend, kann hier ein Sarkophag gestanden haben. Als Gesamtmonument ergibt sich somit ein Wandgrabmal, das über dem Sarkophag oder einer flachen Platte architektonisch eine Nische bildet und diese malerisch ausgestaltet, im Prinzip also ein Arcosolgrab, wie wir es bereits aus den römischen Katakomben der ersten christlichen Jahrhunderte kennen. Dieser Typ scheint in Rom jahrhundertelang fortgelebt zu haben, durch Zeichnungen überliefert sind z.B. einige Papstgräber des 10. Jahrhunderts in dieser Art. Aus dem 12. und 13. Jahrhundert schließlich sind - je jünger, desto zahlreicher - komplette Grabmäler erhalten.[27] Dieser Grabtyp war im hohen Mittelalter also offenbar üblich; auch außerhalb Roms[28] und im byzantinischen Kunstkreis wurde er nachgewiesen.[29]

Auf dem nunmehr als Teil eines Grabes identifizierten Wandbild in S. Clemente ist wie gesagt Christi Höllenfahrt zu sehen, ein Thema, das aus den apokryphen Schriften stammt. Bildlich dargestellt wurde dieses Thema allerdings erst spät in der christlichen Kunst. Wenn wir auch die meisten Darstellungen aus dem byzantinischen Kulturkreis kennen, wie z.B. auf den Mosaiken in Hosios Lukas oder Daphni, so sind die frühesten doch in Rom anzutreffen, wie etwa in S. Maria Antiqua aus dem Anfang des 8. Jahrhunderts.

Das Thema passt vorzüglich zum Totenkult: Christus soll den Toten retten wie er Adam und Eva gerettet hat. Als

Grabbild des 9. Jahrhunderts sehen wir es über dem Grab der Theodora, der Mutter des Papstes Paschalis I., in der Zenokapelle an S. Prassede in Rom.[30]

Durch die gemalte Säule von dieser Szene abgetrennt sehen wir linker Hand das Brustbild eines bärtigen Mannes. Das Buch in der Hand weist ihn als Kleriker aus, der Kopf ist von einem rechteckigen Nimbus hinterfangen, der wohl andeutet, daß es sich bei der Darstellung um ein „Porträt" handeln soll.[31] Besonders auffällig ist aber die Kopfbedeckung des Mannes; er trägt ein schmal zusammengerafftes, mit geometrischen Mustern verziertes weißes Tuch auf dem Kopf, dessen Enden über die Schultern herabhängen. In ähnlicher Weise trugen einige Patriarchen von Konstantinopel des 9. Jahrhunderts Kopftücher, beginnend mit dem Patriarchen Methodius (+847), der mit solcher Art Binde seine argen Verletzungen bedeckte, die ihm sein Eintreten für die Bilderverehrung in der letzten Phase des Bilderstreits eingebracht hatte. Für seine Nachfolger wurde diese Binde offenbar eine Mode, mehr noch ein Zeichen der Parteizugehörigkeit.[32] Der Porträtierte in S. Clemente wird also als Byzantiner charakterisiert.

Überlegungen zum neu identifizierten Grab Kyrills

Alle Details weisen darauf hin, daß wir hier die Reste von Kyrills Grab vor uns haben. Ein Hauptargument wird zusätzlich durch die Lage des Grabes geliefert, nämlich „rechts des Altars" - vom Eingang her gesehen -, wie die Vita es beschreibt.[33] Die lateinische Vita stammt allerdings aus dem Anfang des 12. Jahrhunderts, genau aus der Zeit des Neubaus also. Daher ist fraglich, ob sich der Text auf die alte oder neue Kirche bezieht. Es kann aber - über Herklotz' vorsichtige Datierung hinaus[34] - nachgewiesen werden, daß der Schreiber des 12. Jahrhunderts hier eindeutig aus Quellen des 9. Jahrhunderts schöpft, denn in der slawischen Vita Kyrills werden die gleichen Begebenheiten geschildert; ihre Entstehung im 9. Jahrhundert wiederum ist gesichert.[35] Alles spricht also dafür, daß wir in dem

Wandbild in Altarnähe die Reste vom Grabe Kyrills vor uns haben.

Bei den bisherigen Argumentationen blieb aber die besondere Lage des Grabes innerhalb des Kirchengebäudes unberücksichtigt; diese Problematik soll nun dargestellt werden, zumal sie weiteren Aufschluß über das Grab Kyrills erlauben wird.

Im antiken Rom war die Bestattung außerhalb der Stadtmauern üblich; die großen Gräberstraßen - die Via Appia z.B. - sind beredtes Zeugnis dafür. Die Christen übernahmen diese gesetzlich geregelten Sitten mit der Anlage der Katakomben.[36] Diese wurden im Laufe des 6. Jahrhunderts aufgegeben, und man suchte stadtnähere Beerdigungsstätten.[37] Erst als die Reliquien von Märtyrern und später von Heiligen in die Stadtkirchen gebracht und der Wunsch stärker wurde, „ad sanctos" - möglichst nahe den Heiligen - bestattet zu werden, wurde das Gotteshaus zur Begräbnisstätte. In der Folge nahmen die Beerdigungen in den Kirchen dermaßen zu, daß kirchliche Gesetze Bestattungen im Kirchengebäude stark einschränkten.[38] Im hohen Mittelalter war nur noch hohen Klerikern und einzelnen, ausgezeichneten Laien (Fürsten) ein Begräbnis in der Kirche gestattet: „Nullus mortuus infra ecclesiam sepeliatur, nisi episcopi, aut abbates aut digni presbyteri vel fideles laici," hieß es z.B. in den Beschlüssen der Synode von Mainz im Jahr 813, und fast gleichlautende Vorschriften wurden in dieser Zeit auch anderwärtig gefaßt.[39] Bereits die Vorhalle oder das Atrium einer Kirche galten dabei als würdige Stätte.[40]

Alle Gräber, die üblicherweise im Zusammenhang mit dem neu vorgeschlagenen Kyrill-Grab zum Vergleich genannt werden, sind nun nicht an einer solch hervorgenden Stelle angebracht. In S. Maria in Cosmedin befindet sich das Alfanus-Grab - ein relativ intaktes Grab des 12. Jahrhunderts -, in der Vorhalle;[41] in S. Vincenzo al Volturno ist die Lage eines Arcosolgrabes des 9. Jahrhunderts zur jüngst ergrabenen Südkirche völlig ungeklärt,[42] und in Farfa lag das Grab eines Abtes wohl des 8. Jahrhunderts offenbar an der äußeren Längsseite der Kirche, in der

Mauer also.[43] Ein Grab innerhalb einer Mauer, genauer innerhalb einer Kirchenwand ist in dieser Zeit aber häufiger anzutreffen; ein bekanntes, freilich umstrittenes Beispiel dafür dürfte das Grab des Bischofs Virgil im Salzburger Dom sein.[44] Außerdem interessant ist in diesem Zusammenhang der Fall von Methods Grab, dessen Lage aus der literarischen Überlieferung bekannt ist: Wie Kyrills Grab lag es im Innern der Kirche nahe des Hauptaltars, hier freilich hinter diesem. Man hat bereits mehrere Kirchen gefunden, zu denen diese schriftliche Beschreibung passt, und daher jene Kirchen jedes Mal mit der gesuchten Kathedralkirche Mährens zu identifizieren gesucht.[45]

Die letztgenannten Gräber außer Methods Grab sind aber regelmäßig von außen in die Kirchenmauer eingefügt worden. Die Tatsache, daß sich Kyrills Grab **in** der Kirche befindet, unterstreicht noch einmal die große Bedeutung, die ihm beigemessen wurde. An dieser Stelle ist es nun wichtig, zu untersuchen, ob Kyrill sein Grab an so auserwählter Stelle als „dignus presbyter" oder als Heiliger bekam.

Voraussetzung für das Grab eines Heiligen ist die Heiligsprechung. Im ersten christlichen Jahrtausend war dieser Vorgang noch nicht so formell und normiert wie er es seit dem späten Mittelalter werden sollte,[46] als er ein kirchenrechtlicher Prozess wurde. Konstituierend für eine Heiligsprechung in der frühen Zeit war die „Translation" der Gebeine einer Person, die als heilig angesehen wurde; dabei erhob man zunächst die Gebeine aus dem ursprünglichen Grab - „Elevatio" -, um sie dann in einem neuen Behältnis, das mit einem Altar verbunden war, zu deponieren - „Depositio".[47] Die Lage des neuen (nunmehr Heiligen-) Grabes zum Altar kann dabei verschieden sein; z.B. wurde in Rom der Heilige unter den Altar gebettet, in Frankreich in der Frühzeit zwischen Altar und Apsisrund.[48]

In S. Clemente schließt aber die Lage des Grabmals am Ende des Mittelschiffs in unmittelbarer Nähe des Hauptaltars eine Interpretation als Heiligengrab aus; ein eigener Altartisch wäre aus räumlichen Gründen kaum rekonstru-

ierbar, abgesehen von weiteren negativen Indizien.[49] Auch von einer Depositio oder Elevatio der Gebeine Kyrills ist in keiner Vita die Rede.

Es bleibt uns also nur die Deutung eines würdigen Grabmals für einen würdigen Kleriker bzw. Mönch. Dies trifft nach allem, was wir aus seiner Vita über die näheren Umstände wissen, auch sehr exakt zu. Verfolgen wir dies nochmals genauer.

Die beiden Brüder Kyrill und Method waren nach Rom gekommen; hier lebten sie über ein Jahr wahrscheinlich in einem der zahlreichen griechischen Klöster der Stadt, das wir allerdings nicht benennen können.[50] Der lange Aufenthalt war sicher politisch motiviert, denn bei den Verhandlungen mit dem Papst ging es bezüglich der Slawenmissionierung um die Abgrenzung der Interessensphären zwischen Papsttum und Byzanz, aber auch zwischen Papsttum und Frankenreich. Dabei wurden ihnen große Ehren zuteil, die sicher auch den Sinn hatten, sie enger an das Papsttum zu binden.[51] Dann erkrankte Kyrill, und als er den nahen Tod spürte, wurde er Mönch - dies ist eine Motivation, der wir in der christlichen Welt häufiger begegnen.[52] Nach seinem Tod gab es zunächst zwei Möglichkeiten der Bestattung: entweder kümmerte sich sein Bruder um sein Grab oder aber die Ordensgemeinschaft, der er beigetreten war. Aus der Vita wissen wir, daß Method ein Grab in der Heimat wünschte; der Leichnam war vom Papst bereits für die Reise vorbereitet worden. Plötzlich mußte nun ein Sinneswandel eingetreten sein; auf einmal forderte der römische Klerus, daß Kyrill an seinem Sterbeort begraben werde; der Papst stellte daraufhin sogar sein eigenes, offenbar bereits angelegtes Grab in St. Peter zur Verfügung.[53]

Als Kompromiß einigte man sich schließlich auf Vorschlag des Method auf eine Grabstelle in S. Clemente mit der Begründung, daß ja Kyrill die Clemens-Reliquien gebracht habe. Damit wird das Grab Kyrills ausdrücklich mit den Reliquien des Hauptaltars in Verbindung gebracht; diese Situation erinnert am ehesten an die eines Stifters.

Das Grab eines Stifters ist immer etwas Besonderes für eine Kirche; sie hat, wenn überhaupt, meist nur ein solches Grab, eben der Person, die den Bau entscheidend gefördert hat. Oft wird es vom Stifter selber in Auftrag gegeben, aber auch nachträglich errichtete oder vergrößerte Grabanlagen sind bekannt.[54] Normalerweise ist also der Stifter gleichzeitig auch der Bauherr der Kirche; erst sind Reliquien vorhanden, die u.U. von weiter besorgt wurden, und dann beginnt der Bau des Sanktuariums für diese Reliquien.

In S. Clemente haben wir aber einen Sonderfall vor uns: bei aller Unsicherheit der Datierung der Unterkirche bestand sie schon Jahrhunderte lang, ohne auch nur eine Reliquie des Clemens zu beherbergen. Clemens war ja in der Verbannung auf der Krim gestorben; die Bergung seiner Reliquien bzw. dessen, was man dafür hielt, durch Kyrill und Method war zur damaligen Zeit eine aufsehenerregende Kunde, die schnell in den Westen gelangte.[55] Als Kirche ohne Reliquien des Hauptpatrons steht S. Clemente nicht allein; in S. Cecilia in Trastevere ist es, wenn auch unter anderen Bedingungen, ähnlich.[56] Doch diese Frage führt zum Ursprung der Kirchen in Rom, speziell der Titelkirchen, und damit zu einem eigenen Problemkreis, dem hier nicht nachgegangen werden kann. Aus der besonderen Situation von S. Clemente verstehen wir jetzt aber, daß wir Kyrill in der Rolle eines Stifters sehen könen, zwar nicht der Kirche, aber der Reliquien. Die Lage des Grabes seitlich des Hauptaltares ist dabei nach wie vor merkwürdig, denn sie stimmt überhaupt nicht mit den in nördlichen Ländern überlieferten Stiftermemorien überein.[57]

Aber wir haben hier möglicherweise eine lange römische Tradition vor uns, da uns aus späterer Zeit, z.B. aus dem 16. Jahrhundert, die Anordnung, im Chorbereich Grabmäler aufzustellen, durchaus geläufig ist. Gehen wir zeitlich weiter zurück, treffen wir zunächst in der zweiten Hälfte des 15. Jahrhunderts auf Pius II., der sein Grab in Alt-St. Peter im äußersten südlichen Seitenschiff an der Wand gegenüber einem Altar erhielt, für den er die hochbedeu-

tende Andreas-Kopf-Reliquie gestiftet hatte.[58] Für das 13. Jahrhundert ist Papst Nikolaus IV. zu nennen, der seitlich des Hochaltars von S. Maria Maggiore beigesetzt wurde, der Basilika also, die er im Querschiff- und Chorbereich völlig neu gestaltet und für deren berühmte Krippenreliquie er eine neue Kapelle gebaut hatte.[59] In einer vorsichtigen Zusammenschau könnte man damit eine für Rom typische Anlage des Stiftergrabmals seitlich des Altars erkennen.

Eine Erklärung für die seitliche Art der Anlage können wir vielleicht in der sog. „Schola cantorum"[60] finden, einer liturgischen Abschrankung, die vom Hauptaltar ausgehend die Mitte des Mittelschiffes einnahm und keinen Platz für monumentale Aufbauten ließ. Solche Anlagen, die mit der weit verbreiteten Abschrankung des Hauptaltars nicht verwechselt werden dürfen, sind in Rom für viele Kirchen überliefert; in S. Clemente sind sogar noch große Teile der ersten Schola aus dem 6. Jahrhundert in der Oberkirche aufgestellt; in der Unterkirche sind im Fußboden einige Zapfenlöcher für die Pfosten der Schrankenplatten erhalten. Sie lassen eine besonders enge Schola cantorum erschließen.[61]

Zusammenfassend kann man also sagen, daß die neue Identifizierung eines Freskos im Mittelschiff der Unterkirche von S. Clemente als Grab Kyrills durchaus überzeugend ist. Das Grab erhält seine besondere Bedeutung dadurch, daß es in engen Bezug zum Hauptaltar gesetzt wird, wobei es sich jedoch nicht um ein Heiligengrab, sondern wahrscheinlich um ein Stiftergrab handelt.

Das Nachleben des Kyrillgrabes im Mittelalter

Als nächstes soll uns die Frage beschäftigen, ob es im Mittelalter überhaupt schon einen Kyrill-Kult gegeben hat. Wie bereits dargelegt, gab es in dieser frühen Zeit noch keinen Heiligsprechungsprozeß; nach den Angaben der Vita ist aber auch das Äquivalent jener Zeit dafür, nämlich die Reliquientranslation, für Kyrill nicht nachweisbar. Nachweisbar ist lediglich eine lokale Verehrung sowohl in

S. Clemente[62] als auch, mit großer zeitlicher Verzögerung, in den slawischen Missionsgebieten.[63]

Als die Kirche in der zweiten Hälfte des 11. Jahrhunderts reparaturbedürftig geworden war, wurden einige Mauern eingezogen und diese mit einem ausführlichen Clemens-Zyklus geschmückt;[64] dargestellt sind u.a. Wunder und Messe des Clemens und die Translation seiner Gebeine (Abb. 1, B, C, E; 3). Das Translationsbild hat Wilpert bereits richtig interpretiert:[65] Es werden die Gebeine des Clemens überführt, als Assistierende sind Kyrill und Method dargestellt. Damit rücken die beiden also in eine sehr periphäre Rolle innerhalb des Gesamtzyklus'.

Wie mir scheint, ist dies bezeichnend für die Situation um 1100: Das im Investiturstreit mit dem Kaiser liegende, gleichzeitig vom Schisma geplagte Papsttum bediente sich immer häufiger einer politischen Bildpropaganda,[66] die die Rechtmäßigkeit und die überragende Stellung des Papstes ausdrücken sollte; in diesem Sinne war Clemens als direkter Petrus-Nachfolger von besonderer Wichtigkeit,[67] die Person des Kyrill aber ganz nebensächlich.

Im Jahr 1099 wurde in S. Clemente ein neuer Papst gewählt: Rainerius, der Kardinalpriester von S. Clemente stieg als Paschalis II. auf den Papstthron; er ernannte sogleich einen neuen Kardinal für S. Clemente, nämlich Anastasius, der in den kommenden Jahren für den totalen Neubau der Kirche sorgte, ferner ließ er durch Leo von Ostia eine neue Clemens-Vita schreiben; ihr letzter Teil ist der Translation des Clemens gewidmet. Wieder werden Kyrill und Method nur in diesem kleinen, periphären Teil erwähnt, der nur dadurch so wichtig wird, weil er der einzige erhaltene ist.[68]

Was bei dem Neubau mit dem Grab Kyrills geschah, ist uns unbekannt. Möglicherweise wurde das Grab in die neue Kirche übernommen.[69] Dann müßte es aber bald darauf verschwunden sein, denn sonst wäre das Schweigen für den Rest des Mittelalters schwer erklärbar; vermutlich ist das Grab also nicht in die Oberkirche übernommen worden. Die Frage nach dem eventuellen Weglassen bzw. einer möglichen Übernahme des Grabes könnte durch genauere Forschungen im Zusammmnenhang mit dem Neubau beantwortet werden. Ist der Neubau inzwischen auch schon besser bearbeitet,[70] so fehlt doch noch eine Untersuchung der Gesamt-Ikonographie des Neubaus und der Gründe für die kleinen, aber deswegen nicht unwichtigen Plan- Änderungen während der Bauzeit. Dabei spielt die Verengung des Mittelschiffs gegenüber dem alten Bau keine Rolle, sie ist wohl aus verändertem Formempfinden erklärbar. Aber wie kam z.B. das Programm zur Gestaltung des Apsismosaiks zustande, oder warum wurde der Bau einer Apsis neben der Hauptapsis aufgegeben?[71] Man muß annehmen, daß diese Fragen eng mit dem Clemens- und Kyrill-Kult zusammenhängen, wenn uns bislang auch Beweise fehlen.

Kyrills Nachleben in der Neuzeit

Im weiteren Mittelalter haben wir keine Notizen mehr von Kyrills Gebeinen oder Reliquien. Erst ein englischer Augustiner, der um 1450 nach Rom reist, spricht wieder davon; sie sollen sich in einer Kapelle am rechten Seitenschiff befinden.[72]

Die Vorgänge am Ende des 16. Jahrhunderts , die nun geschildert werden, sind immer noch unklar, teilweise sogar widersprüchlich; doch das wenige Bekannte ist spannend genug. Kein Geringerer als Papst Sixtus V. selber interessierte sich nämlich für die Gebeine, denn er wollte die Kirche S. Girolamo degli Schiavoni - das war die seinem Kardinalat zugewiesene Titelkirche - mit Kyrill-Reliquien ausstatten; die Translation sollte 1589 oder 1590 stattfinden. Aus welchen Gründen dies dann nicht geschah, ist uns unbekannt.[73]

Wahrscheinlich haben sich die Mönche mit allen Mitteln dagegen gewehrt, ähnlich wie wenige Jahre zuvor die Nonnen des Basilianer-Klosters S.Maria in Campo Marzio; diese mußten es dann aber doch geschehen lassen, daß in einer großartigen Prozession die Gebeine Gregors von Nazianz von Gregor XIII. nach St. Peter gebracht wurden.[74]

Diese erfolglosen Bemühungen Sixtus' V. haben aber ihren tieferen Sinn, spiegeln sich in ihren Quellen doch die Keime für künftige Entwicklungen wider. S. Girolamo degli Schiavoni, das ist nämlich die Nationalkirche der Slawen in Rom, bzw. die Kirche derjenigen Slawen, die im 15. Jahrhundert aus dem heutigen Südjugoslawien vor den Türken nach Rom geflohen waren; sie übernahmen eine kleine, baufällige Kirche am Tiberufer beim Augustusmausoleum und weihten sie dem Kirchenvater Hieronymus, ihrem althergebrachten Patron.[75] Erst 1566 wurde diese Kirche in den Rang einer Titelkirche erhoben, und vermutlich aufgrund dieser Würde plante Sixtus V. einen Neubau, in dem auch entsprechende Reliquien aufbewahrt werden sollten. Dazu paßten eben die Gebeine Kyrills, „beato Cirillo apostolo dei Moravi, Schiavoni e Boemi".[76] Der Titel „Apostel" stand bisher nur den zwölf Jüngern Jesu zu, die bei seinem Opfer zugegen waren und davon auf ihren Missionsreisen berichten sollten. Dieser Titel bedeutete also eine ungemeine Rangerhöhung für Kyrill. Verbunden mit einer Zielgruppe, nämlich der Nation der Slawen, wie es in dem Zitat bereits gemacht wurde, sollte dieser Begriff allerdings erst im 19. Jahrhundert seine volle Wirksamkeit entfalten und das vorherrschende und vorantreibende Element im Kyrillkult werden.

Die wahrscheinlich durch postkonziliare (Trient 1563) Umbauarbeiten wieder aufgetauchten, während des Pontifikats Sixtus' V. erfolgreich gesicherten Gebeine Kyrills wurden nun in einer neuen Kapelle beim Eingang verwahrt (Abb. 2, B). Als die Kirche im 17. Jahrhundert irischen Dominikanern gegeben wurde, erhielt diese Kapelle wie schon berichtet das Dominikuspatrozinium. 1798 verschwanden die Reliquien und vieles andere, als das Kloster durch die Folgen der Französischen Revolution aufgehoben wurde. Die beweglichen Güter gelangten zunächst zur Chiesa Nuova, dann zum Lateran. Bei dieser Wanderung blieben die Gebeine Kyrills im wahrsten Sinn des Wortes auf der Strecke, sie gerieten nämlich in einen Privathaushalt, bis Pater Boyle ihr Schicksal klären und im Jahr 1963 ihre Rückgabe erwirken konnte.[77]

Im 19. Jahrhundert also waren die Gebeine Kyrills verschollen. Mit dem beginnenden Nationalismus erwachte aber gleichzeitig das Interesse an den beiden „Slawenaposteln" Kyrill und Method. Sie wurden als Nationalheilige zu Schöpfern einer selbständigen slawischen Kultur und damit zu deren Symbol.[78]

Im vom Zerfall bedrohten österreichischen Kaiserreich bot die „Kyrill-Method-Idee" dem erwachenden Panslawismus ein willkommenes Band der Einheit,[79] dazu wurde sie auf weiten Strecken von der päpstlichen, katholischen Kirche unterstützt, die, im 19. Jahrhundert ebenfalls in einer tiefen Krise steckend, auf diese Weise ihre Position besonders gegen die Ostkirchen zu stärken hoffte. Auch das Kaiserreich begrüßte diese Bestrebungen, bot doch in Zeiten des erstarkenden Protestantismus in Österreich und der Los-von-Rom-Bewegung eine starke katholische Kirche ein zusätzliches, einigendes Band für den Vielvölkerstaat.[80]

So wurde die Suche nach den Gräbern der beiden Slawenapostel als Suche nach Identität verständlich; da man von Methods Grab überhaupt nichts wußte, bot in diesem Zusammenhang die Kirche S. Clemente die bessere Ausgangslage, um rasch zum gewünschten Ziel zu kommen. Friedrich Landgraf von Fürstenberg, der Erzbischof von Olmütz, hatte die Kyrill-Method-Idee zum Programm seiner Regierung gemacht. Erstmals 1854 beauftragte er einen Vertrauensmann mit der Suche nach den Kyrill-Reliquien; im Falle eines positiven Ergebnisses erbat er sich von Pius IX. wenigstens ihre teilweise Überführung nach Mähren.[81] Die Tausend-Jahr-Feier der Missionierung der Slawen 1863 in Velehrad wurde ein überwältigender Erfolg. Mit dazu beigetragen hatte die Verlegung des Festes der beiden Heiligen vom Frühjahr in den Sommer (5. Juli), eine Regelung, die Leo XIII. 1880 für die ganze katholische Kirche übernehmen sollte.[82]

Außerhalb Mährens vertrat Bischof Joseph Stroßmayer katholisch-panslawistische Interessen in der besonderen Spielart des Südslawismus; Stroßmayer war Bischof von Djakovo, einem kleinen Ort 150 km westlich von Belgrad, dem er eine große Kathedrale stiftete. Djakovo war nämlich das Nachfolgebistum des antiken Sirmium - heute Sremska Mitrovica -, was bedeutet, daß Stroßmayer eines der ältesten Bistümer Südosteuropas inne hatte und auf dem gleichen Bischofsstuhl wie einst Method saß.[83] Viel hat er zur Enzyklika „Grande munus" vom 30. September 1880 beigetragen, in der Leo XIII. die besondere Rolle der Slawen unter den Völkern Europas würdigte.[84] Der Beifall aus Osteuropa war groß, und zum Dank erschienen am 5. Juli 1881 ungefähr 1400 slawische Pilger unter Stroßmayers Führung in Rom.[85]

Mit Hilfe Stroßmayers und Leo XIII. erhielt S. Clemente in den folgenden Jahren eine neue Kyrill-Method-Gedenkstätte, die 1886 eingeweiht wurde; als Ort wurde nicht das vermeintliche Grab gewählt, sondern an das nördliche Seitenschiff der Oberkirche baute man eine eigene Kapelle an, bestehend aus einem überkuppelten, quadratischen Joch und einer halbrunden Apsis (Abb. 2, C; 6; 7). Die gesamte Ausmalung war Salvatore Nobili übertragen worden.[86] Kuppel und Kuppelpendentifs wurden mit Engel und Evangelistendarstellungen geschmückt, während die beiden großen Seitenwände und die Apsis den drei Hauptszenen mit Kyrill und Method vorbehalten blieb. In der Mitte des Apsisbildes sitzt Christus auf einem großen, rundbogigen Thron. Über ihm erscheint die Taube des Heiligen Geistes vor einem Wolkenfeld, hinter dem in einer Gloriole Gottvater steht; ein Engelschor umgibt diese himmlische Dreifaltigkeit. Der Thron Christi steht auf einer großen Wiese, zu beiden Seiten wenden sich ihm die beiden Heiligen Kyrill und Method in Bischofstracht zu, hinter ihnen jeweils eine Palme, die das alte Symbol für christliches Martyrium ist. Vor Christus kniet auf einem kostbaren Teppich Leo XIII., der in Demut seine Tiara beiseite gelegt hat und Christus ein Modell der Kapelle darbringt. Der untere Teil der Komposition stellt also ein klassisches Stifterbild dar, wie wir es von zahlreichen mittelalterlichen Apsismosaiken gerade in Rom kennen.[87] Stilistisch steht es durch die Übernahme von Architekturelementen und Kompositionsschemata des Quattrocento

den Präraffaeliten nahe, während die beiden seitlichen Wandbilder mittelalterlich-frühchristliche Elemente aufweisen.

Das linke zeigt Kyrill und Method in Audienz bei Hadrian II. (Abb. 6), die in einer Kirche stattfindet. Der Papst nimmt den ihm gebührenden Platz auf dem Thron in der Apsismitte ein, während die Kurialen die Bänke zu beiden Seiten füllen. Ihre Sitzordnung ist ein getreues Abbild des Apsisfreskos darüber, das Christus mit den Aposteln zeigt. Diese Kirchendekoration weist auf S. Clemente als Ort der Audienz hin, wenn auch die anderen Architektur- und Ausstattungsstücke nicht hierhergehören, wie die spiralig kannelierte Säule als Triumphbogenstütze oder das danebenhängende Triptychon.[88] Vor dem Papst erscheinen Kyrill und Method, mit dem kreuzbestickten Pallium bekleidet, sich damit also als römische Erzbischöfe ausweisend.[89] Der eine hält ein Buch in der Hand, ein weiteres liegt hinter ihm auf einem Stuhl. Der andere spricht gerade mit großer Geste zum Papst, die Kurialen hören zu, denken nach, diskutieren. Wir sind offensichtlich Zeugen der Verhandlungen der Slawenapostel mit dem Papst über ihre slawischen Bücher, die schließlich zu Akzeptierung und Segnung der Bücher führen sollen.

Das rechte Wandbild gegenüber zeigt die Beerdigung Kyrills. Der feierliche Leichenzug ist auf dem letzten Stück seines Weges angelangt, rechts ist noch das Kolosseum zu erkennen, in der linken Bildhälfte haben wir das Ziel, S. Clemente, vor Augen.[90] Trauernde haben sich zu Boden geworfen, Ministranten schwingen die Weihrauchgefäße um den aufgebahrten Toten; dahinter schreiten Method und der Papst im Gebet. Die Leistung Nobilis besteht darin, die Vita der Slawenapostel in drei Episoden verdichtet, besser verkürzt und ein Rom-zentrisches Gesamtbild entworfen zu haben: Als einzige Szene aus ihrem Leben wird die römische Audienz gezeigt, die die Anerkennung der römischen Oberhoheit impliziert. Was folgt, ist die dafür erhaltene Ehrung: ein würdiges Begräbnis und schließlich - nach 1000 Jahren die Erhebung zur Ehre der Altäre, genau über dem Kapellenaltar.

Die Kyrill- Method-Idee hatte damit ein krönendes Monument erhalten. Kirchenpolitisch vorbereitet wurde es durch die schon erwähnte leoninische Enzyklika. Diese war nicht bei allen Slawen so positiv aufgenommen worden wie in der Gruppe um Bischof Stroßmayer; besonders in ostslawischen Ländern wurde sie sogar scharf abgelehnt; die so würdig geplanten Feiern zum 1000. Todestag Methods 1885 wurden zu einem Spiegelbild der Zerrissenheit der slawischen Völker. [91]

Die neue Kapelle in S. Clemente war also zwar den Slawenaposteln geweiht, aber die Slawen fühlten sich in ihr nur zu einem kleinen Teil repräsentiert. So nimmt es nicht wunder, daß in der Folgezeit weitere Denkmäler in S. Clemente entstanden, für die andere Gruppen verantwortlich waren.

Zentrum dieser weiteren Denkmäler ist das Ende des linken Seitenschiffs der Unterkirche, in dem Bereich also, wo man zunächst das Grab Kyrills identifiziert zu haben glaubte. Über dem vermeintlichen Grabkasten (Abb. 1, F; 8) wurde 1929 eine marmorne Ädikula angebracht;[92] die Inschrift bezeichnet in bulgarischer und lateinischer Sprache neben dem Stifter des Denkmals, dem bulgarischen Volk, Kyrill als „Apostel und Lehrer" der Bulgaren; das Jubläumsjahr, das eigentlich keines ist - 1929 jährte sich der Todestag Kyrills zum 1060. Mal - läßt darauf schließen, daß mit dem Denkmal auf aktuelle Tagesereignisse eingegangen werden sollte. Neu ist, daß neben dem Begriff „Apostel" nun auch der Begriff „Lehrer" auf Kyrill angewendet wird, also v.a. die slawische Kultur auf das Werk Kyrills und Methods zurückgeführt wird; dies ist gerade für Bulgarien bezeichnend, das seine kulturelle Identität noch stärker als die anderen slawischen Nationen in den Leistungen der Slawenapostel sucht.[93]

Dieser Aspekt sollte in Zukunft vorherrschend werden. In dem großen Wandmosaik dem zuletzt beschriebenen Denkmal gegenüber (Abb. 1, G; 9), das 1975 vom bulgarischen Volk gestiftet wurde, wird in der Inschrift nur noch die „Lehrer"-Funktion der Slawenapostel genannt, ein durchaus typisches Zeichen einer Zeit, die die Kirche v.a. als Kulturträger und -vermittler ansieht.[94] Zu erwähnen ist schließlich noch ein Altar, der an der Stelle des vermeintlichen Grabes 1952 von in Amerika lebenden Slowaken gestiftet wurde.[95]

Unsere Wanderung durch S. Clemente ist zu Ende; die Erinnerungen an Kyrill und Method, die in ihren Anfängen so schwer zu greifen sind, weil es ihren Kult eben nicht gegeben hat, überhäuften sich am Ende unserer Zeitspanne, als die politische Rolle der beiden Männer aus Thessaloniki immer klarer wurde. Heute kann man S. Clemente nicht mehr betreten, ohne auf eine Kyrill-Method-Gedenkstätte zu treffen. Man darf gespannt sein, wie die Entwicklung weitergeht. Die Zeit der politischen Nationalismen - die Hoch-Zeit der Kyrill-Method-Idee - ist vorbei, aber schließlich wurden die beiden vor kurzem zu Mitpatronen Europas erklärt - vom ersten slawischen Papst der Geschichte, Johannes Paulus II.[96]

ANMERKUNGEN

* Erweiterte Fassung des auf dem Symposion gehaltenen Vortrages. Besonders danke ich Dr. Alfons Zettler, Freiburg, für anregende Gespräche, Hinweise und Diskussionen vor Ort, die mich zu weiteren Recherchen veranlassten.
Zur Nomenklatur: Kyrill trug sein Leben lang den Namen Konstantin. Um jedoch Unklarheiten zu vermeiden, wird er hier immer (außer in Zitaten) mit Kyrill benannt.

1 Vgl. dazu unten Text mit Anm. 45.

2 B. DUDÍK, Neuentdeckte Fresken aus dem Leben der heil. Apostel Cyrill und Method in Rom, in: Mittheilungen der K.K. Central-Commission zur Erforschung und Erhaltung der Baudenkmale 14, 1869, 1-8, hier 1 f.; Leonard E. BOYLE, San Clemente Miscellany I. The Community of SS. Sisto e Clemente in Rome, 1677-1977; Rom 1977, 169 ff.; vgl. auch unten Text mit Anm. 78 ff.

3 RICHARD KRAUTHEIMER, Corpus Basilicarum Christianarum Romae, Bd. I, Vatikanstadt 1937, 118-136; WALTHER BUCHOWIECKI, Handbuch der Kirchen Roms; Band 1 Wien 1967; S. Clemente behandelt auf S. 541-586

4 Die Vita und andere hagiographische Quellen wurden häufig herausgegeben. Alle Versionen der Vita sind z.Zt. am besten ediert in 2. Band des Werkes Magnae Moraviae Fontes historici: 5 Bände Brünn 1966-1976 (Opera Universitatis Purkynianae Brunensis. Facultas philosophica 104, 118, 134, 156, 206).
Als neue deutsche Übersetzung wurde verwendet JOSEPH SCHÜTZ, Die Lehrer der Slawen Kyrill und Method. Die Lebensbeschreibung zweier Missionare. Aus dem Altkirchenslawischen übertragen und herausgegeben von J. Schütz; St. Ottilien 1985. Darin S. 76-81 Geschehnisse in Rom.

5 Die Kapelle war durch die Abtrennung eines Teils des rechten Seitenschiffes entstanden, ähnlich wie auf der gegenüberliegenden Seite bereits im 15. Jahrhundert die Cappella di S. Caterina angelegt worden war; LEONARD BOYLE, The Fate of the Remains of St. Cyril, in: Cirillo e Methodio. I Santi Apostoli degli Slavi; Rom 1964, 158-164 (wiederabgedruckt in: San Clemente Miscellany II : Art and Archaeology, ed. by LUKE DEMPSEY; Rom 1978, 13-35) hier S. 22.

6 Einen Überblick mit guter Bibliographie bietet FEDERICO GUIDOBALDI, Il complesso archeologico di S. Clemente. Risultati degli scavi più recenti e riesame dei resti architettonici; in: San Clemente Miscellany II (wie Anm. 5), 215-309, hier 217-226.

7 KRAUTHEIMER, Corpus. Die exakte Baugeschichte bereitet nach wie vor große Schwierigkeiten; z.B. ist das Datum der Weihe des Neubaus nicht sicher überliefert; vgl. zuletzt JOAN E. BARCLAY LLOYD, The Building History of the Medieval Church of S. Clemente in Rome, in: Journal of the Society of Architectural Historians 45, 1986, 197-223.

8 In den Nebenräumen der Kirche aufgehängt.

9 JOSEPH WILPERT, Die römischen Mosaiken und Malereien der kirchlichen Bauten vom IV. bis XIII. Jahrhundert, 4 Bände Freiburg 1916; S. Clemente behandelt v.a. in Bd. II, 516-547 und IV, Taf. 207-217, 239-242. Die Malereien leiden besonders stark unter der großen Feuchtigkeit.

10 GIOVANNI BATTISTA DE ROSSI, Del sepolcro di S. Cirillo nella basilica di S. Clemente, in: Bullettino di Archeologia Cristiana 1863, 9-13; Abb. bei Wilpert Taf. 239; bei ihm ist bereits die fehlerhafte Ausbesserung des Bildes zu sehen: die Bahrenträger wurden geradezu in Klageweiber verwandelt.

11 Beide Möglichkeiten der Beschreibungsrichtung sind im Mittelalter möglich.

12 DE ROSSI, Sepolcro.

13 WILPERT, Malerei, Taf. 216, 3 und 217.

14 DUDÍK, Fresken.

15 Die Nachzeichnungen Ewings und Wilperts Taf. 214 widersprechen sich hier.

16 Vgl. unten Text mit Anm. 92 ff.

17 JOSEPH WILPERT, Le pitture della basilica primitiva di S. Clemente, in: Mélanges d'Archéologie et d'Histoire 26, 1906, 251-303. Die Szenen waren zu dieser Zeit bereits stark restauriert worden, da in diese Wand eine Tür eingebrochen worden war.

18 Eine genaue Betrachtung des Backsteinaufbaus und des dahinterliegenden Wandabschnitts lassen es am wahrscheinlichsten erscheinen, daß wir hier die Reste einer Treppe vor uns haben, die zu einer gewissen Zeit, als das Straßenniveau ringsum angestiegen war, in die Kirche hinabgeführt haben muß. Auch heute noch besteht eine ähnliche Situation beim Eingang in die Oberkirche von dieser Straße her, einer der Hauptstraßen des mittelalterlichen Rom.

19 JOHN OSBORNE, Early Mediaeval Wall-Paintings in the Lower Church of San Clemente, Rome; Diss. phil. New York 1979; New York 1984, 151.

20 Wilpert, pitture; Wilpert, Malereien, Taf. 214-216.

21 JOSEPH WILPERT, Per la scoperta di un sepolcro nella basilica di S. Clemente, in: Rivista di Archeologia Cristiana 6, 1929, 241-245.

22 HÉLÈNE TOUBERT, „Rome et le Mont-Cassin": Nouvelles Remarques sur les fresque de l'église inférieure de Saint-Clément de Rome, in: Dumberton Oaks Papers 30, 1976, 1-33; GUIDOBALDI, Complesso; OSBORNE, Wall-Paintings; Barclay Lloyd, Building History.

23 GUIDOBALDI, complesso, besonders Taf. V.

24 Der Zusammenhang mit einem Grab bleibt dadurch unbestritten; allerdings ist es nicht benennbar. Vgl. JOHN OSBORNE, The 'Particular Judgment': an early medieval wall-painting in the lower church of San Clemente, Rome, in: The Burlington Magazine 123, 1981, 335-341.

25 Die Darstellung der Erzengel Michael und Gabriel ist auch im Westen verbreitet; auch der Andreas-Kult war nicht auf Griechenland beschränkt; Rom hatte im Mittelalter allein 30 gleichnamige Kirchen.

26 JOHN OSBORNE, The painting of the Anastasis in the lower church of San Clemente, Rome; A re-examination of the evidence for the

location of the tomb of St. Cyril, in: Byzantion 51, 1981, 255-287. INGO HERKLOTZ, „Sepulcra" e „Monumenta" del Medioevo. Studi sull'arte sepolcrale in Italia; Rom 1985 (Collana di Studi di Storia dell'Arte, 5), 149.

27 JOHN OSBORNE, From Turtura to Alfanus; Funerary Monuments in Early Mediaeval Rome; in: Revue d'art Canadien 9, 1982, 3-8; in einer Gesamtschau: HERKLOTZ, „Sepulcra", 143ff.
Die erhaltenen Grabmonumente, die nach Kyrills Grab errichtet wurden, zeigen in Rom allerdings immer eine rechteckige Ädikula. Für das 11.Jahrhundert wären vergleichbar dem Kyrillgrab etwa die Arkosolgräber der Normannen in der Abtei von Venosa; vgl. HERKLOTZ, „Sepulcra", 52 und Abb. 6, 7.

28 Beispiele s.u. Anm. 41 ff.

29 Übergreifende Arbeiten über die byzantinische Grabkunst fehlen bisher; SLOBODAN ĆURČIĆ, Gračanica. King Milutin's Church and its Place in Late Byzantine Architecture; Pennsylvania State University Press 1979, 128 ff. stellt spätere Beispiele dar und geht kurz auf ihre Tradition ein.

30 Die Errichtung der Zenokapelle ist in die Amtszeit des Papstes, 817-824, zu datieren. Das Mosaik ist nur fragmentarisch, aber ikonographisch eindeutig erhalten; CÄCILIA DAVIS-WEYER, Die ältesten Darstellungen der Hadesfahrt Christi, das Evangelium Nikodemi und ein Mosaik der Zeno-Kapelle, in: Roma e l'età carolingia. Atti delle giornate di Studio 3-8 maggio 1976; Rom 1976, 183-194, Fig. 186.

31 JOHN OSBORNE, The Portrait of Pope Leo IV in San Clemente, Rome; a Re-examination of the so-called 'Square' -Nimbus in Medieval Art, in: Papers of the British School at Rome 47, 1979, 58-65. Im 10. Jahrhundert werden rechteckige Nimben auch bei einigen Papstgräbern verwendet; OSBORNE, Anastasis, 272.

32 Die Mosaiken in der Hagia Sophia in Konstantinopel mit diesen Darstellungen sind nicht mehr erhalten, aber in Zeichnungen des 9. Jahrhunderts überliefert; CYRILL MANGO, Materials for the Study of the Mosaics of St. Sophia at Istanbul; Washington 1962 (Dumbarton Oaks Studies, VIII), 55 ff., Abb. 61, 66-68.

33 Die Lesart „vom Eingang her" - und nicht vom Altar aus gesehen - wird bestätigt durch die Position der Zeno-Kapelle an S. Prassede. Eine zeitgenössische Inschrifttafel, die in den entsprechenden Teilen original erhalten ist, benennt die Position dieser Kapelle in eben dieser Weise; „manu dextra"; URSULA NILGEN, Die große Reliquieninschrift von Santa Prassede. Eine quellenkritische Untersuchung zur Zeno-Kapelle, in: Römische Quartalschrift für christliche Altertumskunde und Kirchengeschichte 69, 1974, 8-29, hier S. 28f.

34 HERKLOTZ, „Sepulcra", 149.

35 Textvergleiche anhand der Ausgabe Magnae Moraviae Fontes historici Bd.II. Die Abfassung der slawischen Vita kann in die Lebenszeit Methods datiert werden; PAUL MEYVAERT und PAUL DEVOS, Trois énigmes cyrillo-méthodiennes de la „Légende Italique" résolues grace à un document inédit, in: Analecta Bollandiana 73, 1955, 375-461, besonders S. 435.

36 BERNHARD KÖTTING, Der frühchristliche Reliquienkult und die Bestattung im Kirchengebäude; Köln 1965 (Arbeitsgemeinschaft für Forschung des Landes Nordrhein-Westfalen. Geisteswissenschaften Heft 123), 9 ff.

37 JOHN OSBORNE, The Roman Catacombs in the Middle Ages, in: Papers of the British School at Rome 53, 1985, 278-328, speziell S. 283.

38 KÖTTING, Reliquienkult, 31 ff.

39 Zitiert nach CHARLES B. MCCLENDON, The Imperial Abbey of Farfa. Architectural Currents of the Early Middle Ages; New Haven 1987 (Yale Publications in the History of Art, 36), 161 Anm. 61; KÖTTING, Reliquienkult, 35.

40 MCCLENDON, Farfa, 68ff.

41 HERKLOTZ, „Sepulcra", 156, Abb. 45.

42 HERKLOTZ, „Sepulcra", 151; neuerdings JOHN MITCHELL, The painted decoration of the early medieval monastery, in: San Vincenzo al Volturno. The Archaeology, Art and Territory of an Early Medieval Monastery, edited by Richard Hodges and John Mitchell, Oxford 1985 (BAR International Series 252), 125-176, hier Text S. 158, Plan S. 128, Abb. S. 160- 161.

43 Ein Stück der Kirchenmauer mit bemalter Innen- und Außenseite (das gen. Grab) blieb beim neuzeitlichen Neubau der Kirche erhalten, da nach Drehung der Kirche genau an dieser Stelle der neue Hochaltar errichtet wurde, und dieses Stück Mauer als Altarunterbau diente; MCCLENDON, Farfa, 26, Abb. 3-5, Fig. 1-2.

44 HERMANN VETTERS, Das Grab in der Mauer, in: Österreichische Zeitschrift für Kunst und Denkmalpflege 12, 1958, 71-75; dazu vgl. u.a. die kritische Würdigung der Ausgrabungen und Rekonstruktionen Vetters durch FRANZ WAGNER, Bemerkungen zur Aufrißkonstruktion des ersten Salzburger Dombaus, in: Mitteilungen der Gesellschaft für salzburgische Landeskunde 120-121, 1980-1981, 289-303, besonders 300.

45 Das erste Problem des Methodgrabes liegt darin, eine entsprechende Ortschaft für eine solche Kirche zu finden, d.h. nachzuweisen, ob Mähren überhaupt einen den mittelmeerischen Kulturen vergleichbaren Bischofssitz hatte. Vom literarischen Befund ausgehend hat zuletzt JOSEPH SCHÜTZ, Methods Grab in der Kathedrale von Morava, in: Palaeobulgarica 6, 1982, Nr. 2, 28-32 die Existenz einer Bischofskirche eines gewissen Ortes 'Morava' nachgewiesen (dies hatte IMRE BOBA, The Cathedral Church of Sirmium and the Grave of St. Methodius, in: Berichte über den 2. Internationalen Kongreß für Slawische Philologie; Berlin 1973, Bd. III, 393-397 bereits vor ihm getan). Die Frage ist nun, wo dieser Ort angesiedelt werden soll, und hier scheint der Streit der Fachwissenschaftler noch nicht ausgestanden zu sein. BOBA, o.c. vermutet das antike Sirmium als Methods Bischofssitz und Grabstätte, wo er eine entsprechende Kirche nachweisen konnte; ihm wird jedoch von VLADISLAV POPOVIĆ, „Metodijev grob; episkopska crkva u Mačvanskoj Mitrovici (Le Tombeau de S. Methode et la Cathédrale de Mačvanska Mitrovica), in: Starinar

24-25, 1973-1974, 265-270 widersprochen. Vilém Hrubý, Das Grab Methods in Uherské Hradiště-Sady? in: Slovenská Archeológia 18, 1970, 87-96, möchte in einer Kirche beim mährischen Velehrad das Grab Methods identifizieren haben; dies wurde jüngst aufgegriffen von Jiřý Maria Veselý, Ritrovata a Sady- Velehrad in Cecoslovacia la sede arcivescovile di San Metodio, in: The Common Christian Roots of the European Nations. An International Colloquium in the Vatican; Florenz 1982, Bd. II, 686-699. Bei dieser Identifizierung sehe ich das Problem, daß die Position des fraglichen Grabes nicht mit der durch die Überlieferung geforderten Position übereinstimmt; es befindet sich nämlich im Querhaus, nicht im Sanktuarium, wo sich vielmehr das Grab einer weiblichen Person befindet. Aber die schriftliche Überlieferung wörtlich zu nehmen, war ja die Voraussetzung für die Suche überhaupt.

[46] Vgl. allgemein G. Löw in Enciclopedia Cattolica III, 1952, 569-607 s.v. „canonizzazione".

[47] Martin Heinzelmann, Translationsberichte und andere Quellen des Reliquienkultes; Turnhout 1979 (Typologie des sources du moyen âge occidental, 33), 80. Aus diesem Vorgang erklärt sich der Ausdruck „jemanden zur Ehre der Altäre erheben".

[48] Hilde Claussen, Heiligengräber im Frankenreich. Ein Beitrag zur Kunstgeschichte des Frühmittelalters; Marburg Diss. 1950 (maschinenschriftlich), 230 und 280. Eine Ausgrabung in Amay (Maas) hat dies jüngst wieder bestätigt; Jacques Stiennon, Le sarcophage de Sancta Chrodoara à Saint-Georges d'Amay. Essay d'interpretation d'une découverte exceptionnelle, in:Bulletin du Cercle Archéologique Hesbaye-Condroz, 15, 1977-78, 73-88, mit Fig. 15 (Beilage), Fig. 22 und Fig. 28.

[49] Auch die Ikonographie würde dieser Deutung widersprechen; außerdem ist das Grab für Kulthandlungen zu sehr in die Langhausecke gedrängt.

[50] Die Aufenthaltsdauer errechnet sich aus den bekannten Daten des Amtsantritts Hadrians II. und dem Tod des Kyrill. Klöster dienten im Mittelalter häufig als Hospize. Der Kern der griechischen Siedlung lag beim Palatin und Aventin; S. Maria in Cosmedin ist die bekannteste noch heute mit griechischem Ritus existierende Kirche; Anton Michel, Die griechischen Klostersiedlungen zu Rom bis zur Mitte des 11. Jahrhunderts, in: Ostkirchliche Studien 1, 1952, 32-45, hier S. 38. Vgl. auch Walter Berschin, Griechisch-lateinisches Mittelalter. Von Hieronymus zu Nikolaus von Kues; München 1980, 198 ff. Gerne wird S. Prassede als möglicher Aufenthaltsort von Kyrill und Method genannt, weil die beiden die von ihnen übersetzten Bücher in der nahegelegenen Kirche S. Maria Maggiore vom Papst segnen ließen. Aber dies ist zu sehr aus der Sicht der Slawenapostel argumentiert; wahrscheinlicher ist doch, daß die beiden den Weg zum Papst auf sich nahmen, als daß umgekehrt der Papst zu ihnen kam. Und gerade von Hadrian ist bekannt, daß er für S. Maria Maggiore - übrigens eine Patriarchal-, also päpstliche Basilika - eine besondere Vorliebe hatte. In diesem Sinne äußert sich auch František Dvorník,

Les Légendes de Constantin et de Méthode vues de Byzance; Prag 1933 (Byzantinoslavica Supplementa 1), 285-290.

[51] In den Viten wird erwähnt, daß sie Messen in S. Peter, S. Petronilla, S.Andrea und S. Paul feierten. Alle vier Kirchen bzw. Kapellen sind eng mit der apostolisch-päpstlichen Stadt verknüpft; S. Peter und S. Paul bergen zwei Apostelgräber; S.Andreas gilt als erster Apostel und Bruder des Petrus; S. Petronilla schließlich wurde als geistige Tochter des Petrus angesehen. Ihre Gebeine waren im 8. Jahrhundert von den Domitilla-Katakomben in eine Rotunde bei S. Peter gebracht worden; diese Kapelle wurde fortan die Kapelle der fränkischen Könige. In der benachbarten Rotunde war Papst Symmachus die Andreas-Kapelle eingerichtet, wahrscheinlich eine ebene erwähnte. Die genannten Messen zeigen also die enge Bindung der Slawenapostel an den Petruskult und damit an die westliche Kirche. Vgl. Francis Dvornik, Byzantine Missions among the Slavs. SS. Constantine-Cyril and Methodius; New Brunswick, N.J. 1970, 138 ff.; Emile Mâle, Etudes sur les églises romaines. - Les chapelles de Sainte-Pétronille, in: Revue des Deux Mondes 108, 1938, tome 43, 345-358. In diesem Sinne handelte auch Hadrian II., indem er Methodios mit dem alten Bistum Sirmium ordinierte; Dvorník, Missions, 148ff.

[52] Wolfgang Brückner, Sterben im Mönchsgewand, in: Kontakte und Grenzen. Festschrift für Gerhard Heilfurth zum 60. Geburtstag; Göttingen 1969, 259-277.

[53] Hadrian II. hatte seine Grablege in Alt-St. Peter; von seinem Grab ist jedoch außer der Grabinschrift nichts überliefert; Renzo U. Montini, Le Tombe dei Papi; Rom 1957, 141.

[54] Vgl. etwa, allerdings für einen späteren Zeitraum, Walter Haas, Stiftergrab und Heiligengrab, in: Jahrbuch der Bayerischen Denkmalpflege 28, 1970-71 (1973), 115-151; Albrecht Mann, Doppelchor und Stiftermemorie, in: Westfälische Zeitschrift 111, 1961, 149-262.

[55] Clemens wurde auch auf der Krim als Heiliger verehrt; sein Grab ging vermutlich in der Völkerwanderungszeit unter. Über eine gewisse Möglichkeiten, heute dieses erste Grab genauer zu lokalisieren, vgl. Ambrosius Esser, Wo fand der hl.Konstantin-Kyrill die Gebeine des hl. Clemens von Rom?, in: Cyrillo-Methodiana. Zur Frühgeschichte des Christentums bei den Slaven 863-1963; Köln-Graz 1964 (Slavistische Forschungen 6), 126-147.

[56] Die hl. Caecilia scheint eine Erfindung des 5.Jahrhunderts zu sein, um der Kirche der Familie der Caecilier einen Namen zu geben; Kötting, Reliquienkult, 63f.

[57] Dort waren sie meist in der Achse der Kirche oder in einem „Westwerk" untergebracht; vgl. die Literatur von Anm. 54.

[58] Tiberii Alpharani De Basilicae Vaticanae antiquissima et nova structura, pubblicato da Michele Cerrati; Rom 1914 (Studi e Testi 26), 86 ff. (Nr.84 und 85 des Plans).

[59] Montini, Tombe, 235.

[60] Elaine de Benedictis, The Schola Cantorum in Rom during the High Middle Ages; Diss. Bryn Mawr University 1983; University Microfilm Ann Arbor 1984.

61 DE BENEDICTIS, Schola, 25ff. errechnet für die Schola Cantorum in der Unterkirche lediglich eine Breite von wenig mehr als 1 m, was nach meinen Abschätzungen nach den vorliegenden Plänen allerdings zu wenig ist.

62 BOYLE, Fate.

63 Vgl. etwa für das 14. Jahrhundert FRANTIŠEK GRAUS, Die Entwicklung der Legenden der sogenannten Slavenapostel Konstantin und Method in Böhmen und Mähren, in: Jahrbücher für Geschichte Osteuropas N.F. 19, 1971, 161-211.

64 TOUBERT, Rome.

65 Der Aufgebahrte hat pontifikale Gewänder an; also kann es sich nicht um Kyrill handeln, wie früher angenommen wurde.

66 Dies ist keineswegs isoliert in der römischen Bildtradition; vgl. etwa GUGLIELMO MATTHIAE, Pittura politica del medioevo romano; Rom 1964.

67 Vgl. besonders das fragmentarische Bild mit der Übergabe des Bischofsamtes von Petrus an Clemens, abgebildet bei WILPERT, Malereien, IV, Taf. 240 und rekonstruiert ebda. II, 538.

68 LEONARD BOYLE, Dominican lectionaries and Leo of Ostia's Translatio S. Clementis; in: Archivum Fratrum Praedicatorum 28, 1958, 362-394 (wiederabgedruckt in: San Clemente Miscellany II (wie Anm. 5), 195-214). Wie Kyrill und Method in den Bildern nur peripär vorkommen, so erscheinen sie auch in den schriftlichen Zeugnissen nur am Rande. Diese Situation wird z.B. in der Legenda Aurea, der klassischen Vitensammlung des Mittelalters, genau übernommen.

69 Dafür würde sprechen, daß in der Unterkirche sämtliche architektonischen Teile des Grabes fehlen. In der Oberkirche sind sie allerdings bislang auch nicht auffindbar, auch nicht in einer Zweitverwendung für ein anderes Monument.

70 Vgl. insbesondere zuletzt BARCLAY LLOYD, Building History. Durch genaue Mauerwerksuntersuchungen macht die Autorin den Anteil des Kardinals Anastasius wahrscheinlich, nämlich daß er für den eigentlichen Kirchenbau verantwortlich war, während sein Nachfolger die Nebengebäude aufführen ließ. Außerdem schlägt sie als Weihedatum erstmals die Jahre 1118/19 vor.

71 Für eine nördliche Seitenapsis sind ca. 2 m hohe Fundamentmauern erhalten, die später für die Kapelle des 15. Jahrhunderts benutzt wurden. Im Süden fehlen entsprechende Fundamente. Dies zeigt, daß die Kirche doch nicht aus einem Guß ist, wie Barclay Lloyd darstellt.

72 BOYLE, Fate, 20.

73 BOYLE, Fate, 21.

74 Sixtus V. hätte wohl alles daran gesetzt, diese berühmteste Reliquientranslation der Neuzeit in Rom zu übertreffen; vgl. LUDWIG VON PASTOR, Geschichte der Päpste seit dem Ausgang des Mittelalters; IX. Bd.: Gregor XIII, 1.-4. Aufl. Freiburg 1923, 797ff.

75 BUCHOWIECKI, Handbuch, Bd. II, 1970, 163f.

76 POMPEO UGONIO, Historia delle Stazioni di Roma, Rom 1588, 125; nach BOYLE, Fate, 21.

77 BOYLE, Fate, 21 ff.

78 JOSEPH DOBROVSKÝ, Cyrill und Method der Slawen Apostel. Ein historisch kritischer Versuch; Prag 1823. In diesem Titel wird der Begriff „Slawenapostel" erstmals wieder benutzt.

79 FRANZ MACHILEK, Welehrad und die Cyrill-Method-Idee, in: Archiv für Kirchengeschichte von Böhmen-Mähren-Schlesien 6, 1982, 156-183, besonders 157f.

80 ROGER AUBERT, Les relations entre les églises occidentales et les églises orthodoxes slaves aux XIXe et XXe siècles, in: The Common Christian Roots of the European Nations. An International Colloquium in the Vatican; Florenz 1982, Bd. II, 3-17, besonders 6ff.

81 MACHILEK, Welehrad, 159f. Die Suche nach dem Grabe Methods wurde als viel aufwendiger angesehen. 1902 wurde in Velehrad eigens eine Genossenschaft gegründet, die dies als ihr Ziel angab: MACHILEK, Welehrad, 164.

82 MACHILEK, Welehrad, 161. WACLAW SCHENK, Le culte liturgique des Saints Cyrille et Methode en Pologne et dans les pays limitrophes, in: The Common Christian Roots (wie Anm. 80), II, 325-332, hier 329.

83 ANTON ZOLLITSCH, Josef Georg Stroßmayer. Beiträge zur konfessionellen Situation Österreich-Ungarns im ausgehenden 19. Jahrhundert und zur Unionsbemühung der Slawen bis in die Gegenwart; Salzburg 1962. Zu Sirmium vgl. Anm. 51.

84 MACHILEK, Welehrad, 162; EDUARD WINTER, Russland und das Papsttum. Teil 2: Von der Aufklärung bis zur Großen Sozialistischen Oktoberrevolution; Berlin 1961 (Quellen und Studien zur Geschichte Osteuropas, Bd. 6), 364f.

85 WINTER, Russland, 374.

86 Dieser bislang wenig bekannte Maler führte u.a. auch einen Teil der Deckenbemalung in S. Andrea della Valle aus. - Die Inschriften ediert von LUIGI HUETTER, Iscrizioni della Città di Roma dal 1871-1920; Rom 1959, Bd. I, 111.

87 Man denke etwa an die Apsiden von S. Prassede oder SS. Cosma e Damiano.

88 Der Christus-Apostel-Zyklus (allerdings mit Maria!) in S. Clemente wird ins 13./14. Jahrhundert gesetzt; BUCHOWIECKI, Handbuch, Bd. 1, 560. Auch als Papstthron wurde nicht der in S. Clemente befindliche kopiert, obwohl er ein ganz berühmtes Beispiel seiner Art ist und seine Aufschriften uns wesentliche Informationen über den Neubau von S. Clemente im 12. Jahrhundert geben; vgl. FRANCESCO GANDOLFO, Reimpiego di sculture antiche nei troni papali del 12. secolo, in: Atti della Pontificia Accademia Romana di Archeologia. Rendiconti 47, 1974-75 (1976), 203-218.

89 Es ist allerdings unwahrscheinlich, daß man zu Nobilis Zeiten bereits genaue Kenntnis über diese bischöflichen Insignien hatte. „Kronzeuge" für den Gebrauch des Palliums im 9. Jahrhundert z.B. war gerade das Votivbild in der Vorhalle der Unterkirche; die Datierung dieses Bildes mußte aber um 200 Jahre verschoben werden; OSBORNE, Particular Judgment, 340.

90 Am deutlichsten erkennbar durch den Portikus.

91 WINTER, Russland, 382ff.

92 Inschrift unter dem Mosaik: „IN MEMORIAM BVLGARI APO-
    STOLI / EDVCATORIQUE S. CYRILLI A BVLGARICO POPV-
    LO 869-1929"; ebenso in bulgarisch. Zu Seiten des mosaizierten
    Kopfes sind die ersten zehn Buchstaben des kyrillischen Alphabetes
    zu sehen. In Bulgarien gab es zwei verschiedene Kirchen: ein ortho-
    doxes Patriarchat und eine winzige orthodox-unierte Kirche. In jener
    Zeit residierte als Apostolischer Delegat übrigens Giuseppe Roncalli,
    der spätere Papst Johannes XXIII., in Sofia. Für dieses und die
    folgenden Monumente wurden keine weitergehenden Literaturre-
    cherchen angestellt; sie sollen hier lediglich einmal im Zusammen-
    hang vorgestellt werden.

93 Bezeichnend ist etwa die Benennung der Nationalbibliothek in Sofia
    nach den Slawenaposteln.

94 Die beiden Slawenapostel werden frontal gezeigt und in bulgarischer
    Sprache benannt und mit Widmungsinschrift gewürdigt. Darunter
    befindet sich der gleiche Text in italienischer Übersetzung; „AI
    PRECETTORI DEGLI SLAVI S. CIRILLO E S. METHODIO /
    DAL RICONOSCENTE POPOLO BULGARO. 1975" (Vom dank-
    baren bulgarischen Volk für die Lehrer der Slawen S. Cyrill und S.
    Method).

95 Die lateinische Inschrift lautet: „IN HONOREM SANCTI CYRILLI
    / NATIONIS SLOVACAE FILII DEDICARUNT 1952". (Zur Ehre
    des hl. Cyrill weihten die Kinder der slowakischen Nation [diesen
    Altar]); ANTONÍN SALAJKA, Der Aufenthalt des hl. Konstantin-Kyrill
    in Rom (867-869), in: Konstantin-Kyrill aus Thessalonike, hg.von A.
    Salajka; Würzburg 1969, 61-76, hier 73f.

96 Mit der Enzyklika „Egregiae virtutis" vom 31.12.1980. Voraufge-
    gangen war die Erklärung Benedikts zum Patron Europas durch Paul
    VI. im Jahre 1964. Ein weiteres Mal würdigte Johannes Paulus II. das
    Wirken Kyrills und Methods in der Enzyklika „Slavorum Apostoli"
    vom 2. Juli 1985; vgl. L'Osservatore Romano 15, 1985, Nr. 28, 5ff.
    (deutsche Ausgabe) mit weiteren Belegen.

Alfons Zettler

Die Slawenapostel Cyrill und Method
im Reichenauer Verbrüderungsbuch

Namen finden sich in vielen liturgischen Büchern des früheren Mittelalters. Ihre Aufzeichnung neben und zwischen den heiligen Texten von Sakramentaren und Evangeliaren beispielsweise diente dem Gedenken und der Vergegenwärtigung der entsprechenden Personen z.B. während der hl. Messe beim Memento Domine.[1] Gelegentlich sahen sich die Mönche jener Epoche, da die Slawenlehrer Cyrill und Method wirkten, sogar veranlaßt, eigene Bücher zur Aufzeichnung der zahlreichen Personen anzulegen, die in das liturgische Gedenken eingeschlossen werden sollten. Die schriftliche Fixierung der zu kommemorierenden Personen, deren Namen ursprünglich während der Meßfeier aufgerufen wurden, erwies sich besonders in großen und weithin bekannten Klöstern spätestens dann als notwendig, wenn das menschliche Gedächtnis der Überfülle von Namen nicht mehr Herr werden konnte. Nur noch ein Gedenk- oder Verbrüderungsbuch, wie man solche Codices zu nennen pflegt, vermochte dann ein ordnungsgemäßes Procedere zu gewährleisten und den Strom der Namen in geordnete Bahnen zu lenken. Solche Bücher, die im früheren Mittelalter auch *libri vitae* hießen, weil sich mit ihnen die Vorstellung vom himmlischen Buch des Lebens verband, in welchem die Namen derer geschrieben standen, denen das ewige Leben bestimmt war, können ebenfalls als liturgische Bücher gelten. Ihr Aufbewahrungsort war der Altar, und die hier verzeichneten Namen vermochten nach der Auffassung jener Zeit die entsprechenden Personen während der liturgischen Handlungen zu „vergegenwärtigen". Besonders gut veranschaulichen dies steinerne Altarmensen, auf die gelegentlich selbst Namen geschrieben worden sind, z.B. die Altarplatte von Reichenau-Niederzell, die mehrere hundert Namen aus dem 10. bis 12. Jahrhundert trägt.[2] Die mit Tinte oder als Ritzung in den Stein aufgebrachten Schriftzüge waren für alle Zeit unlösbar verbunden mit der Liturgie und garantierten so die immer wieder neu zu vollziehende Vergegenwärtigung der eingetragenen Personen während der Meßfeier.

Regelrechte Verbrüderungsbücher, die nur oder ganz überwiegend Personennamen in einer sinnvollen, planmäßigen Ordnung, jedenfalls der ursprünglichen Konzeption zufolge, enthalten sollten, sind uns beispielsweise aus den Klöstern St. Peter in Salzburg mit rund 8000 Namen,[3] St. Gallen in der Ostschweiz – Fragmente zweier Verbrüderungsbücher mit rund 14000 erhaltenen Namen[4] – und schließlich von der Insel Reichenau im Bodensee überliefert.[5]

Wenn wir uns nun den Namenzügen der Slawenapostel Cyrill und Method im umfangreichsten der genannten Bücher, dem mit rund 38000 Namen gefüllten Reichenauer Codex zuwenden wollen, so ist es wichtig, daß wir uns der Funktion dieser Aufzeichnungen im frühen Mittelalter bewußt bleiben. Die dienten nicht der historischen Erinnerung, wie etwa Annalen oder Chroniken, sind nicht Geschichtsschreibung im engeren Sinne, können für uns heute jedoch ähnlich wie jene wichtige Quellen sein, wenn sie unter Beachtung ihres Wesens ausgewertet werden.[6]

Die Ansatzpunkte, die Verbrüderungsbucheinträge einer geschichtswissenschaftlichen Auswertung bieten, sind auf den ersten Blick eher dürftig. Denn meist handelt es sich ja um bloße Namengruppen ohne verbindenden und erläuternden Text. Daher bedarf es bei diesen Quellen in besonderer Weise neben der Lesung der Namen auch der Beobachtung des Eintragsortes und überhaupt aller formaler Handhaben, die das jeweilige Buch bereithält. Im Hinblick auf das Verständnis der Namengruppen um Methodius kommt es zunächst darauf an, den ursprünglichen Aufbau des Reichenauer Verbrüderungsbuches zu erkennen, zu verstehen, welcher Konzeption die Reichenauer Mönche folgten, die den Codex in den Jahren um 824/25 zuerst mit Namen füllten. Zu jener Zeit entschloß man sich im Inselkloster, umfangreiche Namenaufzeichnungen, die sich in den voraufgehenden Jahrzehnten angesammelt hatten, in die wohlüberlegte Ordnung eines Buches zu überführen.[7] Den ersten Rang und den breitesten Raum nehmen in dieser klaren Konzeption die Mönchslisten zahlreicher Klöster des Frankenreichs ein. Sie finden sich übersichtlich und mit vorgestellten Ordnungszahlen in einer Art Inhaltsangabe verzeichnet auf pag. 3 unmittelbar nach dem ursprünglich leeren Schmutz- oder Vorsatzblatt. Der Konvent der Reichenau selbst eröffnet, gegliedert nach lebenden und verstorbenen Mönchen, die lange Reihe von insgesamt fünfzig verbrüderten Klöstern. In ihr gibt sich eine grob geographisch geordnete Abfolge zu erkennen, die über das benachbarte, der Reichenau besonders eng verbundene Kloster St. Gallen zunächst über Rätien nach Italien führt, dann nach Bayern, über das mitteldeutsche Kloster Fulda nach Burgund und an den Rhein, schließlich nach Lothringen und in die Francia.[8]

Mit drei Blättern räumten die Reichenauer Mönche bei der Anlage des Buches ihrem eigenen Konvent den bedeutendsten Ort ganz zu Anfang des Klosterkreises ein. Die Seiten 4-5 waren zur Aufnahme der NOMINA UIUORUM FRATRUM INSULANENSIUM, der lebenden Reichenauer Brüder bestimmt, wie die Überschrift sagt, und den NOMINA DEFUNCTORUM FRATRUM INSOLANENSIUM, den Verstorbenen, blieben gar die vier Seiten 6-9 im Anschluß daran vorbehalten. Darauf folgt das seit 800 durch einen schriftlich fixierten Vertrag mit der Reichenau verbrüderte Nachbarkloster St. Gallen, für dessen Mönchslisten zwei Blätter, gleichfalls untergliedert nach Lebenden und Toten, vorgesehen wurden. Dies hob die andere bedeutende Bodenseeabtei von den folgenden Klöstern mit jeweils nur einem Blatt oder einer Seite ab und unterstreicht und spiegelt die in jeder Hinsicht überaus engen Verbindungen zwischen Reichenau und St. Gallen.

Auf die Listen klösterlicher Gemeinschaften folgen gemäß dem Inhaltsverzeichnis die Kleriker von Konstanz, Basel und Straßburg unter ihren Bischöfen. Das letzte Drittel des umfangreichen Buches schließlich widmeten die Reichenauer Mönche den Namen ihrer lebenden Freunde unter der Überschrift NOMINA AMICORUM UIUENTIUM mit 16 Seiten bzw. 21 Seiten den verstorbenen Wohltätern unter dem Titel NOMINA DEFUNCTORUM QUI PRESENS COENOBIUM SUA LARGITATE FUNDAUERUNT – wenig Raum im Vergleich zu den rund 80 Seiten einnehmenden Mönchs- und Klerikerlisten, die schließlich auch noch den für die Freunde vorgesehenen Platz überwuchern sollten.

Sowohl die lebenden amici wie auch die verstorbenen Wohltäter trug man ursprünglich getrennt nach Amt und Stand, nach Ordines, in die einzelnen Kolumnen dieser Seiten am Ende des Buches ein. So erscheint in der ersten Spalte das karolingische Königshaus, dem bei den Lebenden Kaiser Ludwig der Fromme voransteht. In der nächsten Kolumne folgen die befreundeten Bischöfe, an ihrer Spitze Ratold von Verona, dem das Inselkloster seinen späterhin bedeutendsten Reliquienschatz, Gebeine des hl. Evangelisten Markus verdankt, dann ein Bischof Adalhelm, dessen Sitz bislang unbekannt ist, der aber in der Vision des Reichenauer Mönches Wetti und somit auch für die Anlage des Verbrüderungsbuches eine Rolle spielte. Erst danach begegnet der in Sichtweite der Klosterinsel seines Amtes waltende Konstanzer Bischof Wolfleoz. Die dritte Spalte verzeichnet befreundete Äbte, die vierte Priester, die fünfte enthält Grafen usf.

Wie schon anklang, war die ursprüngliche Konzeption des Verbrüderungsbuches auf Fortführung der eingetragenen Listen angelegt.

Meist füllten daher die 824/25 eingeschriebenen Namenreihen nicht den gesamten Raum, der für sie laut Überschrift vorgesehen war. Aber es ist klar, daß eine stetige Aktualisierung der Listen aller im Codex aufgenommenen

Gemeinschaften und Ordines – falls sie denn je derart konsequent geplant gewesen wäre – kaum Aussicht auf Verwirklichung hatte. Eine kontinuierliche Ergänzung der jeweils neu zu den Konventen Gestoßenen, oder die kontinuierliche Tilgung aller Verstorbenen in den Mönchslisten hätte ein überaus aufwendiges, ja geradezu fest institutionalisiertes Übermittlungswesen zwischen den Verbrüderten über das gesamte Karolingerreich hinweg vorausgesetzt. Und es ist in diesem Zusammenhang auch von Interesse, daß eine Vielzahl von Mönchslisten schon bei der Anlage des Buches nicht mehr aktuell war. Nur in bescheidenem Maße konnten die Reichenauer Mönche die Fortschreibung des Codex von 824/25 tatsächlich leisten, während in der Folgezeit in großem Umfang Namen eingetragen wurden, die nichts mehr mit den Überschriften zu tun haben.

Es ist nicht erstaunlich, daß die weitere Buchführung gemäß der ursprünglichen Konzeption neben einigen Klöstern, mit denen die Reichenau besonders enge Kontakte pflegte, vor allem die Mönchslisten des Inselklosters selbst und die St. Gallens betraf, wo die Informationen unmittelbar zur Verfügung standen oder wegen der Nachbarschaft ungehindert fließen konnten.[9] So schrieben die Mönche in erster Linie die Lebendenverzeichnisse der beiden Bodenseeklöster fort, wo ja auch besonders viel Raum vorgesehen worden war. Im Vergleich mit Mönchslisten, welche Reichenau und St. Gallen an andere Klöster sandten, und mit den Verzeichnissen der Professen läßt sich zeigen, daß die Nomina viventium auf den Seiten 4/5 und 10/11 (NOMINA FRATRUM DE MONASTERIO SANCTI GALLI CONFESSORIS) bis gegen Ende des 9. Jahrhunderts einigermaßen vollständig mit den Namen der neuen Mönche, der Professen, ergänzt wurden. Den Totenlisten der Reichenau und St. Gallens pag. 6-9 bzw. 12-13 hingegen schenkte man weniger Aufmerksamkeit; die Namen der verstorbenen Konventualen fanden vielmehr ebenfalls fast vollständig Aufnahme in ein gesondertes Totenbuch, in das Reichenauer Nekrolog. Wie geschah nun die Fortführung der Lebendenlisten im einzelnen?

Als Grundstock wurde im Spätjahr 824 oder bald darauf eine Liste des gesamten Reichenauer Konvents unter dem Abt Erlebald eingeschrieben. Sie beanspruchte drei der vier Kolumnen auf pag. 4. In der Folgezeit füllten verschiedene Schreiber zunächst die vierte Spalte, dann auch die nächste Seite mit kleinen Gruppen neuer Reichenauer Mönche, so daß die Erlebald-Liste stets auf aktuellem Stand blieb, allerdings nur am Schluß. Denn die mittlerweile verstorbenen älteren Mönche blieben stehen, man tilgte sie nicht. Ergänzungen dürften anfänglich wohl immer dann vorgenommen worden sein, wenn einzelne Personen oder kleine Gruppen Profeß ablegten und als Mönche in den Inselkonvent aufgenommen wurden. Anhand des Vergleichs aller überlieferten Reichenauer Mönchslisten läßt sich ermitteln, daß die Nachträge bis in die zweite Kolumne von Seite 5 in chronologischer Folge und vollständig erfolgten. Dann beginnen die Professengruppen zu springen, um schließlich im letzten Drittel des 9. Jahrhunderts wahllos über die Seite verstreut und an den Rändern Platz zu finden. Der ursprünglich vorgesehene Raum war nun, über ein halbes Jahrhundert nach der Anlage des Buches, überfüllt.

Unter die Professen des Inselklosters mischten sich schon bald nach der Anfertigung des Codex gelegentlich Personen, die den Reichenauer Mönchen besonders nahestanden. So fand beispielsweise der Oberkanzler und Kapellan Ludwigs des Deutschen (*Grimaldus Capellanus*) Platz auf Seite 4 unmittelbar unter der ersten Mönchskolumne der Erlebald-Liste. Grimald stand in Verwandtschaft mit dem Reichenauer Mönch, Lehrer und Visionär Wetti, dessen Visionsbericht von 824 der Inselmönch und spätere Abt Walahfrid in Verse faßte und eben jenem Grimald widmete. 842 erhob Ludwig Grimald zum Abt des Nachbarklosters St. Gallen.[10] Vielleicht wurde Grimald der Vorzug zuteil, sich hier selbst unter den Reichenauer Mönchen notieren zu dürfen; dies gilt jedenfalls für die königlichen Kanzleibeamten Hirminmar und wohl auch Ratleich, die ihre Namenszüge inmitten der Professengrüppchen Seite 5B1 und 5B2 plazierten: *Hirminmaris vocor fratribus fidelissimus* und *Ratleich*.[11] Gleich neben Grimald findet sich unter der zweiten Kolumne der Erlebald-Liste *Keilo*, zwischen den Professen pag. 5 C3 *Sigibertus medicus* – das sind die Namen von ärztlichen Betreuern der Reichenauer Mönche, die selbst nicht dem Konvent angehörten.[12] Während des Abbatiats Walahfrids (838/42-849) wurde sogar eine Gruppe bayerischer Bischöfe mit Gefolge, darunter Erzbischof Liubram von Salzburg, in der letzten Kolumne pag. 5 C2/3 eingetragen,[13] in einer Spalte freilich, wo zur Zeit ihrer Einschreibung noch keine Reichenauer Professen standen.

So wuchs die Liste der Reichenauer Mönche auf den Seiten 4 und 5 im mittleren 9. Jahrhundert beständig, während ihr ursprünglicher Kopf, die 824/25 eingetragene Konventsliste des Abtes Erlebald, keine Veränderungen erfuhr, also nicht etwa durch Tilgung der mittlerweile Verstorbenen aktualisiert wurde, wofür es anderswo Beispiele gibt.[14] Auch die Namen des Abtes Erlebald und seines Vorgängers, des Abtbischofs Heito, blieben über deren Tod hinaus unverändert an der Spitze der Reichenauer Mönche stehen. Insofern entsprechen die Fortführungen der Reichenauer und St. Galler Lebendenliste im Verbrüderungsbuch den eigentlichen Profeßaufzeichnungen beider Klöster, nämlich der abschriftlich aus dem 10. Jahrhundert erhaltenen Reichenauer Professenliste, angelegt unter dem genannten Abtbischof Heito (806-822/23), bzw. dem noch im Original erhaltenen, um 800 zusammengestellten St. Gallener Gelübde- oder Profeßbuch.[15] Man kann also im Blick auf die ursprüngliche Konzeption dieser Listen im Verbrüderungsbuch und ebenso angesichts der Fortführungspraxis sagen, die Reichenauer Seiten 4-9 blieben in dem Sinne ein exklusiver Ort, als Außenstehende nur in seltenen Fällen dort Eingang fanden, Nichtkonventualen nur gelegentlich dann hier eingetragen wurden, wenn sie in engste Beziehungen zum Inselkonvent traten. Bei den oben genannten Personen, denen ein solcher Vorzug gewährt wurde, liegt es auch in allen Fällen nahe, daß die Namen anläßlich ihrer Gegenwart in Reichenau aufgenommen wurden, bzw. daß sie sich selbst

eintragen konnten. An diesem exklusiven Ort pag. 4-6 nun findet sich der lateinische Methodius-Eintrag, pag. 4 A1 der Name Methodius an der Spitze der Erlebald-Liste, unmittelbar neben Abtbischof Heito (Abb. 1), pag. 5 D4/5 desweiteren sechs Namen, die bereits Konrad Beyerle als fremdartig aufgefallen waren (Abb. 2),[16] schließlich pag. 6 B1 der Name Kyrilos (Abb. 3). Sie stammen alle von derselben Hand und entsprechen dem Namengut nach außerdem einem anderen bemerkenswerten Eintrag im Reichenauer Verbrüderungsbuch auf der Seite 53 D4/5, der seinerseits deshalb auffällt, weil er der einzige des gesamten Codex in geübter, rein griechischer Schrift ist (Abb. 4).[17] Im folgenden sind die Entsprechungen hervorgehoben:

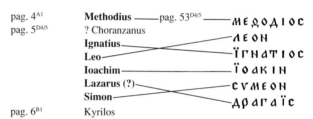

pag. 4^A1
pag. 5^D4/5

Daß hier beidemale ein großteils identischer Personenkreis ins Verbrüderungsbuch eingeschrieben wurde, kann kaum Zweifeln unterliegen. Eine Interpretation der Methodius-Einträge dürfte daher nur unter Berücksichtigung beider Namengruppen gelingen. Solange der Namenszug Methodius auf Seite 4 nicht als Element einer von dem gleichen Schreiber eingetragenen Namengruppe erkannt war, blieb sein Bezug auf eine bestimmte historische Persönlichkeit offen und disputabel; ebensowenig war sicher zu entscheiden, ob Methodius pag. 4 dieselbe Person bezeichnet wie ΜΕΘΟΔΙΟC pag. 53.[18] Erst die Berücksichtigung sowohl der Namen auf den Reichenauer Blättern des Verbrüderungsbuches wie der griechischen Namenszüge führt auf den rechten Weg zu ihrer historischen Deutung.

Drei Namen bezeichnen Personen aus dem engsten Umkreis des Slawenlehrers Methodius aus Thessaloniki. Konstan-

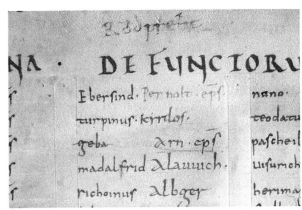

HATHO archi eps. Herigerar...

NOMINA Gebehaft eps ...

decan	Erlebaldus abba...	S igifrid
ptbr	... eps methodius	S abiso
rih	Theganbar prb.	Tuto claudus
art can	uolam prb	R an auuc prb
	S igibestus prb	O tfrid prb
	Richram prb	v ualdker
	B elamar prb	Tatto pr

DE FUNCTORU

Ebersind ... eps		nano
turpinus	kirilof	teodat
geba	arn eps	pascheil
madalfrid	Alauuich	uisurich
richoinus	Albger	herima

erih ram ... eps
kero Heribr henbreht
freuuirat adalhelm
into nuezinbreht pr
amalunc choranzanus
meganhar liutgart Alauun
... abbar liutgart lantolt
kisalbreht ignatius
engilbreht leo ba banhart
beprauic uto hitibold
salomon iarchin
bonefatius Lazarus ribelf
airolt ualdger
gaganhaft
perreht sinon
meganhaft uanlo maro
Tagobreht luit pr

lanbold bernoicus Otto
uolfkanc ilebaldus
autmundus Gebehaft
arleart Erhart
ermenerius heidenrih
ΜΕΘΑΛΟC Megineoh
ΑCΟΝ
ΙΓΝΑΤΙΟC
ΙΩΑΙCΙΝ
CΥΝΕΟΝ
ΑΓΑΓΑΙC
eberhart

tin, sein Bruder, der 869 in Rom wenige Wochen vor seinem Tode den Namen Cyrill angenommen hatte, erscheint im Verbrüderungsbuch auf den Blättern, welche den verstorbenen Reichenauer Konventualen bestimmt waren, als Kyrilos, Gorazd, Methods Nachfolger im Bischofsamt, auf der Seite 5 inmitten der Reichenauer Professen als Choranzanus.[19] Zum dritten begegnet ein Lazarus sowohl in der lateinischen Methodiusgruppe als auch in einem Schreiben Papst Johannes' VIII. aus dem unmittelbaren Zusammenhang der Causa Methodii 869-873.

Lazarus wird im Papstbrief als Mönch bezeichnet, und aus dem Zusammenhang geht hervor, daß er offenbar als Begleiter des byzantinischen Slawenmissionars von dessen gewaltsamer Verdrängung und Festsetzung 869/70 mitbetroffen war.[20] Im griechischen Eintrag schließlich begegnet der slawische Name ΔΡΑΓΑΙϹ.[21] Mit an Sicherheit grenzender Wahrscheinlichkeit geben sich somit die Reichenauer Einträge des Methodius/ΜΕΘΟΔΙΟϹ als solche des Slawenlehrers Method zu erkennen.

Die Eintragsorte und der Personenbestand beider Methodiusgruppen bieten auch Handhaben zur Beantwortung der Frage, wann und aus welchem Anlaß die Namen ins Verbrüderungsbuch geschrieben wurden. Während auf der Seite 53, einem nicht besonders hervorgehobenen Ort unter der Mönchsliste des Vogesenklosters Luxeuil, ein Schreiber aus der Graecia, vermutlich einer aus dem Kreise der Verzeichneten tätig war, stammen die Namen pag. 4-6 wohl von der Hand eines Reichenauer Mönches. Im einen Fall muß man also an einen Präsenzeintrag der Methodiusgruppe denken, im anderen Fall deutet der hervorgehobene Ort ebenfalls auf die Gegenwart einer oder mehrerer genannter Personen in Reichenau zum Zeitpunkt des Einschreibens.

Der nicht vollständig übereinstimmende Personenkreis beider Methodiusgruppen weist ferner darauf hin, daß die Einschreibung zu verschiedenen Zeitpunkten geschah.

Der lateinische Eintrag zeigt eine auffällige und bemerkenswerte Dreigliederung, die sich deutlich an der ursprünglichen Konzeption der Reichenauer Blätter pag. 4-9 orientiert, während der griechische eine kompakte Einheit bildet. Cyrill und Method sind als Häupter der achtköpfigen Personengruppe an hervorgehobenen Stellen plaziert, Methodius neben den Klosteroberen an der Spitze der Erlebald-Liste, unmittelbar neben Abtbischof Heito, wo 824/25 bei der Anlage des Buches unbeabsichtigt eine Lücke geblieben war,[22] Kyrilos in der Kolumne neben dem Diptychon verstorbener Reichenauer Äbte, das der Totenliste der Mönche pag. 6 voraufgeht. Die übrigen Namen der Gruppe fanden Platz zwischen den Reichenauer Professen pag. 5. Die genauere Betrachtung dieser dreigegliederten Placierung mag weiter veranschaulichen, daß sie mit Bedacht gewählt worden ist und deshalb auch im einzelnen interpretiert werden darf.

Bevor in späteren Jahrhunderten allerlei Namen auch die Ränder der Reichenauer Seiten überwucherten und die Bräuche der Karolingerzeit längst vergessen waren, gelangten an die Spitze der Reichenauer Listen nur wenige Namen, nämlich pag. 4 neben bzw. über Erlebaldus abba - Heito eps. lediglich Gebehart eps. (4B1) und Hatho archiseps. mit fünf weiteren Namen. Der Reichenauer Abt und Mainzer Erzbischof Hatto (888/891-913)[23] wurde hier erst Jahrzehnte nach Methodius und Gebehart eps. eingeschrieben. Über letzteren, den Konstanzer Bischof (873-875 ?), weiß aber die Reichenauer Markusgeschichte zu berichten, er habe sich öfters im Inselkloster aufgehalten, und bei einer solchen Gelegenheit sei ihm der hl. Evangelist, dessen Gebeine bis dahin unter anderm Namen in der Klosterkirche ruhten, erschienen.[24] Der Heilige offenbarte dem unter den Reichenauer Mönchen weilenden Bischof seinen wirklichen Namen und beauftragte ihn, seine Vision dem Abt zu melden. Gebhard verstarb kurze Zeit nachdem er diesem Auftrag nach anfänglichem Zögern nachgekommen war. In der fraglichen Zeit, als Methodius zu den Reichenauer Würdenträgern an der Spitze der Erlebald-Liste geschrieben wurde, erlangte eine solche Ehre also nur ein anderer Würdenträger, der Konstanzer Bischof Gebhard, dessen Verbindungen zum und Verdienste um das Kloster offenkundig sind.

Die übrigen Namen der lateinischen Methodiusgruppe finden sich zwischen Reichenauer Professen pag. 5, welche nach dem Zeugnis der Konventsliste Abt Ruados (871-888) im Pfäferser Gedenkbuch während der frühen 70er Jahre ins Inselkloster eingetreten waren.[25] Daraus und aus dem Eintrag Cyrills als bereits Verstorbenem ergeben sich wichtige Anhaltspunkte für den Zeitpunkt der Einschreibung. Am 14. Februar 869 war der Bruder Methods in Rom verstorben, bevor sein Name unter den Nomina defunctorum Seite 6 des Verbrüderungsbuches an ähnlich hervorgehobener Stelle wie Methodius, nur bei den Toten eben, placiert wurde, und zwar unmittelbar unter dem Reichenauer Mönch und Straßburger Bischof Bernold (+832/40),[26] der ohne Zweifel deshalb hier eingetragen steht, weil er ursprünglich Reichenauer Konventuale war **und** dann auswärts zur Bischofswürde aufgestiegen ist.

Demgegenüber ist, wie gesagt, die griechische Methodiusgruppe pag. 53 als Präsenzeintrag an einem nicht weiter auffälligen Ort im Verbrüderungsbuch anzusprechen. Sie läßt sich beispielsweise vergleichen mit den etwas späteren Eintragungen von Pilgern und Besuchern des Inselklosters, über deren Besuch ebenfalls die Reichenauer Wundergeschichten, insbesondere die Miracula s. Marci berichten. Ich nenne hier die Namenszüge des griechischen Bischofs Konstantinos,[27] des Griechen Symeon[28] und des Venezianers Philipp.[29]

Die Abfolge der Namen in den beiden Methodiusgruppen gibt schließlich noch einen weiteren Hinweis. Übereinstimmend nennen sie eine Kerngruppe von vier, möglicherweise fünf Gefährten des Methodius, offenbar gegliedert in zwei Gruppen. Ignatius - Leo - Ioachim des lateinischen Eintrags entsprechen ΛΕΟΝ ΙΓΝΑΤΙΟC ΙΟΑΚΙΝ und die gleichen Personen sind wohl jeweils auch genannt in den abschließenden Namenpaaren Lazarus - Simon bzw. CYMEON ΔΡΑΓΑΙC. Nun berichtet die noch unter den Augen Methods[30] verfaßte Vita seines Bruders Konstantin-Cyrill, während des Romaufenthalts der Missionäre 867-869 hätten ihre – namentlich leider nicht genannten – Schüler auf Anordnung des Papstes Weihen empfan-

gen.[31] Die Vita Methodii präzisiert, drei seien zu Priestern, zwei andere zu Diakonen geweiht worden.[32] So darf man wahrscheinlich diese Schüler der Thessaloniker Brüder in den Einträgen erkennen. An der Spitze stünde dann jeweils der Priester und Bischof Methodius,[33] im lateinischen Eintrag gefolgt von demjenigen seiner Anhänger, der sein Nachfolger werden sollte, dann in beiden Einträgen zunächst von den Priestern, schließlich von den Lektoren. Diese gewissermaßen hierarchische Anordnung entspräche einem vielfach zu beobachtenden Brauch, nämlich gemäß den Weihegraden der verzeichneten Personen.[34]

Choranzanus an der Spitze der Methodius-Gefährten pag. 5 hat kein Pendant im griechischen Eintrag auf Seite 53. Der Name läßt zunächst deswegen aufhorchen, weil er nach Karantanien weist. Gorasd - Carastus - Cacatius hieß ein Sohn des Karantanenherzogs Boruth im 8. Jahrhundert, und im um 784 angelegten Verbrüderungsbuch des Klosters St. Peter in Salzburg, von wo die Karantanenmission ihren Ausgang nahm, finden sich mehr oder weniger latinisierte Formen wohl eben dieses Namens im Anlagebestand des Ordo verstorbener Laien[35] – Coranzan, Coranzanis, Coranzanus –, ferner unter den Nachträgen wenig späterer Zeit (Coranzan).[36] Während die sonstigen Namen um Methodius im Reichenauer Verbrüderungsbuch überwiegend in den byzantinischen Kulturkreis weisen und wenigstens einer von ihnen slawisch zu sein scheint (ΔΡΑ−ΓΑΙC), darf man deshalb in Gorazd-Choranzanus, dem Nachfolger Methods als Bischof bei den Mährern, einen Geistlichen aus dem karantanischen Missionsgebiet vermuten.[37]

Die Lebensbeschreibung des hl. Methodius weiß lediglich zu berichten, der Bischof habe seinen zuverlässigen, berühmten Schüler Gorazd[38] zum Nachfolger bestimmt und diesen dem Kirchenvolk mit den Worten präsentiert: ‚Das ist ein freier Mann eures Landes, gelehrt in den lateinischen Büchern und rechtgläubig.‘[39] Wir können zwar nicht wissen, ob Gorazd schon zu jenen Schülern der Thessaloniker Brüder zählte, welche diese der Vita Constantini und der Legenda Italica zufolge während ihrer ersten Mis-

133

sionsetappe auf Wunsch des Fürsten Rastislav ausgebildet hatten.[40] Doch auch die Methodiusvita erlaubt, wenn wir ihren Aussagen Glauben schenken dürfen, Gorazd als slawischen, sei es nun als mährischen oder karantanischen Geistlichen anzusehen, der wohl bereits vor seiner Begegnung mit den byzantinischen Missionaren eine lateinische, d.i. doch gewiß eine westlich-römisch geprägte kirchliche Ausbildung erfahren hatte. Daher wäre es auch nicht ganz abwegig, Gorazd mit der vormethodianischen Salzburger Mission im pannonischen und karantanischen Raum in Verbindung zu bringen, die durch Methods Wirken am Hofe des Fürsten Kozil in Bedrängnis geriet. Das jedenfalls beklagt die Conversio Bagoariorum et Carantanorum, das bekannte Weißbuch der Salzburger Kirche aus den Jahren 870/71. Der salzburgische Erzpriester Rihpald habe sich angesichts der Mission Methods veranlaßt gesehen, sein Wirken in der pannonischen Moosburg aufzugeben und nach Salzburg zurückzukehren.[41] Dort könnte Gorazd zu Methodius gestoßen sein.[42] Mit der von Salzburg vorangetriebenen Mission Pannoniens waren jedenfalls nicht nur bayerische-deutschsprachige Priester, sondern auch einheimisch-slawische Geistliche befaßt.[43]

Die beiden Methodius-Einträge im Reichenauer Verbrüderungsbuch verdienen – wie unsere Erwägungen gezeigt haben mögen – höchste Aufmerksamkeit und bedürfen ausführlicher Diskussion. Ihr Quellenwert wäre zu charakterisieren mit der Bemerkung, daß es sich um unmittelbare Zeugnisse von Methods Lebensweg und Wirken handelt. Der griechische Eintrag ist sogar als Selbstzeugnis des Slawenlehrers oder der aufgeführten Personen anzusprechen – Dokument einer Etappe der cyrillo-methodianischen Mission. Er gehört zu den seltenen Quellen solcher Qualität wie etwa das Exemplar der Dionysio-Hadriana mit slawischen Glossen München Clm 14008 aus St. Emmeram, das sich wohl im Besitz Methods befand,[44] während die Überlieferung zur byzantinischen Slawenmission sonst weitgehend aus dem Lager der fränkisch-bayerischen Kontrahenten Methods oder aus der Perspektive Roms stammt. Das Wesen der Gedenkbucheinträge

erfordert freilich behutsame Erschließung; sie wollen zum Sprechen gebracht sein, bevor sie – wie in diesem Falle – Beachtliches insbesondere zu den personen- und sozialgeschichtlichen Aspekten der cyrillo-methodianischen Mission beitragen können. Die Tatsache, daß sich gleich zwei Einträge des Slawenapostels im Verbrüderungsbuch des karolingischen Königsklosters Reichenau fernab vom Aktionsfeld der byzantinischen Missionare finden, mag auf den ersten Blick erstaunlich anmuten.[45]

Diese Tatsache führt zum letzten Problemkreis, der hier angesprochen werden soll: Wann und aus welchem Anlaß gewährten die Reichenauer Mönche dem Methodiuskreis die Möglichkeit, sich ins Verbrüderungsbuch einzutragen, bzw. wann nahmen sie die Missionare zwischen ihren eigenen Namenreihen pag. 4-6 in den Codex auf? Nach dem bisher Gesagten fallen die Einträge mit einiger Gewißheit in den zeitlichen Rahmen, der durch die Daten 14. Februar 869, den Todestag Cyrills,[46] und den 6. April 885, den Tod Methods,[47] gesteckt ist. Eine Reihe von Indizien, namentlich der Eintragsort des Choranzanus usf., die Erwähnung des Lazarus, die überlieferte Reisetätigkeit Methods, weisen desweiteren auf einen Zusammenhang der Namen im Verbrüderungsbuch mit den dramatischen Ereignissen um Methodius 869-873. Zum Schluß wäre deshalb eine knappe Skizze dieser Vorgänge angebracht.

Nach einem längeren Romaufenthalt der byzantinischen Missionare und langwierigen Verhandlungen mit dem Papst, über denen Cyrill Anfang 869 verstorben war, begab sich Methodius bekanntlich zu dem pannonischen Slawenfürsten Kozil. Dort wurde er – wie es in der Lebensbeschreibung heißt – mit großer Ehre aufgenommen, und der Fürst sandte ihn 'wieder zum apostolischen Vater und dazu noch zwanzig Männer von angesehener Herkunft, damit ihn der Papst für ihn zum Bischof von Pannonien weihe auf den Stuhl des heiligen Andronikos, eines Apostels von den siebzig. – Das geschah auch.'[48] Es geht hier um die vieldiskutierte und umstrittene zweite Romreise Methods, die so ungewiß – weil nur hier bezeugt – ist wie manche andere Station der cyrillo-methodianischen Mission in jenen Jahren auch. Wenig später jedenfalls geriet der Slawenlehrer in die Gewalt seiner bayerischen Konkurrenten im südöstlichen Missionsland, er fiel in die Hände der bayerischen Bischöfe.[49] Dies geschah im Rahmen eines politischen Umsturzes in der Slavia. Der Mährerfürst Svatopluk hatte sich Karlmann unterworfen und seinen Onkel Rastislav, der die Missionare aus Byzanz gerufen hatte, gefangengesetzt und ausgeliefert.[50] Methodius blieb seinerseits im Gewahrsam der Bischöfe bis zur Regensburger Synode im Spätjahr 870, wurde dann ins Exil nach Schwaben geschickt und dort zweieinhalb Jahre, vom Winter 870/71 bis Frühjahr 873 festgehalten. Der genaue Ort wird nicht genannt.[51]

Man wird die Frage eingehend prüfen müssen, ob und wie sich die Reichenauer Einträge im einzelnen zu den Ereignissen jener Jahre fügen. An anderem Ort habe ich vorgeschlagen, beim griechischen Methodius-Eintrag an die Romreise(n) des Slawenlehrers zu denken, in deren Verlauf er das Inselkloster berührt haben mag.[52] Das unklare Itinerar Methods erlaubt freilich keine genaueren Angaben. Eine noch engere Verbindung des Methodius, seines verstorbenen Bruders Konstantin-Cyrill und weiterer sechs Personen mit der Abtei Reichenau zeigt hingegen der lateinische Eintrag. Er gibt Zeugnis vom Einschluß der Slawenmissionare in das liturgische Gebetsdenken des karolingischen Königsklosters - und zwar in das Gebetsdenken der Konventualen, das nur wenigen Personen sonst zuteil wurde, die nicht auf der Insel Mönchsprofeß abgelegt hatten. Daher darf man die Vermutung äußern, dieser bemerkenswert auffällige Eintrag stehe im Zusammenhang mit Methods Exilierung 870/71 bis 873 in Schwaben.

ANMERKUNGEN

[1] Hierzu und zum folgenden nenne ich nur zwei Werke, die allg. über das Thema 'Memoria' orientieren und weiterführende Lit. bieten: Memoria. Der geschichtliche Zeugniswert des liturgischen Gedenkens im Mittelalter, hg. v. KARL SCHMID - JOACHIM WOLLASCH (Münstersche Mittelalter-Schriften 48, München 1984), und KARL SCHMID (Hrsg.), Gedächtnis, das Gemeinschaft stiftet. Mit Beiträgen von Joachim Wollasch - Arnold Angenendt - Karl Schmid - Otto Gerhard Oexle - Anton Hänggi (München/Zürich 1985).

[2] Die Altarplatte von Reichenau-Niederzell, hg. v. DIETER GEUENICH - RENATE NEUMÜLLERS-KLAUSER - KARL SCHMID (MGH Libri memoriales et Necrologia NS I, Supplementum, Hannover 1983).

[3] Unten Anm. 36.

[4] Subsidia Sangallensia I. Materialien und Untersuchungen zu den Verbrüderungsbüchern und zu den älteren Urkunden des Stiftsarchivs St. Gallen, hg. v. MICHAEL BORGOLTE - DIETER GEUENICH - KARL SCHMID (St. Galler Kultur und Geschichte 16, 1986) 81 ff.

[5] Das Verbrüderungsbuch der Abtei Reichenau (Einleitung, Register, Faksimile), hg. v. JOHANNE AUTENRIETH - DIETER GEUENICH - KARL SCHMID (MGH Libri memoriales et Necrologia NS I, Hannover 1979).

[6] Zuletzt KARL SCHMID, Das liturgische Gebetsgedenken in seiner historischen Relevanz am Beispiel der Verbrüderungsbewegung des früheren Mittelalters (Freiburger Diözesan-Archiv 99, 1979, 20-44; wiederabgedr. in: DERS., Gebetsgedenken und adliges Selbstverständnis im Mittelalter. Ausgewählte Beiträge. Festgabe zu seinem sechzigsten Geburtstag, Sigmaringen 1983) 620-644; ders., Zum Quellenwert der Verbrüderungsbücher von St. Gallen und Reichenau (Deutsches Archiv für Erforschung des Mittelalters 41, 1985) 345-389.

[7] KARL SCHMID, Bemerkungen zur Anlage des Reichenauer Verbrüderungsbuches. Zugleich ein Beitrag zum Verständnis der 'Visio Wettini'(Landesgeschichte und Geistesgeschichte. Fs. f. Otto Herding z. 65. Geburtstag, hg. v. KASPAR ELM - EBERHARD GÖNNER - EUGEN HILLEBRAND = Veröff. d. Komm. f. geschichtl. Landeskunde in Baden-Württemberg B 92, Stuttgart 1977), 24-41; wiederabgedr. in: KARL SCHMID, Gebetsgedenken und adliges Selbstverständnis (wie vorige Anm.) 514-531.

[8] Das Verbrüderungsbuch der Abtei Reichenau (wie Anm. 5) LX ff. mit Kartenskizze LXI, auch zum folgenden.

[9] Hierzu und zum folgenden künftig ROLAND RAPPMANN - ALFONS ZETTLER, Mönche, Konvent und Totengedenken der frühmittelalterlichen Reichenau, sowie meine Arbeit über 'Mönche und Konvent St. Gallens im frühen Mittelalter'.

[10] Vgl. jetzt DIETER GEUENICH, Beobachtungen zu Grimald von St. Gallen, Erzkapellan und Oberkanzler Ludwigs des Deutschen (Litterae medii aevi. Fs. f. Johanne Autenrieth, hg. v. MICHAEL BORGOLTE - HERRAD SPILLING, Sigmaringen 1988).

11 Vgl. hierzu die Bemerkungen von Konrad Beyerle, Das Reichenauer Verbrüderungsbuch als Quelle der Klostergeschichte (Die Kultur der Abtei Reichenau. Erinnerungsschrift zur zwölfhundertsten Wiederkehr des Gründungsjahres des Inselklosters 724-1924, hg. v. dems. (München 1925) 1151.

12 Vgl. Karl Preisendanz, Ärzte des Bodenseeklosters Reichenau im 9. Jahrhundert (Sozialhygienische Mitteilungen 9, 1925) 29f., wo die diesbezüglichen Verbrüderungsbucheinträge erstmals zusammengetragen und gedeutet werden, und Beyerle (wie vorige Anm.) mit entscheidenden Korrekturen, u.a. der Klarstellung, daß es sich nicht um Mönche handelt. - Der eben erwähnte Keilo pag. 4B5 ist mit großer Wahrscheinlichkeit der unter den Defuncti verzeichnete Geilo med(icus) pag. 7B1; sein Name erscheint zudem unter dem 15. Jan. in den Nekrologien, dazu künftig, Rappmann - Zettler (wie Anm. 9).

13 Vgl. wiederum Beyerle (wie Anm. 11).

14 Karl Schmid, Probleme der Erschließung des Salzburger Verbrüderungsbuches (Frühes Mönchtum in Salzburg, hg. v. Eberhard Zwink = Schriftenreihe des Landespressebüros, Serie 'Salzburg Diskussionen' Nr. 4, 1983) 177.

15 Reichenau: ebd. 1117 ff.; St. Gallen: Das Professbuch der Abtei St. Gallen. St. Gallen/Stifts-Archiv Cod. Class. 1.Cist.C.3.B.56. Phototypische Wiedergabe mit Einführung und einem Anhang von Paul M. Krieg (Codices liturgici II, Augsburg 1931).

16 Beyerle (wie Anm. 11) 1152 bezeichnet Choranzanus, Ignatius, Leo, Joachim und Lazarus pag. 5D4 als 'fremde Einträge', reiht sie gleichwohl z.T. in seine Mönchsliste des Inselklosters ein (1172 f. Nrn. 478, 483, 486, 492 = Leo, Joachim, Lazarus, Simon).

17 Zur Schrift F. V. Mareš, Die Namen des Slavenapostels Methodius von Saloniki und seiner Gefährten im Verbrüderungsbuch des Reichenauer Klosters (Cyrillomethodianum 1, Thessaloniki 1971) 107 ff.; Walter Berschin, Griechisch-lateinisches Mittelalter. Von Hieronymus zu Nikolaus von Kues (Bern - München 1980) 182; Heinz Löwe, Methodius im Reichenauer Verbrüderungsbuch (Deutsches Archiv für Erforschung des Mittelalters 38, 1982) 361.

18 Zur Deutung der bis dahin nur teilweise erfaßten Einträge vgl. die Übersicht bei Löwe (wie vorige Anm.) 341 ff. und in meinen Beiträgen ‚Cyrill und Method im Reichenauer Verbrüderungsbuch‘ (Frühmittelalterlicher Studien 17, 1983) 281 ff., und ‚Methodius in Reichenau. Bemerkungen zur Deutung und zum Quellenwert der Einträge im Reichenauer Verbrüderungsbuch' (Symposium Methodianum. Beiträge der Internationalen Tagung in Regensburg, 17. bis 24. April 1985, zum Gedenken an den 1100. Todestag des hl. Method, hg. v. Klaus Trost - Ekkehard Völkl - Erwin Wedel = Selecta Slavica 13, 1988) 267 ff. - Zuletzt war Löwe S. 358 f. für die Deutung der beiden Methodius/ ΜΕΘΟΔΙΟC pag. 4 und 53 des Verbrüderungsbuches auf möglicherweise verschiedene Persönlichkeiten eingetreten und schlug vor, den Methodius-Eintrag pag. 4A1 auf den Konstantinopolitaner Patriarchen Methodius (843-847) zu beziehen. - Vgl. jetzt übergreifend und unter methodischen Aspekten Schmid,

Zum Quellenwert (wie Anm. 6) 361 ff. und Dens., Das Zeugnis der Verbrüderungsbücher zur Slavenmission (Salzburg und die Slavenmission. Zum 1100. Todestag des hl. Methodius. Beiträge des internationalen Symposions vom 20. bis 22. September in Salzburg, hg. v. Heinz Dopsch = Mitteilungen der Gesellschaft für Salzburger Landeskunde 126, 1986) bes. 201 ff.

19 Auf diesen Namen hat zuerst Karl Schmid hingewiesen und darauf aufmerksam gemacht, daß er in die Diskussion um die Methodius-Einträge einbezogen werden muß, ob er nun paläographisch betrachtet zur Gruppe um Methodius gehört oder nicht: Schmid, Zum Quellenwert (wie Anm. 6) 367 f.

20 De percussoribus vero Lazari monachi vide, ut secundum apostolorum canones a vobis iudicium proferatur. MGH Epistolae Karolini aevi VII, S. 285 Nr. 21 = Magnae Moraviae Fontes historici 3, hg. v. D. Bartoňková u.a. (Brno 1969) S. 167 Nr. 49 (in der Anm. 21 wird dort der griechische Methodius-Eintrag pag. 53 des Verbrüderungsbuches zitiert). - In: meinem Aufsatz über Cyrill und Method (wie Anm. 18) 293 ff. habe ich mich ausführlich zu Lazarus geäußert und die Vermutung ausgesprochen, dieser für die Deutung der Reichenauer Methodius/Methodios-Einträge so wichtige Name könnte dieselbe Person unter dem griechischen Gruppe pag. 53 unter dem Namen Dragais erscheinen. Božidar Pejčev, 'Dragais' und die Frage des Aufenthalts Erzbischof Methods in Schwaben (Symposion Methodianum, wie Anm. 18) lehnt eine solche Gleichsetzung mit dem Hinweis ab, 'Dragais' sei kein Name, sondern ein griechisches Adjektiv, das der näheren Bezeichnung der voranstehenden Personen des Eintrags diene. Dagegen läßt sich freilich einwenden, daß sich eine solche Annahme allein auf sprachliche Indizien stützen könnte, nicht indessen auf Form und Inhalt des Eintrags und auch nicht auf die sonst geübte Praxis der Verbrüderungsbucheintragungen im 9. Jahrhundert. - Ich sehe mich in meiner Ansicht verstärkt durch den Diskussionsbeitrag von Prof. Dr. Evangelos Konstantinou zu vorliegendem Referat, der nochmals darauf hinwies, wie verbreitet damals die mutatio nominis in kirchlichen Kreisen der Graecia war. Prof. Dr. Phaedon Malingoudis, Thessaloniki, teilt mir mit Schreiben vom 3.11.1985 außerdem mit, die 'phonologische Gestalt des in griechischer Schrift überlieferten slavischen Personennamens [Dragais], zeigt eindeutig, daß es sich um einen slavischen Namensträger aus dem griechischen Raum gehandelt haben muß. Der Name läßt sich in Urkunden- sowie Namenmaterial aus dem griechischen Raum nachweisen.' Beiden Herren sei auch an diesem Ort für ihre freundlichen Bemühungen Dank gesagt. – Aus den folgenden Erörterungen ergibt sich, wie ich meine, daß mein Identifizierungsvorschlag nahtlos mit der historischen Deutung der beiden Einträge übereingeht.

21 So zuerst Mareš (wie Anm. 17) 109, der den Namen näherhin für südslawisch oder mährisch hält; vgl. ferner das vorige Anm. Gesagte.

22 Hierzu und zum folgenden vgl. die ausführliche Diskussion der Eintragsbefunde bei Zettler, Cyrill und Method (wie Anm. 18) 281

ff. und Schmid, Zum Quellenwert (wie Anm. 6) 361 ff. aufgrund der Autopsie des Verbrüderungsbuches in Zürich.

23 Er steht hier als bereits Verstorbener mit seinem Mainzer Nachfolger Heriger; vgl. meine Bemerkung, Zettler, Cyrill und Method (wie Anm. 18) 282 Anm. 7. - Zu Hatto III., der zweifellos zu den bedeutendsten Persönlichkeiten seiner Zeit zählt, als Reichenauer Abt Konrad Beyerle, Von der Gründung bis zum Ende des freiherrlichen Klosters, 724-1427 (Die Kultur der Abtei Reichenau, wie Anm. 11) 112/2 ff.; einen knappsten Überblick findet man jetzt aus der Feder von Ursula Begrich, Art. 'Reichenau' (Frühe Klöster: Die Benediktiner und Benediktinerinnen in der Schweiz, hg. v. Elsanne Gilomen-Schenkel, Zweiter Teil, Bern 1986 = Helvetia Sacra, Abt. III: Die Orden mit Benediktinerregel, Bd. 1/2) 1073.

24 ... cuidam pontifici Gebehardo. qui eodem tempore constantiensis ecclesiae regimen tenuit. beatus marcus in ea qua eum legimus fuisse forma in visione apparuit tali modo; Putabat enim se esse in eodem monasterio. Et cum voluisset ut ante consueverat per secretam claustri viam ambulare ad ecclesiam. occurrit ei quidam episcopus. preciosissima veste indutus; Ille ut eum vidit venientem, nimio timore perterritus. a cepti itineris gressu retraxit pedem. usque dum preteriret; Illo quoque preteruente atque in medio claustro consistente ... De miraculis et virtutibus beati marci evangeliste, cap. (9), hg. v. Theodor Klüppel, Reichenauer Hagiographie zwischen Walahfried und Berno. Mit einem Geleitwort von Walter Berschin (Sigmaringen 1978) 146. - Da Bischof Gebhard nur wenige Jahre sein Amt trug, ?873-?875, läßt sich diese Episode der Markusgeschichte und ebenso der Eintrag Gebhards im Verbrüderungsbuch wohl auf den genannten Zeitraum festlegen; zu Bischof Gebhard s. Regesta Episcoporum Constantiensium I, hg. v. Paul Ladewig - Theodor Müller (Innsbruck 1895) 21 (wo der Verbrüderungsbucheintrag jedoch keine Erwähnung findet); ferner Beyerle (wie vorige Anm.) 109; A. Manser - Ders., Aus dem liturgischen Leben der Reichenau (Die Kultur der Abtei Reichenau, wie Anm. 11) 358 ff., schließlich Klüppel S. 93 f. und 103 f., vgl. auch meine Bemerkungen Zettler, Methodius in Reichenau (wie Anm. 18).

25 Ausführlich Zettler, Cyrill und Method (wie Anm. 18) 286 ff.

26 Pernolt eps.: Das Verbrüderungsbuch der Abtei Reichenau (wie Anm. 5) Faksimile pag. 6B1; zu ihm die Regesten der Bischöfe von Straßburg 1, hg. v. Paul Wentzcke (Innsbruck 1908) 232 ff., bes. Nrn. 70 und 78; Beyerle (wie Anm. 24) 66; ders. (wie Anm. 11) 1116, 1153, ferner in der Reichenauer Mönchsliste S. 1165 Nr. 235; jetzt zu Bernolds Straßburger Episkopat Michael Borgolte, Die Geschichte der Grafengewalt im Elsaß von Dagobert I. bis Otto dem Großen (Zeitschrift für die Geschichte des Oberrheins 131, 1983) 25 ff.; zur Herkunft Bernolds Gerd Althoff, Der Sachsenherzog Widukind als Mönch auf der Reichenau. Ein Beitrag zur Kritik des Widukind-Mythos (Frühmittelalterliche Studien 17, 1983) 266 mit Anm. 62 f., sowie Zettler, Cyrill und Method (wie Anm. 18) 288 f. mit Anm. 38.

27 Das Verbrüderungsbuch der Abtei Reichenau (wie Anm. 5) Faksimile pag. 83 DX2: KOCTANTINOC; De miraculis et virtutibus beati marci evangelistae, cap. (13) (wie Anm. 24) 148: ... venit de graecia quidam episcopus nomine constantinus ...; vgl. dazu Manser - Beyerle (wie Anm. 24) 359, Klüppel (wie Anm. 24) 100 mit Anm. 362.

28 Das Verbrüderungsbuch der Abtei Reichenau (wie Anm. 5) Faksimile pag. 3DX3: Symhon; De miraculis et virtutibus beati marci evangelistae, cap. (12) (wie Anm. 24) 148: Contingit ut duo fratres de ierosolyma pergentes. quondam ad nostrum devenere monasterium. qui dicunt pene omnia circuire maritima loca; Unus erat de graecia. alter de uenetia. prior fuit symeon nuncupatus. posterior philippus: Hi vero dum nostrum visitarent monasterium. cupiebant se nostro adiungere consortio: Quod sicut petierunt. ita impleverunt. Dazu Manser - Beyerle (wie Anm. 24) 376; ferner Klüppel (wie Anm. 24) 136f.

29 Das Verbrüderungsbuch der Abtei Reichenau (wie Anm. 5) Faksimile pag. 83A5: p- bzw. philipp (zwei aufgegebenen Ansätze des Schreibers, der dann seine Versuche wieder aufnahm auf) pag. 86AD4 philippus. oscani. uitalis. eugenia. uitalis. florianus. iohannes. marinus. Die Namen bezeugen romanische, wohl italienische Herkunft der hier eingetragenen Personen, den Miracula s. Marci zufolge stammte der Pilger Philipp aus Venezien/Venedig (de uenetia); daß philippus die Spitze der Gruppe bildet, ergibt sich unter anderem aus den aufgegebenen Versuchen pag. 83A5.

30 So Heinz Löwe, Cyrill und Methodius zwischen Byzanz und Rom (Gli slavi occidentali e meridionali nell'alto medioevo. Settimane di studio del Centro italiano di studi sull'alto medioevo 30, Spoleto 1983) 632 f.

31 Die Vita Constantini, cap. 17, weiß von der Weihe 'slawischer' Schüler Cyrills und Methods durch die Bischöfe Formosus und Gauderich zu berichten; vgl die Übertragung von Josef Bujnoch, Zwischen Rom und Byzanz (Slawische Geschichtsschreiber 1, Graz - Wien - Köln 2. Aufl. 1972) 102: 'Darauf befahl der Papst zwei Bischöfen, Formosus und Gondrichus, die slavischen Schüler zu weihen.'

32 Vita Methodii, cap. 6 (übertragen v. Bujnoch, wie vorige Anm., S. 115) erwähnt zunächst die Weihe Methods zum 'Priester'; dann heißt es: 'Und einem Bischof ... gab er den Auftrag, und dieser weihte von den slavischen Schülern drei zu Priester n und zwei zu Lektoren'. Vgl. auch die Übertragung von Joseph Schütz, Die Lehrer der Slawen: Kyrill und Method. Die Lebensbeschreibungen zweier Missionare (St. Ottilien 1985) 93, sowie von Ivan Duichev - Spass Nikolov, Kiril and Methodius: Founders of Slavonic Writing. A Collection of Sources and Critical Studies (East European Monographs 172, New York 1985) 86. - Danach ist mein Irrtum (Zettler, Cyrill und Method, wie Anm. 18, 292 Anm. 55) zu berichten. - Zur Sache Franz Grivec, Konstantin und Method. Lehrer der Slaven (Wiesbaden 1960) 78; Löwe (wie Anm. 30) 657. - In der Quellensammlung Magnae Moraviae Fontes Historici (5 Bde. = Opera Universitatis Purkynianae Brunensis. Facultas philosophica 104, 118, 134, 156,

206, Brno 1966-76) Bd. 2, S. 146 Anm. 8 und 9 werden die Weihen kommentarlos auf Gorazd, Kliment und Naum ('Priester') sowie Angelarij und Sava ('Diakone') bezogen, also auf die nach dem Tode Methods nach Bulgarien versprengten Schüler des Missionars; cap. 12, übertragen von BUJNOCH (wie Anm. 31) 160 f. Dazu zuletzt ausführlich Dimiter ANGELOV, Method und das Werk seiner Nachfolger in Bulgarien (Symposium Methodianum, wie Anm. 18). In der Diskussion meines vorliegenden Beitrags nahm Herr Prof. Dr. D. Angelov, Sofia, Stellung zu dieser Problematik und gab der Meinung Ausdruck, die bulgarische Legende von den 'heiligen Sieben', also Cyrill und Method mit den genannten fünf Schülern, müsse nicht, wie dies herkömmlich oft geschah, auf die in der Methodiusvita bezeugten fünf slawischen Schüler bezogen werden, die zu Rom Weihen empfangen hatten.

33 Zur Weihe Methods in Rom s. vorige Anm.; vgl. LÖWE (wie Anm. 30) 657 mit Anm. 111. - Zum Problem der Bischofsweihe, deren Zeitpunkt und Charakter umstritten sind, beispielsweise FRANCIS DVORNIK, Byzantine Missions among the Slavs (New Jersey 1970) 147 ff.; ARNOLD ANGENENDT, Kaiserherrschaft und Königstaufe. Kaiser, Könige und Päpste als geistliche Patrone in der abendländischen Missionsgeschichte (Arbeiten zur Frühmittelalterforschung 15, Berlin - New York 1984) 242; GERHARD BIRKFELLNER, Methodius Archiepiscopus Moraviae Superioris (im vorl. Bd.).

34 Hierzu allg. KARL SCHMID, Mönchslisten und Klosterkonvent von Fulda zur Zeit der Karolinger (ders., Hrsg., Die Klostergemeinschaft von Fulda im früheren Mittelalter = Münstersche Mittelalter-Schriften 8, München 1978) Bd. 2/2, S. 598; OTTO GERHARD OEXLE, Mönchslisten und Konvent von Fulda im 10. Jahrhundert, ebd. 642 mit Anm. 8.

35 Darauf wies zuerst SCHMID, Zum Quellenwert (wie Anm. 6) 367 f. hin; vgl. DENS., Das Zeugnis der Verbrüderungsbücher (wie Anm. 18) 202 f., ferner ZETTLER, Methodius in Reichenau (wie Anm. 18).

36 Das Verbrüderungsbuch von St. Peter in Salzburg. Vollständige Faksimile-Ausgabe im Originalformat der Handschrift A 1 aus dem Archiv von St. Peter in Salzburg, hg. v. KARL FORSTNER (Codices Selecti 51, Graz 1974) Faksimile pag. 22Ab, 22Cd, 22Fd, 15Cc; vgl. SCHMID, Zum Quellenwert (wie Anm. 6) 368 mit Anm. 84. - Zum Salzburger Verbrüderungsbuch allg. SCHMID, Probleme (wie Anm. 14) 175 ff.

37 Allg. zur Karantanenmission HERWIG WOLFRAM, Conversio Bagoariorum et Carantanorum. Das Weißbuch der Salzburger Kirche über die erfolgreiche Mission in Karantanien und Pannonien (Wien - Köln - Graz 1979); HANS-DIETRICH KAHL, Virgil und die Salzburger Slawenmission (Virgil von Salzburg. Missionar und Gelehrter. Beiträge des internationalen Symposiums vom 21. - 24. Sept. 1984 in der Salzburger Residenz, hg. v. Heinz Dopsch - Roswitha Juffinger, Salzburg 1985) 112-121, künftig das ebd. Anm. 1 angekündigte Werk dess.

38 So die Übertragung der Angaben im cap. 17 der Methodiusvita von BUJNOCH (wie Anm. 31) 124, bzw. SCHÜTZ (wie Anm. 32) 104;

vgl auch die Übertragung von DUICHEV - NIKOLOV (wie Anm. 32) 91: '... one of his well-known disciples named Gorazd ...'.

39 In der Übertragung von SCHÜTZ (wie Anm. 32) 104. - Dies ergänzt die Klemensvita, cap. 12 (BUJNOCH, wie Anm. 31, 160) mit der Angabe, Gorazd stamme aus Mähren und sei in beiden Sprachen, der slawischen und der griechischen, vollkommen gewesen.

40 Vita Constantini, cap. 15 (Magnae Moraviae Fontes Historici, wie Anm. 32, Bd. 2, S. 101 f.); Vita Constantini-Cyrilli cum translatione s. Clementis, cap. 7 (ebd. S. 128); vgl. LÖWE (wie Anm. 30) 659 ff.

41 Conversio Bagoariorum et Carantanorum, cap. 12 (hg. v. WOLFRAM, wie Anm. 37, S. 56 f., dazu S. 138 f.); vgl. LÖWE (wie Anm. 30) 663 ff.

42 Vgl. schon die Bemerkungen von BUJNOCH (wie Anm. 31) S. 230 f. Anm. 84.

43 Die Salzburger Mission am pannonischen Fürstenhof wurde offenbar nicht nur von bayerischen, sondern auch von einheimisch-slawischen, vielleicht karantanischen Priestern getragen, wie beispielsweise die Entsendung des Oberpriesters Swarnagal an den Hof Pribinas zeigt; hierzu die Conversio Bagoariorum et Carantanorum, cap. 12 (hg. v. WOLFRAM, wie Anm. 37, S. 54 f. und 137 f.); vgl. Franz ZAGIBA, Das Geistesleben der Slaven im frühen Mittelalter. Die Anfänge des slawischen Schrifttums auf dem Gebiete des östlichen Mitteleuropa vom 8. - 10 Jahrhundert (Wien - Köln - Graz 1971) 61 ff.; HEINZ DOPSCH, St. Peter als Zentrum der Slawenmission (Das älteste Kloster im deutschen Sprachraum: St. Peter in Salzburg. 3. Landesausstellung, 15. Mai bis 26. Okt. 1982, Salzburg 1982) 63 f. - In diesem Zusammenhang dürfte auch die Liste der Nomina presbyterorum de Carantana unter einem Bischof Osbald im Reichenauer Verbrüderungsbuch von Interesse sein, in der immerhin einige Priester mit slawischen Namen begegnen: SCHMID, Das Zeugnis der Verbrüderungsbücher (wie Anm. 18) 190 f., die Liste findet sich in: Das Verbrüderungsbuch der Abtei Reichenau (wie Anm. 5) Faksimile pag. 108CD1/3.

44 Darauf haben Heinz Löwe und Bernhard Bischoff aufmerksam gemacht, zuletzt BERNHARD BISCHOFF, Italienische Handschriften des neunten bis elften Jahrhunderts in frühmittelalterlichen Bibliotheken außerhalb Italiens (Atti del convegno internazionale 'Il libro e il testo', Urbino 20-23 settembre 1982 = Pubblicazioni dell'Universita di Urbino, Atti di congressi 1, 1984) 189 mit Hinweisen.

45 Vgl. SCHMID, Das Zeugnis der Verbrüderungsbücher (wie Anm. 18) 201 ff.

46 Vita Constantini, cap. 18 (Magnae Moraviae Fontes Historici 2, wie Anm. 32, S. 112 ff.); Übertragung: BUJNOCH (wie Anm. 31) 103 ff., vgl. dazu GRIVEC (wie Anm. 32) 82 f., ferner LÖWE (wie Anm. 30) 657 f.

47 Vita Methodii, cap. 17; Übertragung etwa von BUJNOCH (wie Anm. 31) 125.

48 Vita Methodii, cap. 8; Übertragung von BUJNOCH (wie Anm. 31) 118, vgl. dazu GRIVEC (wie Anm. 32) 86 ff., LÖWE (wie Anm. 30) 659 ff., auch zum folgenden.

[49] Vgl. Löwe (wie Anm. 30) 663 ff.; zur Beteiligung des Bischofs Ermenrich von Passau jetzt Heinz Löwe, Ermenrich von Passau/ Ellwangen als Gegenspieler Methods (Salzburg und die Slawenmission, wie Anm. 18) 221 ff.

[50] Vgl. hierzu zuletzt Michael Richter, Die politische Orientierung Mährens zur Zeit von Konstantin und Methodius (Herwig Wolfram - Andreas Schwarcz, Hrsg., Die Bayern und ihre Nachbarn 1 = Veröffentlichungen der Kommission für Frühmittelalterforschung 8, Wien 1985) 285 ff. und Heinz Dopsch, Slawenmission und päpstliche Politik - Zu den Hintergründen des Methodius-Konflikts (Salzburg und die Slawenmission, wie Anm. 18) 303 ff.

[51] Vita Methodii, cap. 9; Übertragung von Bujnoch (wie Anm. 31) 118 f.; dazu Löwe (wie Anm. 30) 665 ff., ferner Joseph Schütz, Die Reichssynode zu Regensburg (870) und Methods Verbannung nach Schwaben (Südost-Forschungen 33, 1974) 1 ff., jetzt auch Klaus Gamber, Erzbischof Methodius vor der Reichsversammlung des Jahres 870 (Symposium Methodianum, wie Anm. 18); vgl. meine Bemerkungen Zettler, Methodius (wie Anm. 18).

[52] Ebd., auch zum folgenden.

Register der Personennamen: